非営利組織会計の実証分析

黒木 淳［著］

中央経済社

はしがき

　本書は非営利組織を対象とした会計研究である。営利企業を対象とした会計研究は豊富に存在する一方，非営利組織を対象とした会計研究は相対的にその数が少ない。しかし，わが国において非営利組織の重要性は増加する一途である。21世紀以降，わが国は，世界で先駆けとなる超高齢化や人口減少という厳しい現実に直面している。これらの社会情勢の変化は深刻な社会的課題を生じさせるが，このような課題への対応は政府や企業による社会的な活動だけでは不十分である。特に医療・福祉・教育という重要なサービスを担う非営利組織のあり方はわが国の将来を決めるといってよい。

　本書は，わが国非営利組織，とりわけ公益社団・財団法人（以下，公益法人と記す）や社会福祉法人，学校法人がおこなう自発的な会計ディスクロージャーに注目し，「好業績である非営利組織ほど受益者などの情報利用者に対して自発的に会計ディスクロージャーをおこなう」というシグナリング仮説を実証分析することを目的としている。わが国非営利組織会計は元来，官公庁に向けた報告目的で設定され，官公庁による監督や補助金の配分などで用いられてきた。官公庁以外の非営利組織の利害関係者が会計情報を得るためには，官公庁や非営利組織の事務所に出向き，閲覧を請求し，閲覧リストに名前と必要な情報を記載し，非営利組織による開示の判断を待つという多大にコストを要する状況であった。しかし，近年，わが国非営利組織会計の基本目的に一般公衆（general public）を対象とした情報提供目的が追加され，会計ディスクロージャーが進んでいる。

　非営利組織による会計ディスクロージャーが進むなかで，開示された会計情報は一般公衆にとって利用可能であるのか疑念が生じている。非営利組織が提供する会計情報の利用者には，経営者をはじめ，サービスの受益者や施設の利用者，寄附者，一般市民，そして研究者や大学院生などが考えられるが，確かな自信をもって会計情報を用いた意思決定をおこなうことが難しい状況にあるのではないだろうか。非営利組織の会計ディスクロージャーをどのようにとら

えればよいのか，また，会計情報を用いることでどのように意思決定すればよいのか，わからないためである。シグナリング・モデルを参考とすることで得られた非営利組織会計に関する本書特有の証拠は，会計情報を意思決定に用いたいと考える情報利用者に，力強く，わかりやすい会計情報を用いるための道標を提供する。

　また，非営利組織を対象とした会計研究は，その大半が規範的（normative）である点に本書の問題意識はある。この背景には，わが国において非営利組織会計のあり方が定まらず，規範的な会計研究に対する規制主体からの需要があるのかもしれない。しかし，わが国非営利組織を対象とした会計研究は，あまりに規範的な研究に限定されている。非営利組織を対象とした会計研究においても，アーカイバル・データを用いた経験的な証拠にもとづき予測を可能とする理論の確立が必須である。本書は，今後のわが国における非営利組織を対象とした会計研究の発展に，実証研究の視座から貢献することをめざしている。

　このような背景を持つ本書は，非営利組織会計を対象とした実証研究がわが国では萌芽段階にあるという認識から，次のような読者を想定する。第1は，非営利組織の経営者，本書においては理事長や事務局長，理事などの者である。非営利組織の経営者は，会計ディスクロージャーをおこなうにあたり，会計情報の利用者に何を伝達するのかについて悩んでいるに違いない。本書によって，経営者による情報利用者とのあいだの効果的なコミュニケーションが促進されることを期待している。

　第2は，サービスの受益者や利用者，寄附者などの非営利組織に直接関係を有するグループである。これらの情報利用者は，非営利組織によるサービス提供努力の程度と，サービスを持続可能とする財務健全性に関心があることが想定される。しかし，サービス提供努力と財務健全性に関する情報は会計情報から財務指標としてどのように算定できるのかが問題となる。本書は実証分析にあたり情報利用者にとって関心が高いと考えられる財務指標を会計情報から設定しており，財務指標が有する情報内容について明らかにしている。

　第3は，非営利組織を対象とした会計基準を設定する主体である。わが国非営利組織は法人形態ごとに会計基準が設定されているが，それぞれが目的や内容を異にしており，非営利組織を所轄する官公庁以外の情報利用者の理解を難

しくしている。米国では1970年代後半からFinancial Accounting Standards Board（FASB）が統一した非営利組織会計を設定しているが，わが国において非営利組織会計基準の統一化はいまだ結論付けられていない特有の論点である。本書は公益法人，社会福祉法人，そして私立大学という3つの法人形態に注目しており，新たな実証的証拠を提供することによって，会計基準の統一化に向けた課題と展開の一助として貢献することができればと考えている。

　第4は，研究者や大学院生である。非営利組織を対象とした会計研究は，営利企業を対象としたものと比べれば，これまで埋没していた領域といえるのかもしれない。わが国で生じる社会的課題は先進国にも先駆けたものであり，非営利組織を対象とした会計研究こそ新たな展開が期待できる分野である。非営利組織を対象とした会計研究は，わが国から世界に研究成果を発信することができるフロンティアとしての可能性を秘めている。

　本書は，筆者が大阪市立大学大学院経営学研究科後期博士課程在学中に執筆した博士論文「非営利組織における会計ディスクロージャーのシグナリング機能に関する実証研究：私立大学と社会福祉法人を分析対象として」を大幅に改訂したものである。博士論文の執筆中，また横浜市立大学に赴任以降を思い返せば，研究とは孤独な作業であると改めて感じるものである。しかし，本書を執筆する中で，孤独な作業であるだけでなく，多くの先生方からの貴重な御助言・御指導があったことに気づく。

　まず，師匠の向山敦夫先生（大阪市立大学）に御礼を申し上げたい。学部生の4年間，前期博士課程の2年間，そして後期博士課程の3年間，横浜市立大学に赴任後も，10年以上にわたり御指導をいただいた。本書の出版にさいして大変ご多忙である状況にあるにも関わらず，本書の根幹にかかわるコメントを頂戴し，内容を改善することができた。学部生の時から現在に至るまで，学問的な御指導はもちろんのこと，人と人とのご縁の大切さや，仁義を大切にする人生観は筆者の心深くに残り，現在の研究者としての生き方につながっている。向山先生との出会いがなければ，筆者は研究者を志すことはなかった。不肖の弟子であるが，今後も研究者として日々論考し精進していくことこそが先生への学恩に報いることと考えている。

石川博行先生（大阪市立大学）には，前期博士課程および後期博士課程にわたり，主に実証研究の方法論について御指導いただいた。「実証とは考え方」という先生のお考えをすべて理解するには筆者はあまりに未熟であるが，横浜市立大学に赴任以降もお会いするたびに叱咤激励をいただいている。今後も引き続き精進していくことをお誓い申し上げる次第である。また，浅野信博先生（大阪市立大学）からも有益な示唆をいただいた。後期博士課程入学試験の口頭試問において，先生から「実証とは何か？」という御質問をいただかなければ本書は完成に至らなかったであろう。筆者が実証研究について関心を向け，深く考察するきっかけとなった。この場を借りて御礼申し上げたい。

大阪市立大学に在籍されていた坂上学先生（法政大学），真田正次先生（就実大学）からも多くの助言を頂戴している。博士課程の先輩にあたる松本紗矢子先生（北海道情報大学），森洵太先生（愛知淑徳大学）は日々研究者として生きていくうえでの道標を示してくださった。特に森先生からは兄弟子として日々有益なコメントを頂戴しただけでなく，本書出版にさいしても原稿を精読いただきコメントを頂戴した。改めて感謝申し上げたい。さらに，博士課程をともに過ごし，現在も公私両面において互いに切磋琢磨している太田裕貴氏（静岡産業大学）・大洲裕司氏（大阪市立大学特任講師）・久多里桐子氏（北九州市立大学）・井上謙仁氏（大阪市立大学大学院後期博士課程）にも御礼を伝えたい。不出来な先輩であるが，今後も互いに研究に精進できることを期待している。

筆者は同世代の若手研究者に恵まれている。本書第1章は尻無濱芳崇先生（山形大学），藤山敬史先生（神戸大学）との勉強会で得られた知見に依るところが大きい。加えて，第2章は廣瀬喜貴先生（高崎商科大学短期大学部），本川勝啓先生（学習院大学）との共同研究としての文献レビューや質問紙実験の経験が大きく影響している。幅広く交流のある若手研究者の先生方に感謝申し上げるとともに，今後も海外で活躍することをめざす仲間として，互いに切磋琢磨できれば嬉しい。

横浜市立大学に赴任後には，多くの先生方にお世話になった。とりわけ，経営科学系会計学コースの大澤正俊先生，高橋隆幸先生，張櫻馨先生，中條祐介先生，長畑周史先生，藤﨑晴彦先生，三浦敬先生には日々お世話になっている。教育活動はもとより，研究活動に対しても多大な応援をいただいている。先生

方のご期待に応えるために今後も引き続き精進していく所存である。

　後期博士課程の副査の1人であった川村尚也先生からは実務家の方との学びの機会をいただいた。本書は，そのような実務家の方々からも多くの協力を得て完成しており，改めてこの場を借りて感謝申し上げたい。とりわけ貴重なご助言をいただいた独立行政法人福祉医療機構の千葉正展氏に御礼申し上げたい。

　本書は平成26年-27年度日本学術振興会科学研究費補助金：研究活動スタート支援「私立大学の資産保有・運用の効果に関する実証研究：財務健全性シグナリング仮説の検証」（課題番号26885066），および横浜市立大学「第3期戦略的研究推進事業『研究開発プロジェクト』」の研究成果の一部である。また，第7章・第8章で用いた「大阪府社会福祉法人財務諸表データベース」は，平成23年-25年度日本学術振興会科学研究費補助金：基盤研究（B）「非営利組織の存続価値と存続能力に関する会計学的研究」（課題番号23330147）（研究代表者：向山敦夫先生）と連携した共同研究の成果の一部である。本補助金事業の研究会では，拙い筆者の研究に対して，幾度となく有益な御助言をいただいた。本研究会でお世話になった諸先生方に心から御礼申し上げたい。

　本書出版にあたっては一般財団法人産業経理協会から出版助成をいただいている。産業経理協会関係者の皆様と，本出版助成に選考いただいた日本会計研究学会の先生方に御礼申し上げたい。また，市場性のない本書の出版を快くお引き受けいただいた株式会社中央経済社会計編集部副編集長の田邉一正氏，『会計人コース』編集部の長田烈氏に心から御礼申し上げる。

　さらに，校正作業を支援してくれた研究補助者の坂本里奈氏に感謝したい。

　最後になるが，筆者が横浜市立大学に赴任する前年に急逝した母いつ子に本書を捧げたい。加えて，故祖父勇，祖母いちえ，兄弟姉妹にこの場を借りて御礼の言葉を伝えたい。家族に対していまだ何も貢献できない長男であるが，今後わが国で，また研究者として世界で活躍することが，せめてもの恩返しであると信じている。

2018年1月
筆者記す

目　次

序章　本書の目的・意義・構成 — 1
第1節　本書の目的 …………………………………………………… 1
第2節　本書の意義 …………………………………………………… 4
第3節　本書の構成 …………………………………………………… 7

第1部 ■ 非営利組織会計の分析枠組みの構築

第1章　非営利組織会計の機能とディスクロージャー制度 — 15
第1節　非分配制約からみた非営利組織の特徴 …………………… 17
第2節　非分配制約の限界と要因──代替理論の探究 …………… 21
第3節　非営利組織会計における意思決定有用性の検討 ………… 26
第4節　非営利組織におけるディスクロージャー制度の展開 …… 30
第5節　非営利組織会計における意思決定有用性の検証 ………… 32
第6節　小括 …………………………………………………………… 35
付録1-1　Weisbrod and Dominguez (1986) 以降の研究結果 …… 38
付録1-2　IRS Form 990 のフォーマット …………………………… 40

第2章　非営利組織会計を対象とした実証研究の到達点と展望 — 47
第1節　伝統的ナラティヴ・レビューとシステマティック・レビュー …………………………………………………… 48
第2節　研究課題 ……………………………………………………… 50

第3節	分析フレームワークと文献選択	51
第4節	文献統合の結果	54
第5節	考察	59
第6節	小括	60
付録2	文献リスト	62

第3章 わが国非営利組織会計の分析視角
────シグナリング仮説の提示──────────── 67

第1節	わが国非営利組織会計の情報提供機能	69
第2節	わが国非営利組織を対象としたディスクロージャー制度	75
第3節	シグナリング仮説の提示	78
第4節	各法人形態の特徴と実証課題	83
第5節	小括	88

第2部 ■ 好業績シグナルとしての会計ディスクロージャーに関する実証分析

第4章 公益法人における自発的な会計ディスクロージャーとシグナリング ─────── 95

第1節	公益法人制度改革と公益法人会計基準	96
第2節	リサーチ・デザイン	100
第3節	サンプル選択と基本統計量	103
第4節	実証結果	105
第5節	小括	111

第5章 社会福祉法人における自発的な会計ディスクロージャーとシグナリング ── 115

- 第1節 社会福祉法人における会計基準と会計ディスクロージャー ……… 116
- 第2節 リサーチ・デザイン ……… 123
- 第3節 サンプル選択と基本統計量 ……… 126
- 第4節 実証結果 ……… 130
- 第5節 小括 ……… 133

第6章 私立大学における自発的な会計ディスクロージャーとシグナリング ── 137

- 第1節 私立大学における会計ディスクロージャーと会計基準 ……… 138
- 第2節 リサーチ・デザイン ……… 143
- 第3節 サンプル選択と基本統計量 ……… 147
- 第4節 実証結果 ……… 148
- 第5節 小括 ……… 154

第7章 私立大学における自発的な会計ディスクロージャーの経済的帰結 ── 157

- 第1節 リサーチ・デザイン ……… 159
- 第2節 サンプル選択と基本統計量 ……… 163
- 第3節 実証結果 ……… 166
- 第4節 小括 ……… 170

第2部の結論　シグナリング仮説の実証結果 ……… 173

第3部 非営利組織における財務指標の有用性に関する実証分析

第8章 公益法人における公益目的事業比率の決定要因 —— 177

- 第1節 公益目的事業比率に関する仮説の設定 …… 179
- 第2節 リサーチ・デザイン …… 181
- 第3節 サンプル選択と基本統計量 …… 182
- 第4節 実証結果 …… 184
- 第5節 小括 …… 189

第9章 社会福祉法人における実在内部留保の決定要因 —— 191

- 第1節 非営利組織における内部留保の論点と仮説 …… 192
- 第2節 リサーチ・デザイン …… 195
- 第3節 サンプル選択と基本統計量 …… 197
- 第4節 実証結果 …… 198
- 第5節 小括 …… 202

第10章 私立大学における教育研究経費削減の予測
——収支差額情報の有用性 —— 205

- 第1節 私立大学の教育研究経費の削減と仮説 …… 207
- 第2節 リサーチ・デザイン …… 209
- 第3節 サンプル選択と基本統計量 …… 211
- 第4節 実証結果 …… 211
- 第5節 小括 …… 218

終章 本書の結論と今後の展望 ―――― 221
　第1節　発見事項の要約……………………………… 221
　第2節　インプリケーションの提示………………… 227
　第3節　今後の展望…………………………………… 230

参考文献………………………………………………… 233
索　引…………………………………………………… 249

論文初出一覧

第1章　非営利組織会計の機能とディスクロージャー制度
　書き下ろし

第2章　非営利組織会計を対象とした実証研究の到達点と展望
　拙稿（2013「非営利組織会計の実証研究の展開：先行研究サーベイを中心に」『経営研究』第64巻第2号，67-93頁，を大幅に加筆修正

第3章　わが国非営利組織会計の分析視角：シグナリング仮説の提示
　拙稿（2013）「非営利組織会計の現状と課題：会計の基本目的を中心に」『経営研究』第63巻第4号，149-171頁，を大幅に加筆修正

第4章　公益法人における自発的な会計ディスクロージャーとシグナリング
　拙稿（2017）「非営利法人の自発的な会計ディスクロージャーとシグナリング：特例民法法人を対象とした実証分析」『横浜市立大学論集社会科学系列』第68巻第2号，1-19頁，を加筆修正

第5章　社会福祉法人における自発的な会計ディスクロージャーとシグナリング
　拙稿（2012）「社会福祉法人に関する情報開示制度の有効性：6法人へのインタビュー調査から」『社会関連会計研究』第24号，25-39頁，および拙稿（2013）「社会福祉法人の財務情報開示の要因分析：アンケート調査結果から」『社会関連会計研究』第25号，29-43頁，を大幅に加筆修正

第6章　私立大学における自発的な会計ディスクロージャーとシグナリング
　拙稿（2014）「私立大学の会計情報開示の決定要因：シグナリング仮説の検証」『OCU-GSB Working Paper Series No.201407』を大幅に加筆修正

第7章　私立大学における自発的な会計ディスクロージャーの経済的帰結
　拙稿（2015）「私立大学における会計情報開示の経済的帰結：シグナリング仮説の検証」『会計プログレス』第16号，30-44頁，を加筆修正

第8章　公益法人における公益目的事業比率の決定要因
　書き下ろし

第9章　社会福祉法人における実在内部留保の決定要因
　拙稿（2015）「社会福祉法人における人的支出と内部留保の関連性」『社会関連会計研究』第27号，32-41頁，を加筆修正

第10章　私立大学における教育研究経費削減の予測：収支差額情報の有用性
　拙稿（2016）「私立大学における教育研究経費削減の予測：収支差額情報の有用性」『会計プログレス』第17号，55-69頁，を加筆修正

主要略語一覧

略語	正式名称	日本語訳
AICPA	American Institute of Certified Public Accountants	米国公認会計士協会
CPY	Citation Per Year	1年あたりの引用数
FASB	Financial Accounting Standards Board	米国会計基準審議会
IFRS	International Financial Reporting Standards	国際財務報告基準
IRS	Internal Revenue Service	内国歳入庁
NCCS	National Center for Charitable Statistics	国立慈善統計センター
NR	Narrative Review	ナラティヴ・レビュー
SFAC	Statement of Financial Accounting Concept	財務会計概念書
SFAS	Statement of Financial Accounting Standards	財務会計基準書
SOI	Statistics of Income	収益統計資料
SR	Systematic Review	システマティック・レビュー

序章　本書の目的・意義・構成

第1節　本書の目的

　わが国では急速に少子高齢化が進んでいる。高齢化のスピードは世界で類をみないほど速く，合計特殊出生率は先進諸国のなかで低い水準である。少子高齢化や，その先にある人口減少という社会情勢の急速な変化は，医療・介護・福祉の充実や子育て環境の整備，地方活性化をめざした地方創生など，さまざまな社会的課題をもたらしている。このような社会的課題の解決に向けて，きわめて重要な社会的役割を担う組織が存在する。「非営利（not-for-profit）」組織，すなわち「剰余金の分配を禁ずる非分配制約を有する民間組織」である[1]。

　明治維新以降，わが国の非営利組織の代表は，旧民法第34条を根拠とした公益法人であった。近年では，一般公衆が非営利組織と聞いて抱くイメージは，阪神淡路大震災を契機として設立が認められるようになった特定非営利活動法人（以下，NPO法人と記す）であるかもしれない。一方，実際に非営利組織といえば，公益法人やNPO法人以外にも，教育・医療・介護・福祉などの重要なサービスを担う，学校法人，社会福祉法人，さらに医療法人が存在する。これらの非営利組織は所轄庁によって設立が認可・認証されるという共通点があり，長い歴史と所轄庁からの認可・認証によって，社会からの信任を受け，教育・医療・介護・福祉などの領域でサービスを提供してきた。

　しかし，わが国非営利組織への社会からの「信頼（trust）」は揺らいでいる[2]。

1998年から2003年において公益法人による数々の不祥事が公益法人協会の調査によって発覚した。そのなかには，横領や背任などの個人行為だけではなく，高額報酬や不公正取引，さらに公益目的逸脱などの組織的行為に至るものまでが含まれていた[3]。このような非営利組織への信頼を低下させる出来事は，公益法人だけに生じたのではない。NPO法人という非営利の形態による信頼性を悪用した犯罪が後を絶たない（日本経済新聞2012年11月26日付）。また，社会福祉法人がそのほとんどを担う特別養護老人ホームについて，2011年度末時点で平均3億1,000万円の内部留保が存在していることが明らかになっており，社会福祉法人に提供された資金が福祉サービスの拡充や従業員の待遇改善に内部留保が適正に用いられていない可能性が指摘された（日本経済新聞2013年5月22日付）。さらに，私立大学は少子化の影響を強く受け，実に約4割が赤字経営となっているなど，学生にも影響を与えるほど経営環境が悪化している（日本私立学校振興・共済事業団2016）。

非営利組織は専門性の高い教育・医療・福祉サービスを提供している場合が多く，非営利組織にとって重要な利害関係者である受益者や寄附者はサービス提供内容について情報劣位である。そのようななかで，非営利組織の経営者によって，不祥事，詐欺，不正経理，多額の内部留保，提供されるサービスの安全性の揺らぎ，などがもたらされる状況は望ましいものではない[4]。これらの問題は利害関係者による逆選択，あるいは非営利組織の経営者によるモラル・ハザードと関係し，非営利組織の経営者にサービスを付託することによるエージェンシー・コストが発生している状況である[5]。エージェンシー・コストは資源提供者としての寄附者などが理事会に加わることで緩和されるが，残余請求権を持たない寄附者が理事として法人に関与することは追加的なコストを負担する行動でもある（Fama and Jensen 1983b）[6]。

このようなエージェンシー問題の背景には，非営利組織の経営者と利害関係者とのあいだの情報の非対称性が関係している。情報の非対称性とは，経済的な取引がおこなわれるとき，取引の当事者全員に必要な情報が行き届かず，ごく一部の当事者だけに情報が偏在する状況のことをいう（Arrow 1963；Akerlof 1970；Milgrom and Roberts 1992）。非営利組織による会計ディスクロージャーによって，利害関係者が非営利組織のサービス提供内容や経営者による機会主

義的行動を部分的にも緩和できるのならば，逆選択やモラル・ハザードは緩和されることになる。非営利組織による自発的，あるいは強制的な会計ディスクロージャーが実務家や研究者のあいだで検討がなされる背景には，非営利組織の経営者と利害関係者とのあいだの情報の非対称性の深刻さがある。

この情報の非対称性に関連して，わが国の非営利組織を対象とした会計基準に着目した場合，2000年以降，新たな会計基準の設定や改正が実施されていることに気づく。2000年には社会福祉法人会計基準が，2010年にはNPO法人会計基準が新たに設定された。2004年には公益法人会計基準が，2011年には社会福祉法人会計基準が大きく改正された[7]。さらに，学校法人会計基準も2014年に改正されている[8]。注目すべきは，これらの会計基準の設定や改正では，官公庁以外の情報利用者にとってわかりやすい財務書類の作成をめざすことが共通の趣旨であることである。これは非営利組織の会計基準の基本目的に，官公庁以外に向けた情報提供目的が追加されたことを示している。

このように，わが国非営利組織会計に官公庁以外に向けた情報提供目的が追加されているが，非営利組織に関するディスクロージャー制度については検討が不十分である。わが国非営利組織の会計ディスクロージャーは徐々に強制される傾向にあり，会計情報の利用者は会計情報を以前よりも容易に入手することができつつある。しかし，会計情報の何を，いつ，どこで，どのように，そしてだれに伝えるのかについて検討の余地が残されており，非営利組織のディスクロージャー制度は中途半端な制度となっている[9]。わが国非営利組織におけるディスクロージャー制度や公表された会計情報がどのように機能しているのかについては明確に結論づけられていない課題である。

他方，非営利組織における会計ディスクロージャーは強制化されたものだけではない。非営利組織は広報物等やウェブサイトを通した自発的な会計ディスクロージャーをおこなっている。これらの非営利組織の自発的な会計ディスクロージャーは，利害関係者へのアカウンタビリティを高めるものとして，実務家や研究者からの注目を集めている（Gandia 2011；Saxton and Guo 2011）[10]。重要であることは，非営利組織の経営者はただ単純に規範的なアカウンタビリティの意識によって会計ディスクロージャーをおこなっているのではなく，その背景には経営者による何らかの意図が隠されていることである[11]。本書が注

目するのは非営利組織によるこの意図とその結果としての経済的帰結である。

本書は情報の経済学の1つであるシグナリング・モデルを参考として，非営利組織における会計情報の自発的なディスクロージャーがなぜおこなわれるのかについてアーカイバル・データを用いた実証分析によって明らかにする。実際に，わが国の公益法人や社会福祉法人，私立大学では自発的な会計ディスクロージャーがおこなわれていた[12]。そこで，このような自発的な会計ディスクロージャーを対象として，シグナリングの観点から実証分析を試みる[13]。具体的には，「好業績である非営利組織ほど受益者などの情報利用者に対して自発的な会計ディスクロージャーをおこなう」ことをシグナリング仮説として設定し，アーカイバル・データを用いて実証分析する[14]。

本書のもう1つのねらいは，このシグナリング仮説を検証することによって，法人形態ごとに経営者あるいは情報利用者が好業績（低業績）であると判断している財務指標を実証的に明らかにすることである。シグナリング仮説が支持されるためには，経営者が情報提供するシグナルとしての会計情報が，経営者の意図の有無に限らず外部の情報利用者にとって有用に機能することを明らかにしなければならない。具体的には，対象とする公益法人や社会福祉法人，学校法人という法人形態ごとに特徴的なそれぞれの財務指標に焦点をあて，その情報特性を探究し，情報利用者からみた有用性について知見を提供する。

第2節　本書の意義

2.1　非営利組織会計の実証分析による理論形成

本書は会計学研究の領域を拡張することをめざしている。非営利組織において会計情報がなぜ必要であるのか，また，どのような機能が具備されているのかについて理論的・実証的に説明することは，非営利組織を対象とした会計研究の新たな展開として貢献することが期待できる。

非営利組織の会計情報をめぐる現象を説明することは容易なことではない。非営利組織そのものの存在理由や活動内容に対してひとつの理論によってそのすべてを説明することは困難であるためである（Anheier and Ben-Ner 2003）。

非営利組織には受益者をはじめとして，寄附者，会員，規制主体，従業員，ボランティアなどのさまざまな利害関係者が関係しており，さまざまな思惑が錯綜している。すなわち，非営利組織と利害関係者に関する前提はさまざまに仮定することができ，法学的，経済学的，社会学的など，多様な視座からの説明が非営利組織の存在理由や活動内容に対して可能である（Ebrahim 2003）[15]。実際に，多様な視座を用いた説明によって，非営利組織の存在理由や活動内容について説明を試みることで，その理解は深まっていくに違いない。

しかし，非営利組織会計を対象として，反証可能であり，説明力の高い理論を検討することは重要である。本書はわが国の非営利組織における会計ディスクロージャーについて，情報の経済学に依拠したシグナリングの観点から解釈し，説明を試みる。この試みを通して，情報の経済学の視座から非営利組織の公表する会計情報を用いた実証分析の有用性とその限界を提示する。シグナリングによる非営利組織会計に対する説明は，実務家や政策立案者による会計実務に関する予測を可能とするとともに，その他の視座の新たな発展にも貢献することができよう。

このように，本書はシグナリング・モデルを参考に非営利組織会計を論じるが，非営利組織会計のすべてをシグナリングの観点から説明しようとすることをめざすものではない。同様に，その他の視座による説明を否定するものでもない。たとえば，ステイクホルダー理論の観点からみれば，本書のモデルおよび仮説は主に受益者に注目していることになる。それ以外にも非営利組織にとって重要なステイクホルダーとして，規制主体や供給業者，環境，従業員，メディア，競合としての事業者，啓蒙団体，巨額の寄附者，地域社会，環境などが会計情報の利用者となることが考えられる。本書が受益者に議論を絞るのは，共通のエージェンシー問題（common agency problem）に代表されるように，これらのステイクホルダーをすべて考慮したうえで非営利組織会計を説明することは難しいためである（Steinberg 2010）[16]。学術研究として何らかの知見を提供するためにはステイクホルダーを特定することが必要であり，受益者に対する非営利組織の会計情報をめぐる機能と，その実際について経験的に明らかにすることは，その他のステイクホルダーとの関係において非営利組織会計の機能を検討するさいに参考となるであろう。加えて，シグナリングの観点から

解釈した本書独自の発見事項はステイクホルダー理論やその他の学問領域に対しても重要な知見を提供することが期待できよう。

2.2 非営利組織におけるコスト情報の重要性に関する実証的証拠の提供

本書では，非営利組織の経営者がコスト情報を考慮したうえで会計ディスクロージャーの有無を判断していることを，シグナリング仮説から導出した効率性仮説として提示し，実証分析している。どのようなミッションを有する非営利組織であっても，受益者に対するサービスと成果を最大化することに非営利組織としての存在意義がある。本来は非営利組織のミッションに対する成果を定量化し，評価することがもっとも望ましいが，それが困難である場合も多い。一方，非営利組織が公表する会計情報は，受益者に対する事業・サービスに関する事業費や管理目的に費消された管理費など，コストを区分表示している。本書は実証分析にあたり，非営利組織の経営者および情報利用者が，成果情報に代替して，会計情報，とりわけコスト情報を重視していることを想定している[17]。

この効率性仮説を実証分析することによって，コスト情報が非営利組織の経営者および利害関係者にとってどのような経済的意味を持つのかについての実証的証拠を社会に提示することができる。コスト情報の重要性に関する実証的証拠が存在するならば，受益者や寄附者などの利害関係者は非営利組織から公表されたコスト情報の情報内容について注意深く観察することによって，便益を享受することが可能である。また，非営利組織の経営者に対しては，コストの配分に注視した経営をおこなう重要性を喚起することができよう。

2.3 非営利組織におけるディスクロージャー制度へのフィードバック

米国FASBによって1970年代から始まった非営利組織会計の基準設定は，企業会計と非営利組織会計のあいだ，また非営利組織を対象とした複数の会計基準という2つの相違を統一する動きであった。このような動きのなかで，非営利組織における会計情報の意思決定者と情報ニーズが詳細に検討され，情報利用者としての資源提供者，とりわけ寄附者に優先順位をおくという概念書（SFAC第4号）をFASBが公表した。この概念書は情報利用者の視点からそ

の後の非営利組織を対象としたディスクロージャー制度の改革をうながしている。

　一方，わが国非営利組織に適用される会計基準は法人形態ごとに異なる。本書における実証分析の対象は公益法人，社会福祉法人，そして私立大学の3つの法人形態であるが，これらの法人には，公益法人会計基準，社会福祉法人会計基準，学校法人会計基準という異なる会計基準が適用される。とりわけ非営利組織間で異なる会計基準を統一化すべきか否かについては杉山・鈴木（2003）や日本公認会計士協会（2013）などで言及されているものの，結論づけられてはいない。

　本書がおこなうシグナリング仮説の実証分析では，わが国非営利組織の経営者が好業績であるか否かについて財務指標を用いて識別したうえで会計ディスクロージャーをおこなっていることを想定している。好業績（低業績）であるか否かについては効率性と財務健全性という2つの概念によって具体化され，公益法人，社会福祉法人，私立大学ごとに財務指標を検討する。これは法人形態ごとに好業績の判断根拠として共通あるいは異なる財務指標が用いられている可能性があるためであり，さらに分析結果を比較しながら財務指標を再度検討することによって，非営利組織におけるディスクロージャー制度の再検討に有益な示唆を得ることが可能である。

第3節　本書の構成

　本書は3部構成であり，10章で構成される。各章間の関係性は**図表序-1**のとおりである。図表序-1は，本書が対象とする公益法人，社会福祉法人，私立大学を有する学校法人が受益者やその他の情報利用者に会計ディスクロージャーをおこない，その結果として意思決定がおこなわれていることを示している。

　まず第1部では，本書の分析枠組みを構築することをめざす。第1部は第1章から第3章で構成され，本書の実証分析の準備としての位置づけである。非営利組織会計が具備する機能とディスクロージャー制度，会計学領域の海外トップジャーナルに掲載された先行研究，そしてわが国非営利組織会計に追加

された情報提供機能とその背景を整理し，シグナリング仮説を提示する。

　第1章では，非営利組織会計に期待される役割，すなわち機能と，ディスクロージャー制度について，非営利組織の存在理由と活動に対する説明を試みる理論から検討する。第1章では，「剰余金の分配を禁ずる非分配制約を有する民間組織」を本書における非営利組織の定義として示し，非分配制約から展開される信頼理論と，代替理論としてのエージェンシー理論，そしてステイクホルダー理論を示す。その後，それらの理論と整合するようにFASBがSFACを定めた経緯について確認し，米国ディスクロージャー制度が整備された背景や寄附者に対する意思決定有用性に関する実証的証拠を検討する。

　第2章では，非営利組織会計をテーマとして会計学領域の海外トップジャーナルに掲載された研究を対象として文献レビューをおこない，非営利組織を対象とした会計研究で得られた知見の到達点と限界について検討する。文献レビューはシステマティック・レビュー（systematic review：SR）とナラティヴ・レビュー（narrative review：NR）を組み合わせておこない，非営利組織会計をめぐる実証的証拠の体系化を図るとともに，第2部および第3部における実証分析でのリサーチ・デザインを精緻化することをめざす。

　第3章では，わが国非営利組織会計を対象とした特有の分析枠組みを構築する。わが国では，非営利組織会計は官公庁が指導監督をおこなうための会計基準として設定された経緯があるが，近年では非営利組織会計に官公庁以外の外部者に向けた情報提供機能が追加され，会計ディスクロージャーが急速に広まった。本書では，この会計ディスクロージャーのなかで自発的なものに焦点をあて，「好業績である非営利組織ほど受益者などの情報利用者に対して自発的に会計ディスクロージャーをおこなう」というシグナリング仮説を提示する。また，このシグナリング仮説を検証するために本書で焦点をあてる公益法人，社会福祉法人，私立大学という3つの法人形態の特徴と実証課題について整理する。

　第2部では，わが国非営利組織の自発的な会計ディスクロージャーを対象としてシグナリング仮説が支持されるか否かについて法人形態別に実証分析する。第2部は，第4章から第7章で構成される。

　第4章では公益法人，第5章では社会福祉法人，第6章では私立大学におけ

序章　本書の目的・意義・構成　9

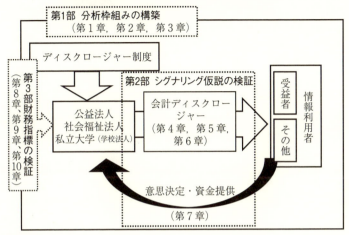

図表序-1　本書を構成する各章の相互関係

(出所) 筆者作成。

る自発的な会計ディスクロージャーをおこなう要因に対してシグナリング仮説が支持されるか否かについて実証分析する。ただし，それぞれで入手可能な会計情報とディスクロージャー制度が異なることから，焦点をあてる自発的な会計ディスクロージャーは次のように異なる。公益法人は幅広い会計情報が取得可能な特例民法法人を対象とし，ウェブサイトを通した多彩な会計ディスクロージャーの決定要因に迫る。社会福祉法人は会計ディスクロージャーが強制化されているが，本書では過去の自発的な会計ディスクロージャーに焦点をあてる。私立大学はウェブサイトを通した会計ディスクロージャーの充実に向けて2005年に文部科学省から通知が出されている。したがって，この文部科学省からの通知の影響を考慮したうえで私立大学による広報物等の刊行物を通した自発的な会計ディスクロージャーの決定要因を探究する。

　第7章では，第4章から第6章までの検証結果をふまえて，ウェブサイトを通した会計ディスクロージャーが新規におこなわれたタイミングが判別可能であり，時系列の会計情報が十分に入手可能な私立大学に焦点をあて，好業績シグナルの経済的帰結について実証分析する。シグナリング仮説が支持されるためには，好業績でない会計ディスクロージャーはコストが生じる状況であることを明らかにしなければならないためである。そこで，第7章では，私立大学

において新規に会計ディスクロージャーがおこなわれた場合,どのような経済的帰結がもたらされるのかについて,受益者としての学生・保護者の観点から実証分析する。

以上,第4章から第7章までのわが国非営利組織における会計ディスクロージャーの実証的証拠をふまえて,第3部では,非営利組織が「好業績」であるか否かの判断根拠となる財務指標の決定要因に焦点をあて,法人形態別に財務指標の実証課題について分析する。第3部は,第8章から第10章で構成される。

第8章では,公益法人における公益目的事業比率に着目し,公益目的事業比率がどのような要因によって決まるのかについて実証分析をおこなう。理事会による事業費への影響を実証分析したTinkelman (1999) やAggarwal, Evans and Nanda (2012) のリサーチ・デザインを参考として実証分析し,理事数が少なく,寄附者に依存しているほど,公益目的事業比率が高められることを指摘する。本章では,公益目的事業比率は公益認定の基準として機能しているが,遊休財産や収益事業を考慮することによって,公益法人における会計情報の利用者にとって有益な情報となることが期待されることを提案する。

第9章では,社会福祉法人において社会的関心が高まっている内部留保の決定要因を実証分析する。第9章の分析は,内部留保が高い社会福祉法人は,従業員や利用者に対して還元していないのではないかとする社会からの疑念にもとづく。具体的には,社会福祉法人の人的支出と内部留保の関連性に着目し,社会福祉法人において内部留保が相対的に過大となる要因について検証する。社会福祉法人における人件費は,社会福祉法人会計基準に準拠した場合,役員報酬,職員俸給,職員諸手当,非常勤職員俸給などの小科目で表示されており,これらの小科目と,明治安田生活福祉研究所 (2013) で示される実在内部留保や発生源内部留保などとの関連性を検証した結果について提示する。

第10章では,財務健全性を検証する先行研究を参考として,わが国私立大学において将来3期連続して教育研究経費を削減する要因について明らかにする。具体的には,先行研究が指摘する他の諸要因をすべてコントロールしたうえで,私立大学の「帰属収支差額」が将来の教育研究経費の削減にもっとも予測能力を有することを予想して検証する。第10章の実証結果は,利益を追求しない非営利組織とはいえ,サービス提供を持続させるためには利益情報が有

用であることを示している。また，収支差額の水準が低い場合，寄附者や学生・保護者等の情報利用者は，収支差額情報を注意深く観察し，意思決定していく必要性を示唆している。

最後に，終章では，本書の実証分析から得られた発見事項を要約し，わが国の非営利組織を対象とした会計研究や，非営利組織に適用される会計基準に対するインプリケーションを改めて提示する。その後，本書における残された課題を指摘し，今後の展望を述べる。

● 注

1 非営利組織は多様に定義を定めることのできる概念である。たとえば，その英訳としてnonprofitやnot-for-profitがあり，これらの差異についての詳細はAAA（1971）を参照されたい。わが国の文献では，池田（2007）に詳しい。本書の第1章では，これらの多様な定義を整理したうえで，本書の非営利組織の定義について言及している。
2 第1章において後掲するが，本書ではHansmann（1980）が示した理論を参考にして議論を展開することから，「信頼」という言葉をここでは用いることとした。
3 公益法人協会が1998年1月1日から2003年3月31日までの期間において発覚した不祥事をまとめた調査結果によると，不祥事の件数は171件にもおよび，実に151法人が不祥事に関連していることが明らかになっている。不祥事の件数のうち，141件が法人関与型の不祥事とされる。
4 第3章で詳述するが，本書における非営利組織の経営者とは，理事長や事務局長などの非営利組織の業務に責任を負う者のことを指している。
5 逆選択とは，「交渉の一方の当事者が，相手の（契約から生じる）純利益を左右するような事柄に関する私的情報を持ち，かつそのような契約に合意する者が，契約内容が相手にとって非常に不利になるような指摘情報をもつ者のみである場合に生じる，契約前の機会主義的行動」（Milgrom and Roberts 1992, 邦訳664）を意味している。また，モラル・ハザードとは，「契約上求められている（もしくは望ましい）行動が他人にとって簡単に観察できないとき」（Milgrom and Roberts 1992, 邦訳678）に生じる契約後の機会主義的行動を意味している。
6 本書では非営利組織において契約関係にある者，あるいは利害調整が必要な者を総じて利害関係者と称する。ステイクホルダーも利害関係者と訳されるが，ステイクホルダーと称する場合はステイクホルダー理論を前提とする場合に限定している。これら以外の場合は情報利用者として記載している。
7 ここで例示したように，わが国の会計基準は官公庁が中心となりそれぞれ設定している点に特徴がある。官公庁が対象とするのは特定の法人形態であることから，非営利組織という言葉を用いるよりも，非営利法人という言葉を用いるほうが適切であるかもしれない。

しかし，両者の言葉を混同すれば読者に混乱をもたらす可能性があるため，本書では，便宜上，非営利組織という言葉で統一している。
8 わが国非営利組織は，特別法を根拠法として法人格が付与される。特別法によって，公益法人，学校法人，社会福祉法人，医療法人など，多様な法人が存在する。この1つの形態を本書では法人形態と記す。
9 非営利組織において強制的な会計ディスクロージャーと自発的な会計ディスクロージャーは法人形態ごとに混在している。詳細は第1章を参照されたい。
10 一般に特定のドメイン名の下にある複数のウェブページの集まりを「ウェブサイト」という。各法人は特定のドメインを取得し，会計情報を掲載する専門のウェブページを構築している。「ホームページ」とは，ウェブページのうち，多くのウェブブラウザに存在するホームボタンを押した時に表示されるものを意味している。したがって，各法人により開示される会計情報は，「特定のウェブページに掲載されている」，という表現が適切であるが，主務官庁や業界団体による調査の多くは，会計情報が掲載されているウェブページを「ホームページ」と称している。本書では，実証分析で用いる一部のデータを主務官庁や業界団体から取得したことから，私立大学や社会福祉法人において会計情報が掲載される特定のウェブページのことを「ホームページ」として表現を用いている。ただし，会計情報を掲載する主体が非営利組織として一般化できる場合には，「ウェブサイト」として表現している。
11 詳しくは第2部で述べるが，私立大学は実に約97%が会計情報を自発的にホームページ等に掲載している。社会福祉法人においても，一定数の法人が自発的に会計情報を開示していた。
12 本書の実証分析は私立大学を対象とするが，私立大学は学校法人が文部科学省に設立認可されたサービス提供事業の1つである。学校法人は，高等教育以外にも，幼稚園や小学校，中学校，高等学校などの初等中等教育をおこなっている場合が多い。本書では，私立大学を分析対象とする場合を意図して「私立大学」と表記するが，その法人形態は附属学校を含む可能性のある学校法人であることに留意されたい。私立大学を有するという条件がない場合，「学校法人」と表記する。
13 シグナリングの概念については，後掲の第3章を参照されたい。
14 わが国の場合，受益者や寄附者をとりまく環境は必ずしも「市場」とはいえず，サービス市場あるいは寄附市場という言葉を用いることは不適切であるかもしれない。しかし，教育や福祉に関して，少なくとも市場に近い状況になりつつある。このような認識から，若干の不適切さは認めつつも，本書では市場という言葉を用いることとした。
15 Ebrahim (2003) は，非営利組織のアカウンタビリティという現象を法学的，あるいは経済学的な視座で解釈する利点とその限界を示したうえで，独自の視座として，リレーションシップ・アカウンタビリティを提案している。本書で得られたシグナリング仮説にもとづく実証分析の結果はこのような他の諸理論に対して知見を提供している。
16 共通のエージェンシー問題については第1章第2節で詳述する。
17 効率性仮説については第3章で詳述する。

【第1部】

非営利組織会計の分析枠組みの構築

第1章 非営利組織会計の機能とディスクロージャー制度
第2章 非営利組織会計を対象とした実証研究の到達点と展望
第3章 わが国非営利組織会計の分析視角
　　　　──シグナリング仮説の提示

第1章 非営利組織会計の機能とディスクロージャー制度

　本書はわが国非営利組織会計を対象とした実証研究であり，シグナリング・モデルを参考として，自発的な会計ディスクロージャーについて実証分析することを目的としている。自発的な会計ディスクロージャーについて実証分析することによって，非営利組織の経営者および利害関係者にとって会計情報が有用であるか否かについて明らかにすることがねらいである。

　第1章から第3章で構成される第1部では，非営利組織による会計ディスクロージャーに関する実証分析の前段階として，わが国非営利組織会計を対象とした分析枠組みについて検討する。具体的には，非営利組織の存在理由や活動内容について説明する理論を整理し，そこから会計情報が果たすべき役割について実証的証拠をふまえて論じる。その後，わが国非営利組織会計の特徴を整理することによって，わが国非営利組織会計を対象とした特有の分析枠組みを構築する。

　非営利組織を対象とした会計研究をおこなう場合，非営利組織会計に期待される役割，すなわち非営利組織会計の機能について整理することがその出発点となる。本書が対象とする非営利組織会計は，情報提供機能（意思決定支援機能）や利害調整機能（契約支援機能）を有する企業会計とは別に，公会計や非営利組織会計の領域として区分される。したがって，非営利組織の存在理由と活動内容を説明する特有の理論のもとで非営利組織会計に期待される役割について改めて整理をおこなうことが肝要である。また，そのような非営利組織会計の機能が達せられるためには，ディスクロージャー制度が非営利組織会計に期

待される機能と首尾一貫するように整備されるべきであろう。

　本章は，非営利組織会計の機能として，資源提供者，とりわけ寄附者の意思決定有用性を基礎とした情報提供機能が存在することを示す。そのうえで，ディスクロージャー制度の歴史的展開を検討する。本章の特徴は，非営利組織の存在理由と活動内容を説明する理論を整理するとともに，1970年代から非営利組織に適用される会計基準の基礎概念（SFAC 第4号）の整理をおこなったFASBの動向に注目していることである。「非営利組織の財務報告の基本目的（Objectives of Financial Reporting by Nonbusiness Organizations）」と題されたSFAC 第4号は非営利組織における財務報告の基本目的として資源提供者による意思決定を重視していること，すなわち意思決定有用性アプローチの非営利組織会計への適用を提示している。非営利組織会計への意思決定有用性アプローチの適用はディスクロージャー制度にも影響を与え，先行研究における実証分析の結果，寄附者の意思決定に会計情報が有用であることが示されている。このような実証的証拠とディスクロージャー制度の検討過程を示すことは，わが国非営利組織会計のあり方について検討する場合においても有益であろう。

　本章の構成は，次のとおりである。第1節では，本書で用いる非営利組織という概念について整理をおこない，その定義を「剰余金の分配を禁ずる非分配制約を有する民間組織」として定める[1]。この定義で重要であることは，非分配制約から理論的に非営利組織をとらえていることである。第2節では，非営利組織に情報の非対称性による問題が顕在化し，その限界が露呈していることと，その要因について代替理論から説明する。第3節では，非営利組織会計を対象としたFASBの公表する概念フレームワーク（SFAC 第4号）の内容について検討する。第4節では，SFAC 第4号で提示された基本目的を達成するために，非営利組織を対象としたディスクロージャー制度がどのように整備されているのかについて確認する。第5節では，これらの非営利組織会計の基本目的やディスクロージャー制度と首尾一貫して実務が機能しているのか否かについて，寄附者の意思決定有用性に着目した実証研究についてレビューする。最後に，第6節では，本章の結論を要約する。

第1節 非分配制約からみた非営利組織の特徴

1.1 非営利組織における非分配制約への注目

　非営利組織の存在理由や活動内容について説明する理論はいくつか存在するが，そこにはさまざまな研究者や実務家の哲学，思想，倫理観が錯綜している。非営利組織はひとつの理論を用いて単純化することが極めて困難であり，多様な視座からの説明が可能であることを考慮しなければならない（DiMaggio and Anheier 1990；Ben-Ner and Gui 2003）[2]。非営利組織研究の理論とアプローチを包括的にまとめた書籍である Anheier and Ben-Ner（2003）は，ひとつの理論によって非営利組織の存在理由と活動内容を説明することが困難であることを指摘したうえで，非営利組織に対する需要と供給の観点から，公共財理論（public good theory），信頼関連理論（trust-related theory），ステイクホルダー理論（stakeholder theory），起業家理論（entrepreneurship theory），ボランティアの失敗と制度理論（voluntary failure and institutional theories），そして，組織行動理論（organizational theory and behavior）を紹介している[3]。これらの理論の歴史を紐解けば，欧州と米国で非営利組織の概念やアプローチが異なることが理解できよう（Evers and Laville 2004）[4]。

　しかし，どのような概念やアプローチを採用するのであれ，非営利組織という言葉を用いる以上，何らかの根拠にもとづいて非営利組織を定義することが必要である。本書が注目するのは，非営利組織が剰余金の分配を禁じる非分配制約を有するという特徴である[5]。非分配制約による非営利組織に対する説明は，非営利組織の存在理由と活動内容を説明する多くの理論において，その基礎，あるいは反証すべき理論としてとらえられている。

　非分配制約は Hansmann（1980）が提唱した非営利組織の特徴であり，受益者保護の側面から存在理由を説明する理論である（Weisbrod 1998）[6]。Hansmann（1980）が主張する非分配制約に注目した非営利組織に対する存在理由の説明は信頼理論（trust theory）と称され，情報の非対称性の程度と深くかかわっている（Anheier and Ben-Ner 2003）。信頼理論では非営利組織の存在理由

について次のように説明する[7]。

　非営利組織は受益者（beneficiary）に便益を与えることを目的とする組織である（Ben-Ner and Gui 2003）。一般に，非営利組織の提供するサービスは，外部の利害関係者によって，その質や量の評価が困難である場合が多い。この場合，経営者は機会主義的行動を選択する可能性が高く，利害関係者に損失をもたらす可能性がある。特に，教育，福祉，医療などの分野では，サービス提供者と受益者のあいだの情報の非対称性が大きく，経営者と利害関係者とのあいだの関係において契約の失敗が生じることが懸念される。したがって，受益者が信頼してサービスを享受できるよう社会的環境を整備する必要がある。そこで，機会主義的行動を防ぐ1つの装置として注目されるのが，非分配制約を有する非営利組織である。非営利組織は，法制度，あるいは慣習上，剰余金の分配が禁じられており，営利企業のように報酬や配当として経営者や株主に剰余金を分配することができない。非分配制約を有していることによって，利潤を最大化するインセンティブを減少させることとなり，受益者だけでなく，非営利組織をとりまく寄附者などが当該組織を信頼することができるのである（Hansmann 1980, 1996, 2003；Ortmann and Schlesinger 2003；Kingma 2003）。

　非分配制約は非営利組織研究の基礎として多くの先行研究で引用されている。たとえば，非営利組織を対象とした代表的な国際比較研究である Salamon and Anheire（1994）では，非営利組織を，①正式に組織されていること，②民間であること，③利益配分がない（非分配制約を有する）こと，④自己統治されていること，⑤自発的であること，⑥非宗教的であること，⑦非政治的であること，の7つによって定義し，先進諸国を中心とした各国の非営利セクターの特徴を示している[8]。

1.2　会計研究における非営利組織の定義と非分配制約

　非営利組織の特徴を非分配制約によってとらえることは，会計研究における非営利組織概念にも共通している。会計学の領域では，非営利組織会計のあり方の検討にさいして，企業会計と非営利組織会計を同一にすべきか，という課題が生じていた。これは Hansmann（1980）の問題意識と同じである。

　FASB から委嘱された成果としての研究報告書である Anthony（1978）は，

営利組織と非営利組織の境界について，営利・非営利アプローチと財務資源源泉アプローチの2つを示している。前者のアプローチは，非営利組織を「①利益を生み出すことを第1の目的としては業務をおこなわず，②その資産または利益を，会員，役員，または職員に分配せず，また彼らに便益を与えないという組織」として定義する。この定義②は非分配制約によって営利と非営利を識別しようとするものである。一方，後者の財務資源源泉アプローチは，財務資源の源泉を「財貨・サービスの販売による収益を源泉とする」Aタイプと「財貨・サービスの販売による収益以外のものを源泉とする」Bタイプに区分する。Aタイプの組織はbusiness組織，そしてBタイプの組織はnon-business組織として定義したうえで，Aタイプの組織には企業会計を，Bタイプの組織には非営利組織特有の会計基準を設けるべきことを示している[9]。

その後，FASBはSFAC第4号を公表した。SFACにおける営利企業と非営利組織の区分はあくまで営利・非営利アプローチにもとづいている。しかし，同時に非営利組織の財務源泉について，①市場での交換取引，②財貨またはサービスに対して価格または料金を課すこと，③会員，寄附者，納税者その他の人々からの資源の提供を受領すること，の3つの側面から検討し，営利企業と相違するのは③の財務源泉のみであるが，③についても他の財務資源と同様に，希少資源に対する意思決定が必要である点では他の財務源泉とは変わりないことを指摘している。

上記の理由から，FASBは非営利組織会計にも意思決定有用性アプローチを適用することが妥当であると結論づけ，非営利組織の要件を，①資源提供者が経済的便益の受領を期待していないこと，②非営利目的であること，③所有主請求権がないこと，の3つとして定義している。注目すべきは，これらの3つの要件はいずれも，非分配制約を有することと関連していることである。資源提供者が経済的便益を受領できず，所有主に分配の請求権が存在しないということは，非分配制約を有することに等しいのである[10]。

1.3 本書の非営利組織の定義

上述した非営利組織研究における非営利組織の定義と，会計研究における非営利組織の定義を参考にしたうえで，本書では，非営利組織を「剰余金の分配

を禁ずる非分配制約を有する民間組織」として定義する。この定義には，キーワードとして，「民間」であること，および「非分配制約を有する」こと，の2つがある。以下では，それぞれのキーワードについて詳しく述べる。

第1は，非営利組織が「民間」の組織であることである。わが国では非営利組織と記した場合，政府や地方公共団体が想定されることがある。しかし，非営利組織が民間であることは，諸外国において非営利組織を説明する場合，暗黙に共通認識とされている。この背景には，非営利組織は政府の失敗に対応する組織である，との考え方がある。

政府の失敗とは，政府が提供する公共財の費用は各個人が支払う税により負担されるが，その性質上，選挙で決められた中位投票者のニーズに対する画一的なサービスにならざるをえない限界のことを意味している（Weisbrod 1975）。**図表1-1**は，横軸に公共財の供給量を，縦軸に国民一人あたりの税負担額を示したものである。本図表はD_1からD_7までの7人のあいだで変化する公共財に対する投票者の需要を示しており，政府によって供給されるアウトプット1単位あたりに支払われる税負担額がPである。税負担額はアウトプットが増えれば増えるほど低下することが予想される。ここでPと同額を支払うならば，多数派の消費者は最低限の水準であるQ_1を要望することで，D_4の需要が満たされる。D_1からD_3の3人は税負担額Pを引き下げようとするが，D_4が中位投票者であるために，アウトプット1単位あたりの税負担額はPで保たれることとなる。

一方，D_5からD_7の3人はアウトプットを増やそうとしているが，少数派である場合を考えてみよう。政府による公共財の供給について，中位投票者のニーズを充足する点で，少数派である投票者からの超過需要が生じる場合がある。このような超過需要が存在する時，政府以外の主体が追加的な供給をおこなうインセンティブがあり，第三の経済セクターである非営利組織が政府に代替して共同財（collective goods）を供給することとなる[11]。

第2は，これまで検討してきた非分配制約を有していることである。これは，先述のとおり，「非営利」というシグナルをサービス市場や寄附市場に対して伝達することにより信頼を得るメカニズムであると考えられる（Kingma 2003）。政府と民間の区分に着目した第1の点とは異なり，非分配制約は，営利と非営

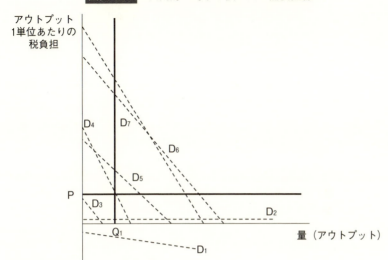

図表1-1 共同財に対する個々人の需要直線

(出所) Weisbrod (1975) 25 から筆者作成。

利を区分するものである。非分配制約を有するという特徴から営利企業と非営利組織を識別することは，会計研究にも応用が可能であろう[12]。

第2節 非分配制約の限界と要因——代替理論の探究

2.1 非営利組織における不純な動機の存在

非分配制約下の非営利組織は，受益者に対するサービス提供主体として経済的な利潤以外の社会的経済や社会的価値を有するものを追求しており，利他的であることが仮定されてきた。しかし，非営利組織には多様な目的が混在しており，かならずしも内部コントロールが十分ではない場合がある。加えて，非営利組織が急増する状況に対して非分配制約を実質的に機能させるためには政府の資源が限られていることも検討しなければならないであろう (Salamon and Anheier 1996)。このような状況では，「非営利を装った営利組織 (for-profit-in-disguise)」という私的便益を得るための非営利組織の存在が懸念される

(Ortmann and Schlesinger 2003；Steinberg 2010）[13]。

　非営利組織という形態のなかには，何らかの非営利目的のもとで質の高いサービスを供給する組織と，消費者の情報不足を利用しようとする悪質な組織が混在している。非営利組織は利益の分配を制度的に制約する組織であるとしても，その組織目的は利益を稼得することではないと完全に仮定することができないのである。すなわち非分配制約が非営利組織に具備されていたとしても，非営利組織という組織形態を採用することで得られた利益が営利企業の形態で得られる利益以上に多額となる可能性がある[14]。

　また，非営利組織の経営者以外の利害関係者にも利己的な動機が存在しないことをすべてにおいて仮定することは難しい。非営利組織に対する重要な資源提供者である寄附者のなかで純粋でない（impure）利他主義者が存在するという見解が存在するためである（Kingma 2003）。寄附者は寄附行動から公的，もしくは私的な便益を得ることができるため，名誉・社会的地位の享受や非営利組織の管理面への影響力をもつことなどを目的として寄附する場合がある。このような寄附者はウォーム・グロー（warm glow）と称される（Andreoni 1989；Becker 1974；Harbaugh 1998；Steinberg 2010）[15]。非営利組織に資金を委託する寄附者にウォーム・グローの存在が認められるならば，一般の寄附者とは異なる対策が必要となるであろう。

2.2　非分配制約の限界の顕在化

　非営利組織は非分配制約を有することにより受益者や寄附者から信頼を得ることができる。この背景には，先述したように，情報の非対称性が大きい教育，福祉，医療などの領域の場合，サービス供給者の機会主義的行動によって，受益者や寄附者が適切なサービスを享受できないことがある。非分配制約は経営者の機会主義的行動を防ぐ装置であり，非分配制約によって機会主義的行動がすべてなくなるのであれば，受益者や寄附者は，どのような非営利組織であっても信頼して選択することができるであろう。

　しかし，非営利組織をめぐる実態は，そのような単純なものではない。非営利組織に利己的な動機が存在する場合，非分配制約の限界が顕在化することがあり，特に近年では受益者や寄附者から非営利組織への信頼が揺らいでいる。

実際に，一部の非営利組織では，多額の経営者報酬，不正経理などに代表される問題が発生している。加えて，非営利組織がサービス提供を独占していた領域において，営利企業の参画を可能とするよう規制緩和が次々に断行されるなかにある。これらは政治的な問題でもあるが，非分配制約の限界が顕在化したことから生じた事例としてとらえることもできよう。

非分配制約の限界は2つに分類することが可能である。第1は，産業の有する歴史の長さや，産業成熟の程度に関するものである（Hansmann 1996a, 2010）。歴史の浅い成長産業では，受益者や寄附者から信頼されることが何より必要であることから，サービス提供主体は寄附型非営利組織の形態を選択する場合が多い。一方，歴史が長く，成熟産業となれば，非分配制約の有無に関わらず受益者から適切な収入を得ることができる。その結果，寄附金ではなく事業としてサービスを提供する非営利組織が出現する。このような場合においては，当該事業領域について営利企業も参入が可能となることがあり，非営利組織と営利企業とのあいだで受益者獲得の競争が生じる。受益者は営利か非営利かの選択をすることが必要であり，逆選択の問題を回避する対策が必要となる。したがって，受益者と非営利組織とのあいだの情報の非対称性をいかに緩和するかが問題となる[16]。

第2は，非分配制約を有する条件のもとでも，非営利組織によるモラル・ハザードが存在する点である。この原因は，非営利組織へのモニタリングに対するインセンティブの有無にある。営利企業では株主が自身に損失がないよう経営者を監視するインセンティブを有する。一方，利潤の獲得に関心を有さない寄附者や受益者は，非営利組織に対して監視をおこなうインセンティブが欠落した状態にある（Fama and Jensen 1983a；1983b）。したがって，非営利組織の経営者によるモラル・ハザードを防ぐために，インセンティブ設計とモニタリングが必要になり，非営利組織の利害関係者が非営利組織との契約のなかに，あるいは，ガバナンスのなかに，これら2つを埋め込もうとする（Hansmann 1996a）[17]。しかし，近年における不祥事でみられるように，明示的な契約によって非分配制約の限界を緩和し，経営者のモラル・ハザードをすべて抑制できるとはいえない（Hansmann 1996b）[18]。モラル・ハザードを抑制するためにも，非営利組織と利害関係者とのあいだの情報の非対称性をいかに緩和するか

が問題となる。

2.3 信頼理論を補完する代替理論の検討

これまで述べたように,非分配制約から非営利組織を説明する信頼理論には限界がある。非分配制約の限界は受益者あるいは寄附者とサービス提供者とのあいだのエージェンシー問題が根底にあるといえる。したがって,サービス提供者とそれ以外の利害関係者の関係性に注目したエージェンシー理論とステイクホルダー理論の2つから,非営利組織の抱える問題に対する適用可能性を検討する[19]。

第1に,エージェンシー理論は,委託者(プリンシパル)である個々人とその他の個人としての受託者(エージェント)のあいだの情報の非対称性によって生じるエージェンシー問題の解決をめざすものである。営利企業の場合,その多くはプリンシパルとして株主,エージェントとして経営者が想定され,両者のあいだの契約問題に焦点がおかれた。また,プリンシパルとして経営者,エージェントとして従業員という企業内部のエージェンシー問題に対する研究も存在する (Milgrom and Roberts 1992)。

エージェンシー理論は特定のシナリオのもとで数理的に展開される。したがって,エージェンシー理論を非営利組織に適用する場合,シナリオを設定するために,プリンシパルとエージェントを特定することが必要である。非営利組織のエージェンシー問題を論じた Steinberg (2010) は,経済効率性と目標の数値化が困難である非営利組織を対象として数理的にモデル化することが困難であることを指摘し,プリンシパルとして寄附者と顧客 (customers and clients) を,エージェントとして非営利組織の経営者をあげ,実証研究の成果を記述的に論じている。具体的には,寄附者と顧客を非営利組織の正統な利害関係者 (legitimate stakeholder) とし,両者に対するアカウンタビリティの一環で非営利組織会計について言及している。たとえば,寄附者は資金調達や管理などに超過コストを拠出する非効率な非営利組織に対して資源を提供しないことが実証的に明らかであることを主張している。一方,顧客に対する保護は不十分であり,顧客が理事に加わることによる顧客コントロールが有用に働くことを指摘している。これらは寄附者と顧客がステイクホルダーとして経営者との

あいだに内在する情報の非対称性を緩和するために行動することを示している。このように，エージェンシー理論にもとづけば，寄附者や顧客と非営利組織の経営者とのあいだの情報のやりとりをどのように定めるかが非分配制約の限界に対する論点となるであろう。

第2に，非営利組織における非分配制約の限界はステイクホルダー理論として展開することも考えられる。ステイクホルダー理論とは，企業が「組織の目的の履行に影響する，あるいは影響を受けるグループまたは個人」(Freeman 1984：46)，また正統な利害関係者として複数に定義されるステイクホルダーを有しているというアイデアのもと，すべてのステイクホルダーは同等であり，企業との関係は双方向であるとするものである。ステイクホルダー理論では，エージェンシー理論などでしばしば示される企業価値を最大化する経営ではなく，企業はサプライヤーや従業員，政府，顧客，コミュニティなどのステイクホルダーの価値を考慮した経営が要求される（Donaldson and Preston 1995；Freeman 1984；Freeman and Evans 1990；Freeman and Reed 1983；Freeman, Wicks and Parmar 2004)。一方，ステイクホルダー間の優先順位やコンフリクトを想定しないステイクホルダー理論を展開するためには，長期的な単一の目標としての企業価値の最大化をめざして調整することが重要になるという見解もある（Jensen 2001）。

ステイクホルダー理論から非営利組織をとらえた場合，非分配制約の限界によってステイクホルダーから非営利組織に向けられた信頼の低下がもたらされることが懸念されることから，ステイクホルダーを考慮した経営は非営利組織の価値の向上を少なからずもたらすであろう。しかし，非営利組織のステイクホルダーは営利企業の場合よりもさらに複雑であり，さまざまである。たとえば，私立大学の正統的なステイクホルダーには，学生，教職員，管理者，寄附者，卒業生，民間財団，地方税務当局，研究上の提携先，政治家などが存在する（Steinberg 2010）。そのようななかで，非営利組織の目標であるミッション（mission）をどのようなステイクホルダーにも理解可能なように定量的に測定することは難しく，ステイクホルダーから支持される単一の目標を設定し，ステイクホルダーすべてに配慮する経営をおこなうことは容易ではない[20]。したがって，ステイクホルダーのなかで優先順位をつける作業が必要になる。

ステイクホルダー理論もさまざまなとらえ方があるが,元来は規範的（normative）なものであり,ステイクホルダーすべてに考慮した望ましい企業経営,さらにはその先にある社会のあり方について啓蒙している点に特徴がある（Donaldson and Preston 1995）。しかし,ステイクホルダー理論がめざすすべてのステイクホルダーに対して考慮した経営をおこなう場合,Steinberg（2010）が指摘する複数のエージェントを仮定した場合の共通のエージェンシー問題（common agency problem）や連鎖したエージェンシー問題（chained agency problem）を内包するため,容易な解決策が存在しないことが危惧される[21]。特にステイクホルダーが複雑かつ多彩である非営利組織において複数のプリンシパルすべてを想定した研究をおこなうことは難しく,非分配制約の限界を克服するために非営利組織会計を検討する場合においてもステイクホルダーを特定したシナリオを設定しなければならない。その場合,エージェンシー理論でも検討されているように,寄附者と顧客という2つのステイクホルダーの想定が適切であろう。近年,ステイクホルダー理論では,記述的（descriptive）や経験的（empirical）,そしてステイクホルダー理論を説明の道具として（instrumental）使用するアプローチが展開され,一部の研究においていくつかのプレイヤーを設定するエージェンシー理論が取り込まれている（Donaldson and Preston 1995）。このようなステイクホルダー理論を用いた研究の文脈はステイクホルダーのなかで受益者に着目する本書の見解と部分的に一致している。

第3節　非営利組織会計における意思決定有用性の検討

3.1　非営利組織会計と意思決定有用性アプローチ

このように,信頼理論やそれを補完するエージェンシー理論,ステイクホルダー理論の観点からみた場合,非営利組織会計には,非営利組織の経営者と寄附者あるいは受益者とのあいだの情報の非対称性から生じる問題を抑制する役割が期待される。これらの理論による説明と整合するように,会計研究の文脈では,非営利組織会計について資源提供者,とりわけ寄附者に対する意思決定有用性の観点から概念整理がなされている。

1966年に公表された基礎的会計理論（A Statement of Basic Accounting Theory：ASOBAT）は，企業会計のみならず，その検討の範囲を，広く個人，受託者，行政団体，慈善団体などの経済団体の活動にも拡大したことによって，非営利組織会計にも影響を与えている[22]。これは意思決定有用性アプローチを非営利組織にも適用することを意図している[23]。その後，1973年に設立されたFASBも，非営利組織会計の基本目的について，「会計情報の利用者が－希少資源の代替的利用法のなかから合理的な選択をおこなうための－経済的意思決定をおこなうにあたって有用な情報を提供すること」（FASB 1980：highlight 6-7）と定めている。非営利組織会計には，情報利用者と経営者のあいだの情報の非対称性を緩和し，情報利用者の適切な意思決定を支援する情報提供機能を有することが明記されているのである[24]。

意思決定有用性アプローチが適用される非営利組織の会計情報には，2つの役割が期待されていると考えることができる。第1は，非分配制約だけでは実現しない資源配分の非効率性を解決することである。営利企業の場合，この対象は資本市場であり，会計情報の主な利用者として投資家が想定される。営利企業の場合と同様に，SFAC第4号は，非営利組織の会計情報が情報利用者のニーズを満たし，その意思決定を支援しなければなければならないことを指摘している。しかし，その主な情報利用者は投資家ではなく寄附者であり，寄附市場における効率的な資源配分の達成をめざしている点が営利企業とは異なる。

第2は，モラル・ハザード問題を緩和することである。昨今発覚している多くの不祥事や多額の役員報酬は非営利組織の経営者のモラルに問題があることを示している。このことは，非分配制約という剰余金を分配しない契約を結ぶだけでは効率的にサービスを提供することには不十分であるという証左であり，ここに非営利組織会計に期待される機能があろう[25]。このように，非営利組織の会計情報の役割として，効率的な資源配分とモラル・ハザード問題の緩和が期待できるのであれば，これらが本当に機能しているのか否かについて検証することが実証課題となる。

3.2　非営利組織におけるコスト情報の有用性

非営利組織会計が情報利用者に対する意思決定有用性を目的として設定され

るのであれば，だれが情報利用者であり，それぞれに有用な情報は何であろうか。会計情報の利用者については，AAA（1975）の検討にはじまり，Anthony（1978）やSFAC第4号において整理がなされている（**図表1-2**）。そのなかで具体的な会計基準の設定に影響をおよぼしているSFAC第4号は，会計情報の利用者について，会員，納税者，寄附者，仕入先，債権者，従業員，管理者，サービス受益者などをあげ，これらを資源提供者，構成員，監視・監督機関，管理者に区分している。そして，非営利組織にとってもっとも重要な情報利用者は資源提供者であることを指摘している[26]。

ここで資源提供者は「非営利組織によって提供されるサービス，そのサービスの提供の効率性および有効性ならびにそれらサービスを提供し続ける能力についての情報」（FASB 1980 para38）を経営者に要求することが想定されている。非営利組織における会計情報の利用者は，サービスを提供するのに利用された資源に関する情報と，サービスの継続性に対してニーズがある。すなわち，企業会計においては期間損益計算が歴史的に議論されてきたが[27]，非営利組織における会計情報の利用者の情報ニーズは企業のそれとは異なるのである。非営利組織が持つ資源を活用して何にいくら費やしたのか，情報利用者による意思決定が可能なように，コストの分配情報を適切に認識・測定し，情報利用者に伝達していくことが非営利組織にとって重要となる。

また，コスト情報は「経営者の受託責任および業績を評価する」（para 40-42）ことにも有用である。非営利組織の経営者は，利害関係者に対して資源を効率的で有効な方法で利用していることを説明する責任を持つが，当然ながら「非営利組織の業績を経営者の業績から識別する」（para 42）ことには限界がある。ここでいう業績とは「サービスの提供努力と成果についての情報」（para 47）に代表されるものである。経営者の業績を評価するにあたりもっとも望ましいことは成果によって非営利組織を判断することである。非営利組織は受益者に向けてサービス提供をおこなうことを目的としていることから（Ben-Ner and Gui 2003），受益者に対する成果を最大化することが期待される。しかし，成果の客観的な測定は困難である場合が多く，測定された成果には多様な要因が影響するため，必ずしも経営者による資源配分行動，すなわちサービスの提供努力の結果とはいえない側面がある。したがって，情報利用者が可能である

図表1-2　非営利組織における会計情報の利用者

	AAA (1975)	Anthony (1978)	SFAC 第4号
外部利用者	与信者	投資者・債権者	資源提供者 ・報酬を受ける者（与信者・仕入れ先など） ・報酬を受けない者（会員，寄附者，納税者）
	公衆	資源提供者 （寄附者など）	
		構成員 （納税者など）	サービス利用者
	立法者	監視機関 （議会の監視委員会，政府規制機関，認証機関など）	統制および監督機関
	規制機関		
	独立の監査法人		
	他の政府・非営利組織		
	連邦政府		
内部利用者	内部監査人	支配機関 （政府当局，理事会など）	
	管理者		管理者
その他	研究グループ		

(注) AAA (1975) のうち，内部監査人の分類は，管理者であるのか，統制および監督機関であるのかについて分類が困難であるが，本書では暫定的に統制および監督機関に含めている。
(出所) AAA (1975), Anthony (1978), FASB (1985) にもとづき筆者作成。

ことは，成果情報に代替して，コスト情報を利用することで経営者の「サービス提供努力」の評価と，測定可能な範囲で経営者に対するコストと成果の対応による評価をおこなうことである。

　米国において非営利組織における会計情報の利用者に提供されるコスト情報は事業費（program expense）という勘定科目によって具体化されている。実際に，IRS の税務申告書上のコストの内訳でも事業サービス費（program servise expense）の区分が存在する（付録1-2参照）[28]。非営利組織の経営者にとって望ましい行動は，受益者への事業費を最大化し，管理費や資金調達費などを低く抑えることである。このような事業費に関する考え方は第三者評価機関でも採用されており，米国最大の格付け機関である United Way は事業費を総費用で除した事業費比率を格付けの評価尺度として用いている[29]。非営利組織から

適切なコスト情報が情報利用者に提供されることによって，情報利用者の意思決定を促すことができれば，情報の非対称性が緩和されることで効率的な資源配分の達成に近づくことができるのである。

3.3 非営利組織会計における純資産区分の議論

非営利組織会計はコスト情報とともに純資産の区分にも特徴がある。非営利組織会計における純資産には，永久拘束 (permanently restricted)，一時拘束 (temporarily restricted)，非拘束 (unrestricted) という資源提供者による拘束性にもとづき区分する基準が存在した。永久拘束純資産とは，寄附者の永久的拘束の意図があるか，組織によって永久的に維持されることが法律や内規で定められた純資産のことである。一時拘束純資産とは，拘束される期間または目的が定められている純資産である。非拘束純資産とはそれら以外の純資産である。これらの3つの純資産区分が採用された理由には，純資産の変動に関する情報が資源提供者のサービスの継続性に対する情報ニーズに合致しており，すべての目的に対して情報利用者にとって有用である，という見解が支持されたことがある (FASB 1980：para21, 43, 46)。

しかし，純資産の区分は現在も非営利組織会計の重要な論点となっており，2015年4月に公表された新たなFASB会計基準では寄附者の拘束の意図があるかないかの2つの区分となるように改訂されることが決定している[30]。この改訂は3つの純資産区分が複雑であるという問題に起因しており，2つの純資産区分にすることによって寄附者や債権者などの情報利用者によるサービスの継続性の判断を支援し，その結果として会計情報の有用性を高めることにその目的がある (FASB 2015：1-5)。このように，純資産概念が依然として重要な論点として議論がなされているが，少なくとも非営利組織の純資産に関する情報はサービスの継続性を示すものとして情報利用者の意思決定に何らかの影響を与えることが予想される。

第4節 非営利組織におけるディスクロージャー制度の展開

これまで意思決定有用性アプローチが非営利組織会計にも適用された文脈に

ついて確認したが，情報の非対称性による問題への対処については非営利組織会計の概念や会計基準を確認するだけでは不十分である。会計基準はあくまでディスクロージャー制度における技術的基礎であり，非営利組織の経営者に課せられるディスクロージャー制度全体のなかで会計基準について改めてとらえ直すことが必要である[31]。そこで，米国における非営利組織会計への意思決定有用性アプローチの適用と合わせて，非営利組織の経営者と情報利用者とのあいだの情報の非対称性を緩和することをめざしたディスクロージャー制度がどのように整備されたのか，また現在のディスクロージャー制度とそこで得られる会計情報について以下では概観する。

FASB によって非営利組織会計の概念整理がなされた米国では，IRS が非営利組織を対象として厳格な会計ディスクロージャーを課している。これは「多くの非営利組織が収益を目的とする活動を活発に行い一般企業と競合状態」（石村 1992：24）にあり，営利化した非営利組織の経営実態を把握する必要性から生じたものである[32]。非営利組織はその数が増えることによって，営利企業と実体は変わらず免税団体としてそぐわない組織が出現したため，非課税に対する根拠について示すことが必要となった。このことは，非営利組織は無条件に非課税であるとする「課税消極論」から，政府の代わりにサービスを提供するという「対価説（公益説）」へと推移したことを意味している。この「対価説」を非課税の根拠とした場合，非営利組織の提供するサービスは政府サービスの対価となることを示すことについて社会から要求されるようになり，ディスクロージャー制度の整備が必要となったのである。

このような「課税消極論」から「対価説」への推移のなかで，非営利組織のディスクロージャー制度は歴史的に強制化されている。以下でみるように，このような強制化は情報利用者の意思決定に有用な情報を提供する目的のもとで会計基準とディスクロージャーが首尾一貫して改善されている。

1996 年以前，米国の非営利組織における会計ディスクロージャーの手続きはわが国と同様に複雑かつ情報利用者にコストを要求するものであり，課税庁や当該法人への閲覧申請あるいは事務所での閲覧申請が必要とされた[33]。しかし，1996 年，税法（Tax Act of 1996）の改正によってディスクロージャー制度に改革がもたらされた。非営利組織が毎年 IRS に提出する納税申告書（Form

990)をデジタル化し,すべての情報が「サイバー・アカウンタビリティ(cyber accountability)」と称されるウェブサイトに集約することによって,それまで抱えていた利用可能性に関する課題が改善されたのである。この改革以降,Form 990 は,米国の非営利組織であるガイド・スター(Guide Star)のデータベースなどいくつかの機関で集約化され,開示されることとなった(Gordon, Greenlee and Nitterhouse 1999:117-118)。

IRS に提出された Form 990 は,非営利組織単体ごとの財務情報を得ることに用いられるだけでなく,アーカイバル・データとして実務家や研究者による経営分析や実証分析を可能にしている。Form 990 はチャリティ団体の活動報告にむけた基準開発と国家・州・地域のデータベースの構築をめざすNCCSに収録されており,NCCS は 1995 年から Form 1023 で免税を受けた組織が収録される IRS Business Manster ファイル,1982 年から 1983 年,1985 年から2009 年までの Form 990 の詳細なデータが収録されている IRS SOI ファイル,それ以外のファイルの3つのデータベースを提供している。Business Mansterファイルはすべての免税団体を対象として収録されたデータベースであり,SOI ファイルは免税団体のうち 1,000 万ドル以上の資産総額を有するものと,それ以下の資産総額の免税団体のなかでランダムに 4,000 を選択されたファイルから構成されるデータベースである。これらの2つのデータベースは実務家や研究者に活用されている(Gordon et al. 1999:118-121)[34]。

これまでみてきたように,米国非営利組織のディスクロージャー制度の方向性は,非営利組織の自発的な会計ディスクロージャーに委ねるのではなく,法制度にもとづいて,非営利組織に対して会計ディスクロージャーを強制化する,というものである。この法制度にもとづく改革は,情報利用者が利用可能性を高めること,またアーカイバル・データとして活用できることをめざしている。このような改革の方向性は意思決定有用性アプローチの適用をめざす非営利組織会計の概念と共通している。

第5節 非営利組織会計における意思決定有用性の検証

非営利組織会計の基本目的は,意思決定に有用である会計情報を寄附者など

の資源提供者に提供することによって,効率的な資源配分を達成することにある (SFAC 第4号)。効率的な資源配分の達成には,資源提供者,とりわけ寄附者の意思決定に会計情報が有用であるという証拠を得る必要がある。このような証拠を実証的に得ることは重要な研究課題であり,会計学だけではなく,経済学や社会学などの幅広い分野で寄附者の選好に関する研究が展開されている。

寄附者の選好研究に対して文献レビューをおこなった Parsons (2003) と Wong and Ortmann (2016) は,寄附者の意思決定に,会計情報と,会計情報から算定される価格情報が関連していることを主張している[35]。以下では,これらの2つの論文で得られた発見事項を中心に要約することによって,寄附者に対する会計情報の有用性が実証分析によって明らかであることを提示する。

5.1 財務指標の設定

Parsons (2003) は,非営利組織における会計情報は有用であるのか,という問題意識のもと,これまでに実証分析によって得られた知見について要約している。具体的には,寄附者の意思決定に有用な情報として,効率性 (efficiency) と財務健全性 (financial stability) という2つの尺度が示されている。

第1に,非営利組織における効率性は「ミッションに向けられたインプットの程度を示したもの」(Parsons 2003) として定義される。この効率性の意味は,評価困難なアウトプットに代替し,資源配分の効率性を示しており,最大のサービス提供努力をおこなう非営利組織に対して最大の資源を提供することである[36]。非営利組織に対する資源提供者の立場でみた場合,提供した資源を用いてサービスに直接的に用いる事業費 (管理費) を最大化 (最小化) する効率的な非営利組織に資源を投下することが期待される (Parsons 2003:113-116)。

$$PRICE = \frac{(1-T)}{1-\left(\frac{FUNDRAISING\ EXP + ADMINISTRATIVE\ EXP}{TOTAL\ EXP}\right)} \quad (1.1)$$

図表1-3 財務健全性の指標

指標	計算方法	仮説
資本の十分性（$EQUITY$）	純資産／経常収益	（＋）
収益源の集中度（$CONCEN$）	Σ（収益源ごとの収益額／経常収益）^{2}	（－）
管理費の水準（$ADMIN$）	管理費／経常費用	（＋）
経常利益率（$MARGIN$）	経常利益／経常収益	（＋）

（出所）Tuckman and Chang（1991）および Parsons（2003）を参考に筆者作成。

この効率性の定義は、Weisbrod and Dominguez（1986）が提示した（1.1）式で算定される寄附の価格（$PRICE$）に由来する。（1.1）式の $FUNDRAISING\ EXP$ は資金調達費、$ADMINISTRATIVE\ EXP$ は管理費、$TOTAL\ EXP$ は費用の合計値を示している。非営利組織の費用の合計値は事業費、資金調達費、管理費を加えたものであることから、税率である T を 0 と仮定した場合、（1.1）式の分母は事業費比率の値になる。したがって、$PRICE$ は事業費比率の逆数である。

たとえば、資金調達費が 10 ドル、管理費が 10 ドル、総費用が 100 ドルとした場合、分母は 0.8 となる。T が 0 とした場合、$PRICE$ は 1.25 と算定され、これは 1 ドルのサービスのために 1.25 ドルの寄附が必要であることを示している。すなわち、$PRICE$ は価格が低いほど資源を効率的に使用することを表す尺度である。

第 2 に、財務健全性は「非営利組織がサービス提供を継続できる能力」（Parsons 2003）として定義される。これは「財務的ショック（financial shock）が生じたとき、即座にサービス提供を削減すること」として定義される財務脆弱性（Tuckman and Chang 1991：445）から長期的に非営利組織の効率性を維持できる能力に着目して定義された尺度である[37]。**図表1-3** は、財務健全性の4つの財務指標を示している。非営利組織は財務的ショックが生じたとき、資本を取り崩す余裕があり、多様な収入源があり、管理費に削減の幅があり、経常利益率に余裕があるほど、サービス提供努力を削減する可能性が低くなるため、この4つの財務指標を総称して財務健全性と称している[38]。

5.2 実証分析による証拠の蓄積

Wong and Ortmann（2016）は、代表的な寄附者を、価値や成果に重きをお

く者(Vesterlund 2006)と，(1. 1)式で会計情報によって算定される寄附の価格に関心を持つ者(Weisbrod and Dominguez 1986)の2つに区分している。そして，情報が完全でない場合，寄附の価格に関心を持つ者は，高い価格の非営利組織に対して寄附金を提供しない，というシナリオを設定し，Weisbrod and Dominguez (1986)の推定モデル(1. 2)式を用いた実証研究を対象にして文献レビューをおこない，このシナリオを検証している[39]。

$$LnDon_t = \beta_0 + \beta_1 LnFUNDRAISING\ EXP_{t-1} + \beta_2 LnPRICE_{t-1} + \beta_3 LnAGE_t + \varepsilon_t \quad (1.\ 2)$$

なお，(1. 2)式について，$LnDon$ は寄附金の自然対数，$LnFUNDRAISING\ EXP$ は資金調達費の自然対数，$LnPRICE$ は(1. 1)式で算定された価格の自然対数，$LnAGE$ は設立から現在までの年数の自然対数，である。

Wong and Ortmann (2016)の結果に加えて，Parsons (2003)の文献レビューで用いられる文献，さらに近年の会計研究において Weisbrod and Dominguez (1986)の推定モデルが使用された文献の実証結果を付録1-1に要約した[40]。先行研究の実証結果は，$PRICE$ (事業費比率)と寄附金のマイナス(プラス)有意な関連性が首尾一貫して発見されている[41]。これらの結果から，先行研究は寄附者が会計情報で算定される寄附の価格を考慮して意思決定をおこなっていると結論づけている。すなわち，主に米国では，非営利組織の会計情報は寄附者の意思決定に有用であるといえる。

第6節 小括

本章では，非営利組織における会計情報の役割を検討することを目的とした。本章での結論は次のとおりである。

(1) 本書は非営利組織の定義を「剰余金の分配を禁ずる非分配制約を有する民間組織」とした。非営利組織がサービス提供をおこなう教育，福祉，医療の領域は，サービス提供者と受益者のあいだの情報の非対称性が大きい。非営利組織は非分配制約を有することを宣言することで，剰余金を分配する機会主義的行動が抑制され，受益者だけでなく，寄附者などの利害関係

者から信頼を得ることができる。

(2) しかし，非分配制約を有したとしても，非営利組織は，利己的な動機を持つことで，機会主義的に行動する場合がある。現在，このような機会主義的行動に関連して，非営利組織をめぐる逆選択やモラル・ハザードの問題が顕在化している。これらの情報の非対称性に関連した問題に対処すべく，非営利組織においても情報の非対称性を緩和するためのディスクロージャー制度が必要である。

(3) 米国では，非営利組織へのディスクロージャー制度によって，だれがいつどこでもウェブサイトを通して非営利組織の運営状況を確認することができるようになった。これは会計基準に情報利用者の有用性の視点から意思決定有用性アプローチが適用されたことと首尾一貫する制度改革の動きである。会計基準とディスクロージャーという改革は非分配制約の限界を克服しようとするものである。ウェブサイトを通した市民への情報提供の基盤が整備されていれば，情報利用者は常に非営利組織の会計情報を確認することができる。

(4) 米国における非営利組織会計では，主要な情報利用者の代表として，資源提供者，とりわけ寄附者をあげている。非営利組織が持つ資源について，何にいくら費やしたのか，情報利用者が意思決定可能なコストの分配情報を適切に認識・測定し，伝達していくことがきわめて重要となる。加えて，コスト情報は経営者の受託責任および業績を評価することにも有用である。会計ディスクロージャーを強制開示させる IRS Form 990 では，コストの内訳について区分が設けられており，コスト情報が情報利用者に提供されることによって，効率的な資源配分の達成が可能となることが想定される。副次的に純資産の区分の重要性が検討され，近年では非営利組織の純資産区分を対象とした会計基準が改正されている。

(5) 寄附者の選好研究の文献レビューをおこなった Parsons（2003）と Wong and Ortmann（2016）は，寄附者による会計情報の意思決定有用性について検証し，寄附金の獲得と事業費比率とのあいだにプラス有意の関連性が存在することを報告している。これらの実証的証拠にしたがえば，非営利組織の会計情報は寄附者にとって有用であり，効率的な資源配分に

貢献していると結論づけることができる。

本章では非営利組織における会計情報の意思決定有用性の観点から非営利組織会計の機能とディスクロージャー制度をみてきたが，非営利組織会計を対象とした実証研究は寄附者の有用性のみに焦点をあてていたのであろうか。非営利組織会計を対象とした実証研究の到達点を確認したうえで，本書の位置づけを明確化し，リサーチ・デザインを精緻化させることが必要であろう。そこで次章では，文献レビューをおこなうことで，非営利組織会計を対象とした実証研究の到達点と限界を明らかにする。

付録1-1 Weisbrod and Dominguez (1986) 以降の研究結果

先行研究	サンプル			効率性		クラウディング・アウト			その他の変数		
	国	年	サイズ	事業費比率 (−)	管理費比率 (−)	政府補助金 (−)	事業収入 (−)	その他収入 (−)	設立年数 (+)	資金調達費 (+)	規模 (+)
Bowman (2006)	US	1999-2001	2,172	○							
Callen (1994)	Canada		72	○		×		×	×	○	
Chen (2009)	US	2005-06	730	×		△					
Chhaochharia and Ghosh (2008)	US	1999-2004	500	○			×		×	×	
Frumkin and Kim (2001)	US	1985-95	25,949		×	×				○	×
Gordon, Knock and Neely (2009)	US	2007	405	○						○	○
Greenlee and Brown (1999)	US	1991-94	701		○					○	
Jacobs and Marudas (2009)	US	2000-01	5,493	○	○	△	○	−	△	○	○
Khanna and Sandler (2000)	UK	1983-90	159	×		△		×	×	○	
Khanna, Posnett and Sandler (1995)	UK	1983-90	159	×		×		×	×	○	
Marcuello and Salas (2001)	Spain	1992-93	50	○					○	○	
Marudas (2004)	US	1985-94	11,151	○		○	○		○	○	○
Marudas and Jacobs (2004)	US	1985-94	2,200	○		×	×		×	×	
Marudas and Jacobs (2007)	US	2000-01	606	×		×	○		×	○	○
Marudas and Jacobs (2008)	US	2004-05	100	○		○	×		△	○	○
Okten and Weisbrod (2000)	US	1982, 83, 85-94	9,004	○		△	△		△		
Parsons and Trussel (2008)	US	1982-83 85-99	44,518	○					△	○	○
Petrovits, Shakespeare and Shih (2011)	US	1999-2007	47,318	×		○	○	−	○	○	−
Posnett and Sandler (1989)	UK	1985-86	299	○		×	×	△	×	○	

先行研究	サンプル			効率性		クラウディング・アウト			その他の変数		
	国	年	サイズ	事業費比率 (−)	管理費比率 (−)	政府補助金 (−)	事業収入 (−)	その他収入 (−)	設立年数 (+)	資金調達費 (+)	規模 (+)
Tinkelman (1998)	US	1990-92	191	○		×	○	−	△	○	○
Tinkelman (1999)	US	1994-96	9,625	○		○	○	△	○	○	○
Tinkelman and Mankaney (2007)	US	1992-94 2000-01	147,639	○	○	△	○	×	○	○	○
Parsons and Trussel (2008)	US	1982-83 1985-99	44,518	○					△	○	○
Weisbrod and Dominguez (1986)	US	1973-76	300,000	○					○	○	

(注) ○…仮説と同じ符号であり,統計的に 10% 水準以下で有意である。
　　△…仮説と反対の符号であり,統計的に 10% 水準以下で有意である。
　　×…統計的に 10% 水準で有意でない。
　　Weisbrod and Dominguez (1986) を参考におこなわれた実証研究の結果を示している (Parsons 2003；Wong and Ortmann 2016)。ただし,掲載にあたっては,以下のルールにもとづいている。
　(1)　効率性の尺度である *PRICE* は資金調達の程度を考慮する場合があるが,*PRICE* の係数の推定結果として本表では掲載している。
　(2)　業種ごとの分析がおこなわれている場合,半数以上の業種で同様の結果が得られている場合,その結果を掲載している。

付録1-2　IRS Form 990 のフォーマット

Part Ⅷ 収入報告書（Statement of Revenue）

			総収入	関連・免税収入	非関連収入	税項512-4を除く収入
寄附、寄贈、助成、その他	1a	助成団体				
	b	会費				
	c	資金調達イベント				
	d	関連団体による援助				
	e	政府補助金				
	f	その他の寄附、寄贈、助成金など				
	g	上記以外の非金銭的寄附				
	h	上記1a–1fの合計				
事業サービス収入	2a					
	B					
	C					
	D					
	E					
	F					
	g	上記2a-2fの合計				
その他の収入	3	投資収入（配当, 利息, その他）				
	4	非課税公債収入				
	5	ローヤルティ				
	6	レンタル料				
	7	棚卸資産以外の資産売却				
	8	資金調達イベントからの総収入				
	9	ロビー活動				
	10	棚卸資産の売却による純利益				
雑収入（miscellaneous revenue）						
	11	その他の収入				
	12	総収入				

（注1）2aから2fは各法人で記入することになる。
（注2）6-10は一部のコストが差し引かれたうえで計上される。
（出所）Form 900（2016年版）から筆者作成。

Part Ⅸ 機能別費用報告書（Statement of Functional Expenses）

	(A) 総費用	(B) 事業サービス費	(C) 一般管理費	(D) 資金調達費
1 国内団体と政府に対する助成や支援				
2 国内個人に対する助成や支援				
3 海外団体，海外政府，海外個人に対する助成や支援				
4 会員への給付支払				
5 役員，理事長，理事，重要な従業員に対する報酬・給与				
6 特定人員に対する報酬・給与				
7 その他の給料・賃金				
8 年金引当金				
9 その他の従業員福利厚生				
10 法人税				
11 サービス利用料				
12 広告宣伝費				
13 その他の費用				
14 情報技術				
15 ローヤルティ				
16 賃料				
17 旅費				
18 交際費				
19 会議費				
20 利息				
21 施設費				
22 減価償却費				
23 保険				
24 上記以外のその他の費用				
25 機能別費用				
26 結合費用				

（注1）11は経営，法律，会計，ロビイング，専門的資金調達，投資管理，その他に区分される。
（注2）結合費用はSOP（Statement of Position）98-2に準拠しているか否かについて問う項目が別の場所に存在する。
（出所）Form 900（2016年版）から筆者作成。

●注

1 本書で用いる定義は Weisbrod（1975）および Hansmann（1980）を参考としている。多くの非営利組織研究は同様の定義に依拠している。
2 非営利組織には，価値創出，経済効果，連帯意識の醸成など，多様な側面がある。それぞれどの側面を重視するかによって見解が異なる。
3 ほぼすべての理論において本書が注目する非分配制約が述べられている（Anheier and Ben-Ner 2003）。
4 欧州の非営利組織の議論は，社会的経済の創出にその重点をおく。「社会的経済」とは1830年代にヨーロッパで提起され，人間と社会と自然のバランスのとれた人間社会の発展をめざす経済システムの在り方を探る経済理論である（富沢 1999）。社会的経済の創出に焦点をおいた場合，非営利組織は「社会的共通財（collective wealth）の創出に焦点を当てる組織」となる。
5 非分配制約を用いた非営利組織の説明に対しては批判が存在する。Pestoff（1992）や先述の Evers and Laville（2004）は，各国で異なる歴史的背景のもとで多様な非営利組織が活躍していること，またそのような非営利組織は社会学・政治学的な観点から諸国特有の歴史的・政治的文脈に埋め込まれてきたことを指摘している。欧州では協同組合や共済組合，さらに，アソシエーションとしての相互扶助組織などの非分配制約を有しない組織を非営利組織に含めている。これらの組織が欧州の「社会的経済」の形成に貢献してきたことは疑いようのない事実である。しかし，剰余金を組合に分配する可能性のある協同組合や共済組合は，非分配制約を有する非営利組織とは異なる存在理由や行動原理があると考えられ，これらを同一にとらえることは問題があるように思われる。
6 一部の文献では，受益者ではなく，顧客（customers and clients）や消費者（consumer）という用語が使われているが，非営利組織の場合，財やサービスにかならずしも対価を支払うことがない場合がある。そこで，一般的な消費者市場の見解と区別することを目的として，本書では文献からの引用である場合を除き，受益者という言葉を統一して用いている。
7 Anheier and Ben-Ner（2003）では，Hansmann（1980）が提唱した非分配制約による非営利組織の説明を信頼理論と称して説明している。ほぼすべての理論における検討の出発点に非分配制約があり，非分配制約が非営利組織研究に与えた影響は大きい。したがって，本書においても信頼理論と称して表記し，検討の出発点とすることとした。
8 Salamon and Anheier（1994）は，先進諸国を中心とした12ヵ国を対象として，各国間の非営利セクターの規模や活動分野，資金源などを比較分析している。わが国非営利組織は規模が米国に次いで2番目であること，また活動分野の特徴として私立学校および保健・医療の領域の割合が高いことが報告されている。
9 Anthony（1978）の貢献は後者の財務資源源泉アプローチを提唱した点にあり，非分配制約を有したとしても財貨・サービスの提供を中心におこなう組織は企業会計を適用すべきとしたことにある。
10 FASB が定める非営利組織の定義では，民間だけでなく政府や地方自治体も含まれることになるが，SFAC 第4号は「州政府および地方自治体のための財務報告基準および財務会計基準を設定するための適切な機構問題が解決するまで，FASB は，本ステートメントで述べられている基本目的を州政府および地方自治体による一般目的外部財務報告にも適

用すべきであるかどうかについての最終的決定を延期することにした」(邦訳152頁) ことを述べており，州政府および地方自治体は政治的な理由から適用の範囲にないことを示している。
11　民間と政府を切り離す見解に対しては，Evers and Lavilles（2004）のように，非営利組織と政府との境目は曖昧であることを指摘する研究も存在する。しかし，政府と民間を切り離し，非営利組織特有の実態や行動メカニズムの解明をめざすことは，より良い経済社会をめざした議論を展開するために必要不可欠であるように思われる。とりわけわが国においては，これまで非営利組織をとりまく経済行動を解明する研究の蓄積は少ないことからも，民間を1つの定義とすることが妥当であると考えられる。
12　本書では「営利を目的としない（not-for-profit）」こととそうでないことの識別が困難であることから，営利を目的としないことを非営利組織の要件としていない。両者の識別は今後解明すべき実証課題である。
13　非営利を装った営利組織の動機として，私的寄附や税制優遇，有利な規制などを受けることがある（Steinberg 2010：86-87）。
14　この点は鈴木（2004）も同様の問題を指摘している。
15　Andreoni（1989）は寄附者の不純な利他性，すなわち寄附をする行動そのものに価値を持つというwarm-glowの仮定を含む公共財モデルを提示し，観察された結果のパターンはこのモデルと整合的であることを示している。
16　逆選択は序章注5でその定義を示している。本書では，私的情報を有する非営利組織が受益者や寄附者等の外部者との契約前に機会主義的に行動することによって，受益者や寄附者等の外部者による適切な非営利組織の選択を妨げることとしてとらえている。
17　非営利組織の経営者への報酬についてはどの程度が適正であるのかについて決定することが困難であるという問題が残されている（Hansmann 2010）。わが国非営利組織における役員報酬は理事会での決議事項の対象となっているが，会計情報のなかで役員報酬は非開示である場合が多い。したがって，非営利組織の報酬についての議論を現段階で進めることは難しいことから，本書の検討の対象外とした。
18　本書で言及する事項以外にも異なる説明が可能である。たとえば，専門職とサービス受益者が直接契約を結ぶ場合である。巨大な医療機関の場合，契約主体は医療提供者である医師であること，および，サービス受益者は医療者の医療行為を適切にモニターできない。このような場合，非分配制約だけでは非営利組織の存在理由の説明が困難である（Hansmann 1987）。
19　エージェンシー理論はプリンシパル・エージェント理論（principal argent theory）と同義であるが，本書ではAnheire and Ben-Ner（2003）の表記にしたがい，エージェンシー理論と記している。
20　非営利組織におけるミッションの重要性はDrucker（1990）において指摘されている。
21　共通のエージェンシー問題とは，複数のプリンシパルが同じもしくは異なる目標を有しているか否かに依拠する場合に生じるエージェンシー問題である。第1に，プリンシパルのあいだで同じ目標を有しているのであれば，それぞれのプリンシパルがフリーライダーとなり，契約の設定に投資することを怠ることになるであろう。第2に，プリンシパルのあいだで目標が異なるのであれば，それぞれのプリンシパルはその他のプリンシパルとは

異なる戦略に関心を有することが想起される。加えて，連鎖したエージェンシー問題とは，プリンシパルはエージェントと契約を結ぶが，同時にエージェントがその他のエージェントとサブ契約を結ぶ状況である。このような場合，トップレベルのエージェントが下位レベルのエージェントの契約の形式の書き方に影響を及ぼすかもしれず，数理的な解明を困難にする (Steinberg 2010)。

22　ASOBAT は資産や期間利益の測定だけに議論を限定していない。利益の獲得を第一目的とする経済単位だけに限られるものではないことから，非営利組織が検討の範囲に含まれたように思われる。

23　企業会計と非営利組織の会計指針はもともと類似していたが，1930 年代終わりに Paton and Littleton (1940) に代表される収益費用アプローチに企業会計は変化した。その後，1970 年代に FASB が営利非営利統一の SFAC を検討し始めるまでは，営利企業と非営利組織の会計は別々に議論がなされていた。そのようななかで，意思決定有用性アプローチは，営利企業と非営利組織を同一に議論する根拠となった (Anthony 1978；1989)。

24　この間，AICPA も非営利組織を対象とした会計原則の設定を開始している。そこでは多様な非営利組織会計の比較検討をおこない，業種間の会計基準について 35 の差異を指摘したうえで原則を公表している。FASB は AICPA の主張するこの原則を「好ましい会計原則」であると主張し，SFAC や SFAS の検討にあたり参考にしている。

25　契約支援とは，営利企業において，契約の監視と履行を促進し，契約当事者の利害対立を減少させ，もってエージェンシー・コストを削減するという会計情報の持つ役割のことである (須田 2000)。

26　「現在および将来の資源提供者のニーズに適合する情報は，本源的にその他の情報利用者にとっても有用である」(para 36) ということがその理由である。

27　昨今の IFRS などの動向では期間損益計算を重視しているとは一概にいえないが，Paton and Littlton (1940) や Littlton (1933) などの歴史書を概観すると，少なくとも一時代の会計学の焦点は期間損益計算にあったことが指摘できよう。

28　詳細は第 2 章第 2 節を参照されたい。

29　United Way が運営する Charity Navigator の格付けでは，財務業績評価 (financial performance metrics) の 91％ が事業費比率によって評価されている。

30　これは Anthony (1978, 1989) が主張した純資産の区分方法と一致している。

31　斎藤 (2010) は会計基準をディスクロージャー制度の「技術的基礎」と述べており，本章もこの考え方を参考にしている。

32　これに加えて，米国では多様な非営利組織が誕生した背景から，実質的に営利企業に近い非営利組織までが免税の認定を受けることとなり，免税の根拠を明確にする必要性が生じたことも，非営利組織へのディスクロージャー制度の検討要因となっている。

33　1987 年までは情報利用者が非営利組織あるいは課税庁に閲覧請求をおこなうことが必要であり，1987 年財政法 (Revenue Act of 1987) が制定されて以降もディスクロージャー制度は免税団体が申告書を所定の場所に備えておき，公の閲覧に供する義務を非営利組織に課す程度であった。

34　多くの研究者は SOI ファイルを用いて実証分析しているが，セレクション・バイアスを考慮した分析が必要である。

35 Wong and Ortmann (2016) では，Weisbrod and Dominugez (1986) の価格概念が寄附者の選好に影響することを示している。一方，Parsons (2003) がレビューする会計研究の文脈では，価格概念だけに焦点をあてるのではなく，寄附者に対して事業費比率が寄附金の効率的な資源配分に直接的に影響を与えることが強調されている。

36 効率性とは，本来の意味では，最少量のインプットから最大量のアウトプットを生み出すことである（Anthony and Young 2002）。すべての組織は労働力，原材料，およびサービスのインプットから，財やサービスのアウトプットを生み出している。営利企業にとってアウトプットは売上高などで示され，インプットとしての費用との対応によって利益が測定される。一方，非営利の目標を持つ非営利組織にとって，アウトプット情報を財務諸表から収集することは必ずしも適切でなく，異なる財務指標を設定することが望ましい。このような背景のもと，効率的な資源配分を意図する効率性の概念が先行研究において定着したと考えられる。また，事業費比率は非営利組織の事業への分配割合を示すものであり，この意味で付加価値計算書や社会環境会計（向山 2003）の概念と親和するものである。

37 財務健全性は Beaver (1966) や Altman (1968) などの倒産予測にもとづき考案された尺度であるが，倒産する非営利組織は著しく少ないことから，事業費を削減することに注目している。財務健全性は第2部以降の検証における財務指標の設定で用いる概念であるため，ここで紹介した。また，第10章では，私立大学を対象とした実証分析で，財務健全性の概念にもとづいた事業費の削減に関する予測を試みる。

38 財務健全性が寄附者に影響を与えるか否かについての検証は，Trussel and Parsons (2008) および Parsons and Trussel (2008) でおこなわれているが，文献数が少ないため付録1-1からは除いている。これらの研究では，財務健全性を示す財務指標がすべて仮説通りに寄附者の選好に影響をおよぼしていることが明らかになっている。

39 Wong and Ortmann (2016) は実証分析だけでなく質問紙によるサーベイ調査の結果も要約している。分析結果は，寄附を提供するとき財務情報の詳細を確認しないというネガティブな結果（Arumi et al. 2005）と，価格をみた場合や非効率性であることがわかったとき寄附金の提供を控えるというポジティブな結果（Madden 2006；Lasby 2004；Bagwell et al. 2013）の混在を示しているが，ポジティブな見解が比較的多いことを指摘している。

40 付録1-1では，Wong and Ortmann (2016) で掲載された Weisbrod and Dominguez (1986) のモデルを検証した先行研究以外にも，第3節以降で抽出した会計研究の文献の結果を追加している。2010年以降の会計研究においても，寄附者は資金調達費と価格を考慮して意思決定をおこなうという Weisbrod and Dominguez (1986) の実証結果と首尾一貫する結論が得られている。また，多くのモデルでは，寄附金に対するクラウディング・アウト効果も検証されている。クラウディング・アウト効果とは，政府が大量の国債を発行することにより，民間の資金需要が抑制されることであるが，非営利組織の文脈では，政府補助やその他の収入が増すことにより，寄附金獲得（需要）の低下がもたらされることである（Posnett and Sandler 1989：190-191）。検証結果では，政府補助による寄附金へのマイナスの影響について必ずしも有意な結果が報告されておらず，クラウディング・アウト効果に関する証拠は混在している（Callen 1994；Tinkelman 1999）。

41 非営利組織は多様な類型の組織が含まれるが，これらの実証研究の多くは業種により異なる結果が合わせて提示されている点に注意が必要である（たとえば，Weisbrod and

Dominguez, 1986；Posnett and Sandler, 1989；Tinkelman, 1999；Marudas, 2004)。たとえば，Okten and Weisbrod (2000) は，民間非営利市場における寄附の決定要因を明らかにすることを目的として，1982年から1994年のデータを用いて分析をおこなった。その結果，これまでの先行研究と同様に，寄附金と $PRICE$ のマイナスの関連が観察されたものの，病院の業種では，寄附金に対して資金調達費がもたらす効果がそれ以外の業種と比して小さく，高等教育機関ではその効果が観察されなかった。科学研究機関は寄附金に対して過大な資金調達費が用いられていることが観察された。この実証結果を参考として，Marudas and Jacobs (2004) は，非営利組織のなかでもより大きな機関である高等教育，病院，科学研究機関の3業種について寄附金の決定要因を分析した。パネルデータを用いた分析の結果，Okten and Weisbrod (2000) の実証結果と同様に，3つの業種で寄附金と資金調達費の関連について観察されない結果を報告している。また，病院に限定すれば，寄附金と $PRICE$ の関連は観察されない結果を合わせて報告している。

第2章 非営利組織会計を対象とした実証研究の到達点と展望

　本章は非営利組織会計を対象とした実証研究に対する文献レビューによって，非営利組織会計を対象とした実証研究で得られた証拠の体系化を試みる。文献レビューは SR (systematic review) と NR (narrative review) を組み合わせておこない，第2部および第3部における実証分析のリサーチ・デザインを精緻化し，本書の学術的な位置づけを明確にすることが本章の目的である。

　文献レビューには SR，メタ・アナリシス，簡易なレビュー (rapid review)，伝統的文献レビュー，ナラティヴ・レビュー，研究の統合 (synthesis) などさまざまな種類がある (Massaro, Dumay and Guthrie 2016)。社会科学では文献レビューはナラティヴにおこなわれるものが主流であるが，本章では NR の重要性をふまえつつ，証拠を重視する文脈 (evidence based approach) のもとで SR の役割を合わせて提示する。

　本章の構成は次のとおりである。第1節では，NR と SR の方法論について概観する。第2節では，先行した文献レビューで得られている既存の知見から，本章独自の研究課題を提示する。第3節では，研究プロトコルを検討し，文献選択基準と文献を統合するための分析フレームワークについて提示する。第4節では，分析フレームワークにもとづき，文献の統合をはかる。文献の統合はあくまでナラティヴにおこなう点で SR と NR を組み合わせているが，可能な限り科学的であるように配慮している。最後に，第5節では，文献レビューの結果を考察し，非営利組織会計を対象とした実証研究の今後の展望を検討する。

第1節 伝統的ナラティヴ・レビューとシステマティック・レビュー

　文献レビューは得られた知識や領域の位置づけを整理することで知識体系を構築し，その知識体系から将来の研究課題を明らかにするためにおこなわれる（Petticrew and Roberts 2008：19）。本節では，伝統的な NR と SR という2つの文献レビューの方法論（methodology）について検討する。

　社会科学の文献レビューの方法論は伝統的にナラティヴに記されるものが大半を占める。ここで NR とは「統計的というよりむしろ，記述的に不均一に探究をおこない，重要な文献について統合するプロセス」（Petticrew and Roberts 2008：19）のことをいう。著者が文献レビューの対象である研究領域のすべての文献を読んでいる，あるいはもっとも精通している場合，ナラティヴにレビューすることによって，学問的に有意義な知識体系が提示されるであろう。しかし，著者が主観的に先行研究の発見事項を選択し，解釈をおこない，要約するということは，文献選択にあたって著者のバイアスが著しく介入するため，文献とともに重要な「証拠」が抜け落ちる可能性がある（Tranfield, Denyer and Smari 2003：208）。

　医療分野では，英国政府によって強調された evidence based approach の広がりによって，NR とは一線を画す SR が 1980 年代から広まった。SR とは「所与の課題に関連するすべての研究を特定し，評価し，統合しようとするレビュー」（Petticrew and Roberts 2008：19）のことである。医療分野では研究成果にもとづく臨床活動によって患者への甚大な影響があり，各研究結果の証拠の蓄積を統合するアプローチが必要であったことがその背景にある（Davies, Nutley and Smith 1999, 2000）[1]。

　SR は，科学的で透明性の高いプロセス，すなわち，すべての研究の文献探索を通したバイアスの最小化をめざすねらいを持った詳細な技術を採用する点で，NR とは異なる。また，SR は著者の文献選択の意思決定，手続き，結論の監査証跡（audit trail）を残すという点でも異なる。さらに，SR と関連して，メタ・アナリシスはエビデンスから知識体系を統合する手続きのことをいう

(Tranfield et al. 2003：209)[2]。

　SR を社会科学，とりわけ経営学の領域に適用することは容易ではない。医療分野のディシプリン（discipline）は合意が得られており，知識体系は臨床にいかすことができるよう収束させる方向にある一方で，経営学では基礎的なディシプリンの合意がなく，知識体系も多様化の方向に向かう傾向にある。このような理由から，経営学では SR で研究を統合するアプローチであるメタ・アナリシスをおこなうことは難しいという解釈主義者（interpretivist）や現象論者（phenomenological position）の見解もある。しかし，それらは誤解であり，メタ・アナリシスは研究を統合する1つの方法であるため，代替的な方法によって SR として研究の統合をはかることは可能である（Tranfield et al. 2003：212-214）[3]。

　SR は，(1) 課題の定義，(2) アドバイザーグループの考慮，(3) プロトコルの執筆とプロトコルに対するレビューの実施，(4) 文献探索の実行，(5) 対象文献の選択，(6) 含意と除外の基準にもとづく文献の評価，(7) データ抽出，(8) 妥当性の評価，(9) 重要文献の統合，(10) 公表バイアスや内的・外的バイアスの効果に対する考慮，(11) 執筆，(12) 広範な普及，という12段階でおこなわれる（Petticrew and Roberts 2008）。これは大まかに，レビューの計画，レビューの実施，報告と普及という3つに区分することができる（Tranfield et al. 2003：214-219）。

　第1に，レビューの計画段階では，背景から研究課題が明示され，研究プロトコルが作成される。第2に，レビューの実施の段階では，文献の探索や選択がおこなわれ，文献の妥当性の評価や統合がおこなわれる。SR における文献の統合では，定量的な研究を対象としたメタ・アナリシスを用いることによってデータを統合することが多くみられるが，必ずしもメタ・アナリシスを用いるということが必須ではなく，メタ・エスノグラフィーやナラティヴでの統合もおこなわれる（Tranfield et al. 2003；Petticrew and Roberts 2008）[4]。本章の文献レビューもこのスタンスに立脚している。最後に，報告と普及の段階では，研究者や実務家に向けて統合した結果をわかりやすく公表する[5]。

第2節 研究課題

　これまで述べたSRとNRの方法論を組み合わせることで、以下では文献レビューをおこなう。文献レビューには、なぜそれが必要であるのか、当該分野の背景をふまえた研究課題を提示することが望まれる（Petticrew and Roberts 2008：28）。そこで、文献レビューの出発点として、文献レビュー上の研究課題について本節では提示する。

　第1章第5節で述べたParsons（2003）およびWong and Ortmann（2016）は、寄附者の意思決定に会計情報にもとづく価格情報が有用であるという有益な実証的証拠を、政策立案者や実務家、一般市民、研究者に提供している。このような証拠は非営利組織における会計情報が有用に機能していることを示している。しかし、Weisbrod and Dominguez（1986）以降の研究は、あくまで寄附者の選好に関心を有する研究者の文脈から派生したものであり、会計研究者の関心とは必ずしもすべてが一致しないことが懸念される。

　それでは、非営利組織を対象として研究をおこなう会計研究者は会計をとりまくどのような現象に研究関心をよせているのであろうか。会計研究者の関心と、そこで蓄積された証拠を統合することによって、本書の位置づけと貢献をより明確にすることができるであろう。

　そこで、本章では、次の2つの研究課題について、文献レビューを通して明らかにする。

　研究課題1．非営利組織会計を対象とした実証研究では、これまでに何が発見されているのか。
　研究課題2．非営利組織会計を対象とした実証研究では、今後どのような展開が期待できるのか。

第3節 分析フレームワークと文献選択

3.1 分析フレームワーク

　本章の研究課題は，非営利組織会計を対象とした実証研究で得られた証拠について統合することで明らかにすることができよう。しかし，先行研究が扱う非営利組織会計を対象とした研究課題は多岐にわたることが予想されるため，SRで統合する場合の代表的な方法であるメタ・アナリシスを用いて量的に統合することは難しい[6]。メタ・アナリシスが頻繁に採用される政策の有効性（effectiveness）の評価に関連させることで，非営利組織における会計規制の有効性という研究課題に焦点をあてることも考えうるが，本章で抽出された非営利組織を対象とした文献は数が少なく，また同じ検証モデルを用いている文献はさらに少ない。そのため，メタ・アナリシスが可能であるほどサンプルを抽出することは困難である。

　そこで，本章における文献の統合は，すべての文献を精読し，それぞれの文献について発見事項を中心にラベル化するという，SRとNRを組み合わせた方法によって文献の統合を試みる。具体的には，文献のラベル化をおこなったあとで，ラベル間の関係を考慮した図を示し，ラベルごとに発見事項をナラティヴに詳述する[7]。このように，SRのプロセスに準じた文献選択のあとでナラティヴにラベル化と関連性を図示することによって，セレクション・バイアスを考慮したうえで，研究課題に対する示唆を得ることをめざす。

3.2 文献選択基準の設定

　文献選択においては文献選択基準を明確にすることが必要である（Massaro et al. 2016）。本章の研究課題は非営利組織会計を対象とした実証研究を対象としたものであるため，実証分析が方法論として用いられる文献を選択することが必要である。また，文献で採用された実証分析の方法論について，その妥当性を保証することが望ましい。

　そこで，(1) 実証分析が方法論として採用されていること，かつ (2) Scimago

Journal Rank (SJR) が会計学の領域で上位の雑誌に掲載されていること, (3)会計学を対象とした研究を中心とする雑誌であること, の3つを文献選択の条件として設定した。雑誌選択基準を設定した結果, ファイナンスが主流である雑誌を除き, 次の4つの雑誌を選択した[8]。

- The Accounting Review (TAR)
- Journal of Accounting Research (JAR)
- Journal of Accounting & Economics (JAE)
- Comtenporary Accounting Research (CAR)

第1の条件である実証とは, 経験主義 (empiricalism) や実証主義 (positivism) などの立場によって解釈はさまざまであるが, 本章では理論や理論から導かれた仮説が正しいかどうかについて過去の統計データを用いて検証する方法としてとらえている。また, 第2の条件であるランクが上位の雑誌に掲載された文献のみを対象とすることで, 実証分析の方法論に対する妥当性や評価のプロセスを簡略化することができる。なお, 非営利組織を対象とする雑誌として, Nonprofit and Voluntary Sector Quarterly, Journal of Nonprofit and Public Sector Marketing, Nonprofit Management & Leadership, International Review on Public and Nonprofit Marketing が存在するが, 本章では会計研究に焦点があり, これらの雑誌は会計研究とそれ以外の文献を区分することが困難であるため, 本章では対象外としている[9]。

本章の研究課題は非営利組織を対象としていることから, 非営利組織に関連する "nonprofit", "not-for-profit", "charity", "charitable", "donor" のいずれかの言葉を雑誌内で検索し, 該当する文献を選択することとした。この選択のプロセスでは, あくまで研究論文のみを選択し, 書評は除外した。文献探索の期間は1980年1月から2016年12月までとした。1970年代まではFASBの概念フレームワークに関する検討が研究においても中心的な位置にあり, 実証分析の素地がなかったためである。

3.3 文献の探索結果

図表2-1は雑誌ごとにおこなった文献探索結果について発行年別に時系列で示している。文献の探索結果によると, 2010年以降, 非営利組織会計を対

図表 2-1　文献の探索結果

	1980	1993	1994	2001	2002	2006	2008	2011	2012	2013	2014	2015	2016	合計
TAR	1	1		1	1	2		2		2	2	2		15
JAR								1						1
JAE			1		2				1					4
CAR									1			2	3	6
合計	1	1	1	1	1	4		3	2	2	2	4	3	26

（注）"nonprofit"，"not-for-profit"，"charity"，"charitable"，"donor" のいずれかの検索で該当した文献数であり，書評は除外している。

象とした論文数が増加していることがわかる。TAR は非営利組織会計を対象とした研究論文を掲載する最多の雑誌であり，継続して掲載されている。CAR は 2015 年から 2016 年にかけて 5 本の論文が掲載されている。JAE は 2006 年の Symposium on the Role of Incentives in Not-for-Profit Organizations の開催によって論文数がやや増えている。

3.4　文献の妥当性や評価

文献の妥当性や評価は，実証分析が方法論として採用されていること，CPY（Citation Per Year）が 1 以上であること，の 2 点からおこなった。

第 1 に，Weinstein（1980）は規範的な研究であるため除外した。また，Chen（2016）は過去の統計データではなく実験で収集したデータを用いた研究であることから，Weinstein（1980）と同様に本章のレビュー対象から除外した。これらの 2 つの文献以外はすべて過去の統計データを用いた実証分析をおこなっており，文献選択基準において雑誌ランクによる選択をおこなうことで，文献の方法論に関する妥当性や評価は一定の基準を超えたものに限定されると考えられる[10]。

第 2 に，雑誌選択以外の方法として，文献のインパクトやサンプルサイズを観察することによる評価を加えた。具体的には，Google Scholar Citation を出版年から 2017 年までの年数で割った CPY を確認し，CPY が 1 以下の文献は除外した。ただし，2010 年以降に公刊された文献はあまりに直近であることから，2010 年以降公刊の場合は CPY が 1 以下の場合も含めている[11]。以上に加えて，実証分析で用いるサンプルサイズが 100 未満の文献は信頼性が低いこ

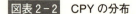

図表2-2 CPYの分布

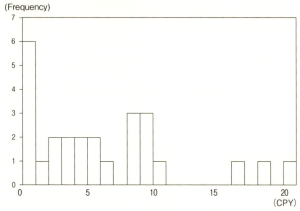

(注) 図表中はGoogle Scholar Citationを用いてCPYを算定し，1をビンの幅として設定したヒストグラムである。

とから除外した。**図表2-2**は，各文献のCPYの値についてヒストグラムである。CPYが0から1は2010年以降に公刊された文献がほとんどである。しかし，Chase and Coffman (1993)は公刊されてから長期間が経過しているが，平均値が1を下回っている。したがって，Chase and Coffman (1993)を本章の対象から除外する。最終的にレビューの対象となる文献は23本である（付録2参照）。

第4節　文献統合の結果

4.1　発見事項の統合

図表2-3は，文献の統合をはかることを目的として，各文献を精読し，ラベル化した結果を示している。各ラベルは「機会主義的行動」，「動機」，「抑制要因」，「経済的帰結」という4つの大項目を構成しており，大項目のあいだの関係を矢印によって図示している。図表2-3で確認できるように，対象となった文献では非営利組織の経営者による機会主義的行動を対象とした研究が多くみられる。また，機会主義的行動の動機と経済的帰結に関する研究が関連

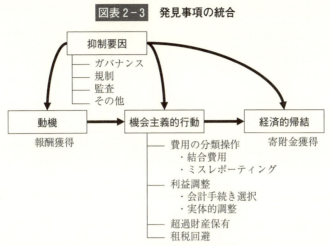

図表2-3 発見事項の統合

(注) 各ラベルを分類し、大項目を作成した。矢印は因果関係を表す。

して展開されていることがわかる。近年では機会主義的行動を抑制する要因に関する研究もおこなわれている。以下では、これらの4つの大項目ごとに関連する文献の発見事項について要約する[12]。

4.1.1　会計情報および財務報告をめぐる経営者の機会主義的行動

　会計学を含むいくつかの先行研究では、高い事業費比率である非営利組織がより多額の寄附を獲得できることがこれまで明らかになっている（本章第2節および第1章付録1-1を参照）。このように、事業費比率は非営利組織にとって重要な評価尺度のひとつとなっていることから、非営利組織は外部の資源提供者に対して事業費比率を高くみせるインセンティブを持つことが想定される。この考えと一致するように、選択された文献では、事業費比率を高める方法の存在について実証分析がおこなわれており、結合費用（joint-cost）の事業費への配分額を調整する方法（Jones and Roberts 2006）や資金調達費の計上を調整する方法（Krishnan, Yetman and Yetman 2006；Keating, Parsons and Roberts 2008；Yetman and Yetman 2012）、管理費の計上を調整する方法（Yetman and Yetman 2012）、IRSへの報告と他の機関の報告額を調整する方法（Krishnan and Yetman 2011）を用いることで、非営利組織が事業費比率を高める傾向に

あることが示唆されている[13]。

一方，非営利組織の経営者が裁量的に調整するのは事業費比率だけではない。非営利組織が報告利益について裁量的に調整する証拠が示されている[14]。Eldenburg et al.（2011）は利益ベンチマークを達成するために，事業と関連のない支出や資産処分に関する支出を増減させる実体的調整をおこなうことを発見している。Vermeer, Edmonds and Asthana（2014）は確定給付年金プランを会計的裁量行動の代理変数ととらえ，確定給付年金プランが利益減少の会計的調整として用いられていることを報告している。Vansant（2016）は少ない社会的便益の追求，あるいは過大な利益報告が利益減少させる会計的調整と関連していることを発見している[15]。

非営利組織が機会主義的行動をとる可能性は他にもある。たとえば，いくつかの非営利組織が過大な財産（excess endowments）を保有しているという，エージェンシー問題の顕在化に関する証拠が示されている（Core, Guay and Verdi 2006）。また，収益課税事業に対する租税回避をめざして，非課税事業との費用の調整がなされる可能性も示唆されている（Yetman 2001；Bolton and Mehran 2006；Neuman et al. 2015）。これらの先行研究で得られた結果から，非営利組織は外部の利害関係者との関係性を考慮したうえで裁量的に会計報告をおこなうことが示唆される。

4.1.2 動機

つづいて，非営利組織の経営者が機会主義的行動をとる代表的な動機として報酬仮説がある（Baber et al. 2002）。報酬仮説とは，事業費比率が高まるほど効率的な経営がなされていると報酬額を設定する理事会から評価されるため，非営利組織の経営者が報酬を得る目的で裁量的に事業費比率を高める，というものである。検証の結果，非営利組織において収益の増加や事業費比率が増加するほど報酬は高まることが支持されている（Baber et al. 2002）[16]。一方，報酬仮説による負の効果にも注目した研究がおこなわれており，非営利病院において報酬を動機として社会貢献的な診療に対する費用が低下していることや（Balsam and Harris 2014），報酬インセンティブによって非営利病院においても利益ベンチマークとは関係のない利益増加型の利益調整をもたらすことが明ら

かになっている（Eldenburg et al. 2011）。

4.1.3 抑制する要因

　非営利組織の経営者による機会主義的行動，またその動機にはそれらを抑制する要因がある。前述した非営利組織における機会主義的行動は費用の分類操作や利益調整，租税回避行動に代表されるが，これらを抑制する要因として，公認会計士による外部監査や監査委員会の設置（Keating et al. 2008；Krishnan et al. 2006；Krishnan and Yetman 2011；Vermeer et al. 2014；Yetman and Yetman 2012），投票権のある理事数および外部理事によるガバナンス（Yetman and Yetman 2012）などが示されている。加えて，事業費を高める要因として理事会の規模の存在が提示されている（Aggarwal et al. 2012；Yetman and Yetman 2012）。このように，非営利組織の監査やガバナンスが非営利組織における経営者の報告利益や事業費比率に対する機会主義的行動に影響をおよぼすことが明らかになっている。

　一方，以上とは異なる視座として，非営利組織の機会主義的行動を抑制するために設定された会計規制の有効性に対しても検証されている。会計規制を対象とした研究では，Form 990 の改訂によって機会主義的行動が抑制される一方（Yetman and Yetman 2013b），会計基準の改正によって影響がない場合も示唆されている（Jones and Roberts 2006）。同様に，経営者報酬の規制に注目した Dhole et al.（2015）においては，経営者報酬に対する規制後も経営者報酬は増額されており，規制の効果がみられないことを指摘している。

4.1.4 経済的帰結

　最後は，会計情報を用いて寄附者による意思決定がおこなわれた経済的結果について実証分析した研究である。ここでは洗練された寄附者（sophisticated donors）や抑制要因の設定状況によって非営利組織の寄附金獲得にどのような影響があるのかについて実証分析されている。たとえば，拘束性のある寄附を提供する場合（Yetman and Yetman 2013b）や寄附金額が大きい場合（Balsam and Harris 2014），寄附者は経営者報酬の開示を要求し，経営者の機会主義的行動を見抜いたうえで意思決定していることを発見している。これらは洗練さ

れた寄附者が存在する証拠である。

加えて，非営利組織に対する格付け（Harris and Neely 2016）や理事数の規模（Aggrawal 2012），さらには外部理事や監査の存在による良いガバナンス（Harris et al. 2015）が寄附金の獲得にプラスの影響があることが明らかになっている。反対に，内部統制の欠陥情報の開示は寄附金の獲得にマイナスの影響があることも明らかになっており（Petrovits et al. 2011），抑制要因が寄附者の意思決定，すなわち経済的帰結に影響しているといえよう[17]。

4.2　CPYによる研究の評価

最後に，CPYが高い文献の特徴を確認する。**図表2-4**はCPYの高い文献のなかで上位5位までの文献を示している。これらの文献を精読すると，財務報告をおこなううえでの費用の分類操作や利益調整に関する論文が多いことがわかる（Krishnan, Yetman and Yetman 2006；Eldenburg et al. 2011；Yetman and Yetman 2013b）。また，分類操作等に内部管理問題や監査が与える影響について検証されている（Petrovits, Shakespeare and Shih 2011）。これらはすべて非営利組織の経営者と外部者とのあいだの情報の非対称性やエージェンシー問題にかかわるものであり，営利企業を対象にした理論や発見事項を援用して経営者の機会主義的行動をとらえた研究である。

図表2-4　CPY上位5つの文献

雑誌	著者	年号	タイトル	CPY
TAR	Krishnan, Yetman and Yetman	2006	Expense Misreporting in Nonprofit Organizations	20.73
TAR	Petrovits, Shakespeare and Shih	2011	The Causes and Consequences of Internal Control Problems in Nonprofit Organizations	18.83
TAR	Eldenburg, Gunny, Hee and Soderstrom	2011	Earnings Management Using Real Activities : Evidence from Nonprofi Hospitals	17.00
TAR	Yetman and Yetman	2013	Do Donors Discount Low-Quality Accounting Information?	11.00
JAE	Core, Guay and Verdi	2006	Agency problems of excess endowment holdings in not-for-profit firms	9.91

（注）本章第3節の文献選択基準にもとづき選択された文献についてCPYを換算し，順位づけした。

第5節　考察

　前節の文献の統合作業は，研究課題1「非営利組織会計を対象とした実証研究では，これまでに何が発見されているのか」に対応している。すなわち，非営利組織を対象とした会計研究の発見事項は，Parsons（2003）やWong and Ortmann（2016）が示すような会計情報の有用性に関する研究ではなく，非営利組織の経営者による機会主義的行動とその動機，抑制要因に関心が向けられている。また，非営利組織を対象とした会計研究では，非営利組織の経営者は必ずしも利他的ではなく，利己的な動機を有しており，機会主義的に行動する可能性があることが想定されている点に特徴がある。このような利己的な動機に関する仮定をおくことによって，営利企業で用いられる理論を非営利組織にも援用することが可能となり，非営利組織を対象とする会計研究に新たな視座が提供されている。

　本節では，これらの発見事項を踏まえて，研究課題2「非営利組織会計を対象とした実証研究では，今後どのような展開が期待できるのか」について2点を提示する。

　第1は，先行研究の文脈にしたがえば，非営利組織を対象とした場合であっても，利己的な経営者を仮定することによって営利企業の分析枠組みを積極的に援用していくことが可能であることである。実際に，CPYが上位の文献は，非営利組織による会計的調整や実体的調整，内部統制の欠陥に関する研究であり，営利企業を対象とした会計研究の分析枠組みを援用したものである。このように，非営利組織という文脈に必ずしも固執することなく，営利企業で用いられる理論を援用することによって非営利組織会計独自の知識体系が発展している。これはわが国非営利組織を対象とした会計研究を検討する場合においても，特に参考とすべき点であろう。

　第2は，会計研究者の関心は非営利組織の経営者による機会主義的行動にあるが，実証分析で得られた証拠を再度フィードバックし，その基礎にある寄附者の意思決定に会計情報が有用であるという証拠をさらに精緻に蓄積していくことが必要であることである。寄附者が会計情報を用いて意思決定することを

前提としているが，会計情報に含意されたその他の情報や実情が寄附金獲得に影響を与えている可能性がある。また，Weisbrod and Dominguez（1986）以降，検証には主に対数線形モデルが採用されていることから非営利組織の規模効果が統制されていないことが懸念される。このような課題を克服するために，変化分モデルを用いた時系列データの分析や，自発的な会計ディスクロージャーに注目することにより，寄附者に対して新たに会計情報が与えられた場合の直接的なインパクトを測定する研究などが考えられる。さらに，Steinberg（2010）が顧客を正統的なステイクホルダーとしてあげるように，寄附者以外の情報利用者に注目した分析も有益な示唆が得られるであろう。これらの検証結果によっては非営利組織会計の基本目的の修正をうながすような証拠を発見できる可能性が残されている[18]。

第6節　小括

　本章は，非営利組織を対象とした会計研究について文献レビューをおこなうことで，既存の非営利組織会計に関する知識の体系化を試み，本書の学術的な位置づけを明確にすることを目的とした。本章で得られた発見事項を要約すると，次のとおりである。

(1) 文献レビューの代表的な方法として，NRとSRがあるが，前者は文献選択と統合の段階で著者のバイアスが介入する可能性があり，知識体系を歪める問題がある。近年では，証拠を重視する文脈のもとで，厳正なルールにもとづくSRがおこなわれるようになっている。
(2) 本章では文献レビューの方法にもとづき「非営利組織会計を対象とした実証研究では，これまでに何が発見されているのか」，「非営利組織会計を対象とした実証研究では，今後どのような展開が期待できるのか」という2つの研究課題を設定した。
(3) SRとNRを組み合わせることで，非営利組織を対象とした会計研究の到達点について確認をおこなった。その結果，非営利組織の経営者による機会主義的行動に会計研究者の関心があり，その動機や抑制する要因，経

済的帰結を実証分析によって明らかにしていることを示した。先行研究では，会計情報の有用性はすでに前提となっており，経営者による機会主義的行動が非営利組織においても首尾一貫して観察される特徴がある。また，洗練された寄附者の場合，機会主義的行動がマイナスに捉えられる可能性が示されている。

(4) 非営利組織会計を対象とした今後の実証研究では，非営利組織を対象とした場合であっても，営利企業の分析枠組みを積極的に援用していくことや，寄附者および寄附者以外の意思決定に会計情報が有用であるという証拠をさらに精緻に蓄積していくこと，という2つの展望を示した。これらは本書の仮説およびリサーチ・デザインに対して有益な示唆を提供している。

以降の章では研究課題2で示した非営利組織を対象とした今後の研究課題を参考にして展開する。すなわち，シグナリング・モデルという営利企業の分析枠組みを援用し，情報利用者の意思決定に会計情報が有用であるのか，自発的な会計ディスクロージャーに着目することで明らかにすることをめざしている。このような分析枠組みは，自発的に会計情報がはじめて開示されるとき，非営利組織の意図と情報利用者の意思決定の変化の両側面から観察可能であるという強みを持ち，会計情報の有用性に関する証拠を先行研究とは異なる視点から提供することができよう。

付録2　文献リスト

雑誌	著者	年号	タイトル	Vol	No	pp	CPY
TAR	Callen and Falk	1993	Agency and Efficiency in Nonproift Organizations: The Case of "Specific Health Focus" Charities	68	1	48-65	4.13
TAR	Yetman	2001	Tax-Motivated Expense Allocations by Nonprofit Organizations	76	3	297-311	4.69
TAR	Baber, Daniel and Roberts	2002	Compensation to Managers of Charitable Organizations: An Empirical Study of the Role of Accounting Measures of Program Activities	77	3	679-693	9.27
JAE	Core, Guay and Verdi	2006	Agency problems of excess endowment holdings in not-for-profit firms	41	3	307-333	9.91
TAR	Jones and Roberts	2006	Management of Financial Information in Charitable Organizations: The Case of Joint-Cost Allocations	81	1	159-178	8.55
TAR	Krishnan, Yetman and Yetman	2006	Expense Misreporting in Nonprofit Organizations	81	2	399-420	20.73
TAR	Keating, Parsons and Roberts	2008	Misreporting Fundraising: How Do Nonprofit Organizations Account for Telemarketing Campaigns?	83	2	417-446	9.33
TAR	Eldenburg, Gunny, Hee and Soderstrom	2011	Earnings Management through Real Activities Manipulation: Evidence from Nonprofit Hospitals	86	5	1605-1630	17.00
JAR	Krishnan and Yetman	2011	Institutional Drivers of Reporting Decisions in Nonprofit Hospitals	49	4	1001-1039	7.00
TAR	Petrovits, Shakespeare and Shih	2011	The Causes and Consequences of Internal Control Problems in Nonprofit Organizations	86	1	325-357	18.83
JAE	Aggarwal, Evans and Nanda	2012	Nonprofit boards: Size, performance and managerial incentives	53	1-2	466-487	8.20
CAR	Yetman and Yetman	2012	The Effects of Governance on the Accuracy of Charitable Expenses Reported by Nonprofit Organizations	29	3	738-767	9.00
TAR	Yetman and Yetman	2013	How Does the Incentive Effect of the Charitable Deduction Vary across Charities?	88	3	1069-1094	3.75
TAR	Yetman and Yetman	2013	Do Donors Discount Low-Quality Accounting Information?	88	3	1041-1067	11.00
TAR	Balsam and Harris	2014	The Impact of CEO Compensation on Nonprofit Donations	89	2	425-450	5.33
TAR	Vermeer, Edmonds and Asthana	2014	Organizational Form and Accounting Choice: Are Nonprofit or For-Profit Managers More Aggressive?	89	5	1867-1893	2.67

第 2 章　非営利組織会計を対象とした実証研究の到達点と展望

雑誌	著者	年号	タイトル	Vol	No	pp	CPY
TAR	Dhole, Khumawala, Mishra and Ranasinghe	2015	Executive Compensation and Regulation-Imposed Governance: Evidence from the California Nonprofit Integrity Act of 2004	90	2	443-466	1.00
CAR	Eldenburg, Gaertner and Goodman	2015	The Influence of Ownership and Compensation Practices on Charitable Activities	32	1	169-192	4.00
TAR	Harris, Petrovits and Yetman	2015	The Effect of Nonprofit Governance on Donations: Evidence from the Revised Form 990	90	2	579-610	6.00
CAR	Neuman, Omer and Thompson	2015	Determinants and Consequences of Tax Service Provider Choice in the Not-for-Profit Sector	32	2	703-735	2.00
CAR	Harris and Neely	2016	Multiple Information Signals in the Market for Charitable Donations	33	3	989-1012	1.00
CAR	Vansant	2016	Institutional Pressures to Provide Social Benefits and the Earnings Management Behavior of Nonprofits: Evidence from the U.S. Hospital Industry	33	4	1576-1600	1.00

(注) 本章第 3 節の文献選択方法にもとづいて，TAR，JAR，JAE，CAR という 4 つの雑誌から抽出された文献について，雑誌，著者，年号，タイトル，巻 (Vol)，号 (No)，ページ数，CPY (citation per year) を，年号順に要約したものである。Citation は Google Scholar Citation を用いており，2017 年 3 月時点の値を利用した。

●注

1　Evidence-Based Medicine は Sackett et al. (1996) に詳しい。ここでいうエビデンスは階層になっており，Sackett (1989) や CEBM (2009) などで記載されている。
2　科学性については伊勢田 (2003)，メタ・アナリシスについては浅野 (2015) に詳しい。
3　これらの SR と解釈主義や現象論という立場の違いを示すことを目的として，構造的文献レビュー (structured literature review：SLR) という言葉と手続きも会計学で提案されている (Massaro et al. 2016)。SR も SLR も厳正なルールを有している点で共通したものであるが，SLR には質的な研究に対する文献レビューにおいても科学性を重視する立場を強調する意図があると考えられる。しかし，SR も SLR も厳密な違いはなく，本章で焦点をあてるのはあくまで SR である。
4　Massaro et al. (2016) が提案する SLR では研究方法，組織的な焦点，管轄，研究トピック，立地，年度，貢献，著者・所属・ジャーナルという文献を統合する分析フレームワークが示されている。このように，研究における証拠の統合方法はさまざまである。SLR の事例としては Dumay, Guthrie and Pina (2015) などがある。
5　SR や SLR は厳正なルールにもとづいて文献選択と研究の統合がおこなわれる点に特徴

6 　SRにもとづけば会計情報の有用性を検証した前章の付録1-1はメタ・アナリシスをすべきであるが、ほぼすべての文献で価格情報や事業費比率の統計的な関連性が示されていることから、本書では視覚的に確認することにとどめている。

があり、その他の文献レビューの方法論とは異なる（Massaro et al. 2016）。一方、Petticrew and Roberts（2008）は、簡易な文献レビューやナラティヴ・レビューであっても、研究の統合ではSRと共通したアプローチが可能であると述べており、本章の統合もこの組み合わせの考え方にもとづいている（39-41）。

7 　Massaro et al.（2016）では、分析フレームワークとして、著者や所属機関の区分を示すことを例示するが、本章の対象となる文献は著者のほとんどが米国の大学に所属しているため、著者の所属機関は掲載していない。

8 　SJRのランクでこれらに続くAccounting, Organizations and Society（AOS）やReview of Accounting Studies（RAS）も検索をおこなったが、前者は実証研究とは視座が明らかに異なり、後者は検索結果において1本も抽出されなかったため除外している。

9 　これらの雑誌を対象に文献タイトルでaccountingと検索した結果、本数が限定的であり、主要な研究関心は会計以外にあることが推察された。Nonprofit and Voluntary Sector Quarterlyではタイトル以外では多数の文献が確認できたが、実証研究ではないものが多いため、本章では扱っていない。

10 　4つの雑誌に限定することでセレクション・バイアスは残るが、少なくとも本章の課題である非営利組織を対象とした会計研究の動向をつかむことは可能であろう。

11 　引用数を測定する場合、Google Scholar CitationだけでなくWeb of KnowledgeやScopusなどで検索をおこなうことも可能である。Google Citationには書評や新聞のような雑誌以外の媒体も含まれるバイアスがある問題もあるが、本章ではあくまでスクリーニング基準とすることを目的としており、Google Scholarの引用先では書評など雑誌以外のものがみられなかったため、Google Scholar Citationを採用した。Citationの意義と課題については Garfield（1964, 2006）に詳しい。

12 　各文献が示す貢献は、会計および関連諸研究への貢献を明確に記す文献は17本（70.83%）、会計規制（accounting and public policy or regulation）に対する貢献を明確に記す文献は8本（33.33%）、会計規制以外の実務的なインプリケーションを明確に記す文献は5本（20.83%）であった。会計および関連諸研究への貢献が意識されているが、会計規制の有効性を検証する論文は2011年に1本、2012年に1本、2015年に2本、2016年に1本公刊されていることから、研究者の関心が高まっていることがわかる。

13 　Krishnan et al.（2006）やKeating et al（2008）は経営者が資金調達費を計上していないことについてミスレポーティング（misreporting）と表現している。これは経営者の動機が機会主義であるのかただ単純なミスであるのかわからないためである。しかし、これらの2つの文献では、監査をおこなう非営利組織ほどミスレポーティングが少ない、という結果が合わせて示されており、非営利組織の経営者が機会主義的に事業費比率を調整していることが想起される。

14 　非営利組織の利益調整に関する研究は、非営利組織は時系列でみた場合に利益の分散が小さく（Hoerger 1991）、ゼロをめざした調整がおこなわれている（Leone and Van Horn 2005）という発見事項にもとづいている。

15 非営利組織による利益減少行動は必ずしも機会主義的行動でない可能性もある。利益調整の経済的帰結として長期的な影響を観察することが難しいためである。適切な経営をおこなっているというシグナルを情報利用者に送ることを目的とした情報提供的行動である可能性について検証していくことが必要である。
16 これに関連する仮説として,寄附金感度に関する仮説が存在する。寄附金感度変数とは,後述の Baber et al. (2002) にもとづき計算された数値である。寄附金感度変数が高まると,事業費比率の変化が寄附金に影響をおよぼす可能性が高くなることを意味する。したがって,寄附金感度が高まれば,経営者によるミスレポーティングの可能性が高まるという仮説が設定されている。
17 Petrovits et al. (2011) の検証は少し複雑であるため,ここで補足する。Petrovits et al. (2011) は 1997 年から 2007 年までの非営利組織 27,495 のサンプルを用いた検証の結果,財務健全性が乏しく,小規模であり,成長性が高く,事業が多様であるほど,非営利組織で内部統制の欠陥が観察される可能性が高いことを示した。加えて,Heckman モデルでサンプル・セレクション・バイアスを考慮したうえで,内部統制の欠陥の開示は,寄附金獲得あるいは政府補助金獲得とマイナスに関連していることを示している。この結果は,内部統制欠陥の開示が非営利組織の資金調達に影響をおよぼすことを示唆している。
18 2010 年以降の文献では,対数線形モデルが使われることはほぼみられなくなっており,規模の効果を考慮した水準モデルや変化分モデルが設定されている。

第3章 わが国非営利組織会計の分析視角
―― シグナリング仮説の提示

　本章はこれまでの検討にもとづき,わが国非営利組織会計を対象とした分析視角を提示することを目的とする。わが国非営利組織に対するディスクロージャー制度は改革が進むなかにあるが,意思決定有用性アプローチによって首尾一貫したディスクロージャー制度が整備される米国とは異なる制度的特徴を有している。したがって,実証分析をおこなうにあたっては,わが国特有の制度的特徴を考慮したうえで分析枠組みを構築することが望ましい。

　わが国非営利組織会計は官公庁が指導監督をおこなうための会計基準として設定された経緯があるが,近年では非営利組織会計に官公庁以外の外部者に向けた情報提供機能が追加され,会計ディスクロージャーが急速に広まっている[1]。しかし,外部の情報利用者の意思決定に有用な会計情報が何であるのかについてはそれほど多く議論されておらず,だれが会計情報の利用者であるのか,また,情報利用者がどのように会計情報を用いているのかについて模索している段階にあるといえる。

　以上に加えて,非営利組織会計に情報提供機能が追加されたならば,ディスクロージャー制度を再検討することが必要である。会計ディスクロージャーは自発的である場合と強制的である場合がある。近年,非営利組織に対する会計ディスクロージャーは強制化されつつあるが,本書の研究関心は自発的な会計ディスクロージャーにあり,わが国非営利組織がなぜ自発的に会計ディスクロージャーをおこなうのかについて明らかにすることをめざすものである。

　本章では,このような自発的な会計ディスクロージャーに対してシグナリン

グ・モデルを参考にして検討し,「好業績である非営利組織ほど受益者などの情報利用者に対して自発的な会計ディスクロージャーをおこなう」というシグナリング仮説を提示する。本書は理事長や事務局長などの業務の執行に責任を有する経営者は,会計情報の持つ情報内容について慎重に検討し,会計ディスクロージャーによるコストとベネフィットを考慮したうえで,官公庁以外に向けた会計ディスクロージャーの有無の判断をおこなっていることを想定する[2]。シグナリング仮説が支持されたならば,会計ディスクロージャーをおこなう非営利組織が好業績であることを経営者と情報利用者の双方が認識しているといえる。

このシグナリング仮説を検証するために本書で焦点をあてるのは,公益法人,社会福祉法人,私立大学の3つの法人形態である。これらの法人形態には,規模が大きく,会計基準が存在し,自発的な会計ディスクロージャーが十分におこなわれていたという共通点があるためである。しかし,会計基準と公表される会計情報はそれぞれの法人形態ごとに異なる特徴を有している。そこで,本章では,これらの法人形態ごとの法制度や会計情報の特徴について概観する。

本章の構成は次のとおりである。第1節では,わが国非営利組織会計の現状と課題について整理をおこなう。わが国における非営利組織は特別法にもとづき設立を認可・認証・認定されるものであり,官公庁による指導監督が可能であるように,会計基準も法人形態ごとに設定されている。これらの会計基準に対して,なぜそれぞれの会計基準が設定されているのか,非営利組織会計の基本目的について整理する。第2節では,わが国非営利組織のディスクロージャー制度について検討し,非営利組織のウェブサイトを通した自発的な会計ディスクロージャーに着目することについて述べる。第3節では,自発的な会計ディスクロージャーに関する研究をレビューし,シグナリング・モデルの観点から「シグナリング仮説」を提示する。第4節では,シグナリング仮説の前提となる好業績の判断根拠として考えられる財務指標の論点について,各会計基準から整理する。最後に,第5節では,本章の結論を要約し,残された課題について検討する。

第3章 わが国非営利組織会計の分析視角——シグナリング仮説の提示　69

第1節　わが国非営利組織会計の情報提供機能

　わが国非営利組織を研究対象とする場合，法人形態別に所轄庁が会計基準を設定している点が米国とは異なる[3]。具体的には，内閣府が設置した公益認定等委員会が設定する公益法人会計基準や文部科学省が設定する学校法人会計基準，厚生労働省が設定する病院会計準則・医療法人会計基準，さらに社会福祉法人会計基準というように，非営利組織に適用される会計基準は法人形態別に設定されている。したがって，わが国非営利組織会計を詳細に理解するためには，非営利組織を法人形態別にみていくことが必要である。

1.1　わが国非営利組織の法人形態別の分類

　図表3-1はわが国で設立可能な法人形態について，根拠法，所轄庁，設立方式について整理したものである。営利企業は，会社法にもとづき，株式会社，合同会社，合資会社，合名会社が準則主義で法人化される。また，その他の法人として，外国会社，特定目的会社，監査法人などの各士業法により設立される法人があり，これらは明確な営利目的法人である。

　一方，営利法人以外の組織では，一般社団・財団法人，公益法人，社会福祉法人，学校法人，医療法人，職業訓練法人，宗教法人，NPO法人，組合組織，商工会，商工会議所，基金組織，国・地方公共団体，特殊法人，独立行政法人などがある。このように，これらの営利法人以外のすべての組織を対象とした場合，多様な法人形態が含まれる。そこで，以下では，「剰余金の分配を禁ずる非分配制約を有する民間組織」という本書の定義に依拠し，民間である点と，非分配制約を有する点から，非営利組織の範囲を検討する。

　第1に，民間であるという定義に注目すると，国や地方公共団体は明らかに民間の組織ではない。加えて，独立行政法人は，多額の経常費補助金が国・地方公共団体から提供されるだけでなく，実施する事業を定める中期目標や中期計画について議会の承認が必要であるため，完全な民間の組織とはいえない[4]。したがって，国や地方公共団体，独立行政法人は，本書の非営利組織の定義には該当せず，公共セクターに含めることが適切である。

図表 3-1　日本の法人形態区分と検討対象

区分	法人形態	根拠法	所轄庁	設立方式
営利セクター	株式会社 合同会社 合資会社 合名会社 外国会社	会社法		準則主義
	特定目的会社	各法	内閣府	
	各士業法人	士業法		
公共セクター	国	財政法		
	地方公共団体	地方自治法	総務省	
	特殊法人	各特殊法人特別法	省庁	特許主義
	独立行政法人	独立行政法人通則法		
非営利セクター	一般社団・財団法人	一般社団法人および一般財団法人に関する法律	内閣府 都道府県	準則主義
	公益法人	公益財団および社団法人の認定等に関する法律	公益認定等委員会	認可主義
	NPO法人	NPO法	内閣府 都道府県	認証主義
	学校法人	私立学校法	文部科学省（高等教育）都道府県（初等中等教育）	認可主義
	社会福祉法人	社会福祉法	厚生労働省 都道府県市町村	
	医療法人	医療法		
	宗教法人	宗教法人法	文部科学省 都道府県	認証主義
	職業訓練法人	職業能力開発促進法	都道府県	認可主義
	自治会	なし		
	任意団体	なし		
組合組織など	組合組織	各組合法	組合による	混在
	商工会 商工会議所	商工会法 商工会議所法	経済産業省	準則主義
	その他	その他		

（注）　　　　は本章の検討対象となる非営利組織。
（出所）筆者作成。

　第 2 に，非分配制約を有していない組合組織や商工会，商工会議所，基金組織も非営利組織ではない。これらを除外したうえで非営利組織として認められる法人形態は，一般社団・財団法人，公益法人，NPO 法人，学校法人，社会福祉法人，医療法人，宗教法人の 7 法人，さらに自治会や任意団体である[5]。

最後に，これらの法人でディスクロージャー制度と会計基準が存在するか否かを確認すると，一般社団・財団法人には会計基準が存在せず，自治会および任意団体にはディスクロージャー制度そのものが存在しない。宗教法人は会計に関する指針が存在するものの，ディスクロージャー制度が整備されていない。そこで，これらの法人形態は検討対象から除外することとした[6]。

以上の検討によって，以降の検討対象となる法人形態は公益法人，NPO法人，学校法人，社会福祉法人，医療法人の5つである。これらの法人は特別法によって認証・認可・認定される共通点がある。各特別法の目的は，それぞれで相違がみられるものの，認証・認可・認定されるプロセスによって受益者に向けた事業内容が審査されることによって，受益者に健全なサービス提供をおこなうことという点で一致している（**図表3-2**参照）。

なお，これらの特別法には，管理や運営にさいして，理事会に関する事柄が

図表3-2　法人設立の目的

法人形態	特別法	内容（条項）
公益法人	公益社団法人および公益財団法人の認定等に関する法律	・公益法人による<u>当該事業の適正な実施を確保するための措置等</u>を定め，もって公益の増進および活力ある社会の実現に資すること（第1条） ・公益目的事業：<u>学術，技芸，慈善その他の公益に関する別表各号に掲げる種類の事業であって，不特定かつ多数の者の利益の増進に寄与</u>（第2条4）
社会福祉法人	社会福祉法	・<u>福祉サービスの利用者の利益の保護および地域における社会福祉の推進を図るとともに，社会福祉事業の公明かつ適正な実施の確保および社会福祉を目的とする事業の健全な発達を図り</u>，もって社会福祉の増進に資すること（第1条）
医療法人	医療法	・<u>医療を受ける者の利益の保護および良質かつ適切な医療を効率的に提供する体制の確保を図り</u>，もって国民の健康の保持に寄与（第1条）
学校法人	私立学校法	・私立学校の特性にかんがみ，その<u>自主性を重んじ，公共性を高めることによって，私立学校の健全な発達を図ること</u>（第1条）
NPO法人	NPO法	・<u>運営組織および事業活動が適正であって公益の増進に資する特定非営利活動法人の認定に係る制度を設けること</u>等により，ボランティア活動をはじめとする市民がおこなう自由な社会貢献活動としての特定非営利活動の健全な発展を促進し，もって公益の増進に寄与（第1条）

（注）各特別法から筆者作成。下線部分は事業活動の審査ならびに受益者の保護に関する部分である。

存在することも共通している。多くの場合，理事会は，業務を決すること，理事ほかによる職務の執行を監督することが定められている。理事長はその業務を代表し，法人全体の業務の遂行に対して責任を有する。本書では，非営利組織における経営者を，理事長をはじめとした業務の執行に責任を有する者として定義している[7]。

1.2 わが国非営利組織会計の基本目的

非営利組織に関する会計基準の設定および改正にあたっては，それらがどのような目的のもとでおこなわれるのかについて慎重に検討しなければならない。このような目的は，財務報告の基本目的（SFAC 第4号）として，会計基準を定めるさいに参考とすべき理論的基礎となる[8]。**図表3-3**はわが国非営利組織に適用される会計基準および関連する公文書から会計基準が設定された背景について整理したものである。図表3-3を要約すれば，わが国非営利組織会計の基本目的は次の3つが存在するといえる。

第1に，設定当初において共通した目的であった，非営利組織における経営者による官公庁向けの報告目的である。たとえば，公益法人会計基準は，旧民法によって計算書類の作成が義務づけられていることが基準設定の背景にあり，主務官庁向けの報告目的であることが強調された会計基準であった。同様に，社会福祉法人経理規程準則は，地方公共団体も含めた所轄庁に提出する現況報告書を作成するために官公庁向けの報告目的で設定されたものである。さらに，学校法人会計基準は，私立学校に対する経常費補助金を1973年に政府が提供し始めたことによって，経常費補助金算定の根拠資料として政府が報告を受けるために定められたものである。

第2に，会計基準を定めることによって，非営利組織の内部管理を強化するねらいがある。たとえば，公益法人会計基準では，2006年改正時において，「事業の効率性に関する情報を充実」させることを目的としており，事業の効率性や不祥事の防止，経理の適正化などをその設定目的にあげている。また，学校法人会計基準は設定当初から長期的な財政基盤の安定を目的のひとつとしてあげている。2010年の社会福祉法人会計基準設定の目的には，法人全体での財務状況の把握に加えて，経理区分単位として実体に近い拠点区分での収支

図表3-3 非営利組織に適用される会計基準の設定の背景

会計基準	内容（引用元）
公益法人会計基準	・<u>会計帳簿および計算書類を作成するための基準</u>（公益法人監督事務連絡協議会の申合せ、改正） ・<u>一層効率的な事業運営が求められることとなり、事業の効率性に関する情報を充実させる必要が生じている</u>。また、<u>一部公益法人による不祥事等を受けて、公益法人の事業活動の状況を透明化し、寄付者等</u>（会員等を含む。以下同じ。）<u>から受け入れた財産の受託責任についてより明確にすることを通じて、広く国民に対して理解しやすい財務情報を提供すること</u>が求められている。さらに、公益法人は多数の者の寄付等に支えられつつ、不特定多数の者の利益のために活動する法人であることから、<u>その活動内容については、広く国民一般も関心を持っている</u>（公益法人会計基準の改正等について）。 ・<u>公益認定制度に対応した表示方法を反映した基準に修正することが適当</u>（公益法人会計基準について）
社会福祉法人会計基準	・社会福祉法人は公共性の高い経営組織であり、なかんずくこれに所属する社会福祉施設の経営の基盤は公的資金に負うところが大きいので、<u>社会福祉法人はその財政状態および経営成績を明確にして財務の公正を期し、国民の負託にこたえることが要請</u>（社会福祉施設を経営する社会福祉法人の経理規程準則の制定について） ・<u>法人全体の財務状況を明らかにし、経営分析を可能とするとともに、外部への情報公開に資するもの</u>（社会福祉法人会計基準の制定について）
病院会計準則および医療法人会計基準	・病院の財政状態および運営状況を適正に把握し、<u>病院の経営体質の強化、改善向上に資すること</u>（病院会計準則） ・会計基準の無いことによる、すでに<u>公開されている財務情報の信頼性に疑問を呈されていることを払しょくすること</u>（医療法人会計基準）
学校法人会計基準	・補助金の交付を受ける学校法人は、<u>文部科学大臣の定める基準に従い、会計処理を行い、貸借対照表、収支計算書その他の財務計算に関する書類を作成</u>（私立学校振興助成法） ・会計処理の合理化や、<u>財政および経営状況の明確化</u>（学校法人会計基準の一部改正について） ・公教育を担う学校法人の経営状態について、<u>社会にわかりやすく説明する仕組み</u>（文部科学省ウェブサイト）
NPO法人会計基準	・NPO法人の<u>信頼性を向上</u>すること（NPO法人会計基準ハンドブック） ・<u>市民にとってわかりやすい会計報告の作成により、支援者</u>（＝資金・モノ・サービスなどの資源提供者）<u>の意思決定をしやすくすること</u>（NPO法人会計基準ハンドブック）

（注）各特別法から筆者作成。下線部分は事業活動の審査ならびに受益者の保護に関する部分である。

を明らかにすることがあげられている。医療機関に適用される病院会計準則は目的に「病院の財政状態および運営状況を適正に把握し，病院の経営体質の強化，改善向上に資すること」と明記されている。

　第3に，2000年以降，各会計基準の目的は，官公庁以外の外部者に向けた情報提供目的が追加されている。たとえば，公益法人会計基準では「広く国民に対して理解しやすい財務情報を提供すること」がその目的として2008年の改正時に指摘されている。学校法人会計基準も同様の傾向にあり，「社会によりわかりやすく説明する」ことを目的として2013年に改正されている。NPO法人では，NPO法人会計基準協議会がとりまとめた2010年公表のNPO法人会計基準が「望ましい会計基準」（内閣府 2011）とされており，「支援者（＝資金・モノ・サービスなどの資源提供者）の意思決定をしやすくすること」をその目的としている。このように，会計基準ごとに相違はあるものの，非営利組織会計の基本目的に官公庁以外の外部者に向けた情報提供機能が追加されている[9]。

　しかし，わが国非営利組織会計の情報提供機能はFASBが基礎的概念として位置づける意思決定有用性の概念とは異なる。FASBが想定する会計情報の利用者は国民や市民という一般公衆の意思決定者というよりむしろ，より具体的な情報利用者を想定している。とりわけ資源提供者としての寄附者の意思決定に資することが会計情報の特徴として設定されている。

　一方，寄附市場が相対的に小さいわが国では，必ずしも会計情報が寄附者のみの意思決定を促進させることを意図しているわけではない。基準設定当初は官公庁に向けた報告という明確な目的があり，プリンシパルである官公庁に対する会計責任を果たすために，特別法に定められた範囲での会計報告を官公庁向けにおこなっていたと考えられる。しかし，非営利組織会計における官公庁以外の情報利用者に向けた情報提供機能の追加は，官公庁のみが当該非営利組織の存在を保証することが困難であることを示すものである[10]。すなわち，国民や市民という一般公衆に会計ディスクロージャーをおこなうことによって，プリンシパルにこれらの者を加えることで，プリンシパルとしての官公庁の責任の分担をはかり，一般公衆をプリンシパルとして非営利組織の経営者たるエージェントへの評価を組み込もうとする特有の動きであるといえよう。

その結果，一般公衆に対して非営利組織が会計ディスクロージャーをおこなうという不明瞭な状況が生まれている。一般公衆が正統なステイクホルダーとなる場合，プリンシパルとして寄附者などの資源提供者や受益者としてだけでなく，従業員や地域住民など複数のプレイヤーが含まれることになる。したがって，共通のエージェンシー問題が生じることとなり，経営者とその他の情報利用者のあいだの情報の非対称性について緩和に向けた解決策が導出されにくいこととなる (Steinberg 2010)。そこで，別の論理が必要である。

先述したように，米国では，資源提供者，とりわけ寄附者がもっとも重要な意思決定者であるとされる。本書では，これに加えて，わが国では特別法によって受益者の保護が重視されている点に着目する。会計情報を用いて情報利用者の逆選択や経営者のモラル・ハザードを抑制することをめざすわが国における会計基準は，受益者の保護を目的としていると考えられよう[11]。

第2節 わが国非営利組織を対象としたディスクロージャー制度

前節で指摘したように，わが国で非営利組織会計が整備され，官公庁以外に向けた，とりわけ受益者に対する情報提供機能が追加されたことを確認した。しかし，会計基準はあくまで技術的基礎であり，非営利組織会計の改訂だけでは経営者とその他の情報利用者とのあいだの情報の非対称性の緩和は達成されない。情報の非対称性の緩和は，非営利組織における自発的，あるいは強制的な会計ディスクロージャーにあくまでもとづくのである。

そこで，非営利組織におけるディスクロージャー制度の現状を確認するために，法人形態別のディスクロージャー制度を概観する。**図表3-4**は，公益法人，NPO法人，学校法人，社会福祉法人，医療法人におけるディスクロージャー制度の規制主体や法律上必要な作成書類について，特別法や適用される会計基準，公文書を参考にして要約したものである。

図表3-4からわかるように，ディスクロージャー制度の規制主体は官公庁である場合が多い。閲覧に供する書類は，特別法が作成を要求する会計情報である。すべての法人形態は根拠法にもとづき，事務所において利害関係者による会計情報の閲覧を可能としなければならない。この点に焦点をあてるならば，

図表 3-4 わが国非営利組織を対象としたディスクロージャー制度

法人形態	規制主体	ディスクロージャー制度
公益法人	内閣府 公益認定等委員会	・事務所において利害関係者は閲覧が可能 ・内閣府が中心となり作成したウェブサイト上の閲覧申請システムで申請することにより閲覧が可能
NPO法人	内閣府 地方公共団体	・事務所において利害関係者は閲覧が可能 ・その他内閣府開設のウェブサイト上で自由に閲覧が可能
学校法人	文部科学省 地方公共団体	・事務所において利害関係者は閲覧が可能 ・各法人のウェブサイト上に掲載することを推奨
社会福祉法人	厚生労働省 地方公共団体	・事務所において利害関係者は閲覧が可能 ・各法人又は所轄庁のウェブサイト上に掲載することを義務化
医療法人	厚生労働省 地方公共団体	・事務所において社員若しくは評議員又は債権者は閲覧が可能

(注) 公益社団法人及び公益財団法人の認定等に関する法律，NPO法，私立学校法，社会福祉法，医療法等の特別法に加えて，各法人形態に適用される会計基準にもとづき，該当する文言を抽出した。
(出所) 筆者作成。

わが国非営利組織の会計ディスクロージャーはすべて強制的におこなわれていることとなる。しかし，強制的な開示として閲覧申請することや事務所での閲覧によって情報利用者が情報を収集することができたとしても，そのためには多大な手間と時間，コストがかかることから，実際には情報利用者が会計情報を収集することは容易ではない。

一方，他の会計ディスクロージャーの方法，とりわけウェブサイトを用いた会計ディスクロージャーが広まっている。ウェブサイトには官公庁によって集約化されたポータルサイトと法人独自に開設されたサイトの2つがある。たとえば，公益法人では，内閣府や各都道府県が中心となり作成した「公益法人information」と名づけられたウェブサイト上の閲覧申請システムが存在し，そこに閲覧申請することによって会計情報を収集することができる[12]。NPO法人は，内閣府が開設した「NPOのページ」から，これまで設立認証されたNPO法人を検索することができ，かつウェブサイト上で会計情報の閲覧が可能である。NPO法人は，公益法人と比較して，閲覧申請の手間や，閲覧申請に承認がおりるまでの時間をかけることなく，容易に情報収集が可能であるため，わが国非営利組織のなかでもっとも情報利用者からの情報取得が可能な法

人形態といえるであろう[13]。

　他方，文部科学省が管轄する私立大学を有する学校法人では，各法人のウェブサイトを通した自発的な会計ディスクロージャーがおこなわれている。従来は刊行物等の広報物に半数程度の法人が会計情報を掲載している状況であったが，現在では98%がウェブサイトを通して会計ディスクロージャーをおこなっている。この背景には，各法人のウェブサイトを通したディスクロージャーを推奨する2005年の文部科学省高等教育局長通知（文科高第958号）の影響が考えられる[14]。私立大学以外にも，社会福祉法人は2013年度から各法人のウェブサイトを通した会計ディスクロージャーが義務化されている。強制開示化以前の社会福祉法人は会計ディスクロージャーに対する意識が非常に低く，多くの法人で非開示であった。そのようななかで社会福祉法人の不透明性が社会的な課題となり，厚生労働省が会計ディスクロージャーの強制化について検討を開始した背景がある[15]。

　このように，非営利組織によるウェブサイトを通した会計ディスクロージャーは社会福祉法人では強制化され，私立大学では実質的に強制開示となっている[16]。しかし，医療法人の会計情報は社員や評議員，債権者でなければ，事務所に赴いたとしても閲覧することができず，わが国非営利組織のなかで唯一会計ディスクロージャーの状況が異なっている。これは税制優遇措置が一般的な医療法人には与えられていないことに起因しているのかもしれない[17]。

　以上をまとめると，わが国では官公庁への閲覧申請以外による会計ディスクロージャーの強制化が近年までおこなわれず，非営利組織に対するモニタリングは主に官公庁による監督にゆだねられてきた。この状況は非営利組織会計が改訂前に有していた基本目的と一致しており，ディスクロージャー制度としてみた場合，第1章で述べた1996年以前の米国と同様の状況であったといえる。しかし，2000年以降，諸外国ではインターネットの普及による情報化が進展し，ウェブサイトを通した会計ディスクロージャーに注目が集まっている（Saxton and Guo 2011；Saxton, Kuo and Ho 2012）。わが国においても，公益法人や社会福祉法人，私立大学においてウェブサイトを通して自発的な会計ディスクロージャーをおこなうようになっている。現在では，医療法人を除き，ウェブサイトによる会計ディスクロージャーは強制化あるいは実質的に強制されるものと

なっている。

第3節 シグナリング仮説の提示

　これまで述べたように，わが国非営利組織会計は官公庁以外に向けた情報提供機能が追加され，自発的あるいは強制的に会計ディスクロージャーも拡充される傾向にある。したがって，一般公衆が会計情報を用いることが容易になりつつある。非営利組織が公表した会計情報について，米国では，寄附者が事業費比率を用いることによって効率的に資源を用いる非営利組織に寄附を提供すること，すなわち寄附者の意思決定有用性が重視され，有用性に関する実証的証拠が蓄積されている。しかし，わが国では，非営利組織が公表する会計情報について，だれが，どのような会計情報を用いて，何を意思決定しているのかについてこれまで明らかでない。寄附市場の規模が小さく，情報利用者に伝達される重要な財務指標が曖昧であり，会計ディスクロージャーが強制化されたばかりであるわが国の状況では，寄附者が会計情報を用いて意思決定しているという米国と同様の前提をおくことが困難であろう。

　図表3-5は，第1章および本章で述べた情報の非対称性，非分配制約，ディスクロージャー制度，本書が着目する点について整理したものである。それぞれこれまでに検討した課題であり，図表中では具体的な内容を列挙している。

　情報の非対称性の緩和が非分配制約によって達成されない場合，会計ディスクロージャーのあり方の検討が必要となる。非営利組織に適用される会計基準の基本目的は，内部報告目的や官公庁向けの報告目的に，官公庁以外の外部者に向けた情報提供目的が追加されている。この外部者への情報提供目的がうまく機能するためには，非営利組織と外部者とのあいだの情報の非対称性を緩和する会計ディスクロージャーが必要である。

　情報の非対称性の緩和を図るためには，強制的な情報開示と，自発的な情報開示の2つの方策がある。いずれの場合においても，会計情報が情報の非対称性の緩和に貢献することが期待されているが，本書は非営利組織における自発的な会計ディスクロージャーに着目する。その理由は2つある。第1に，これ

第3章 わが国非営利組織会計の分析視角——シグナリング仮説の提示

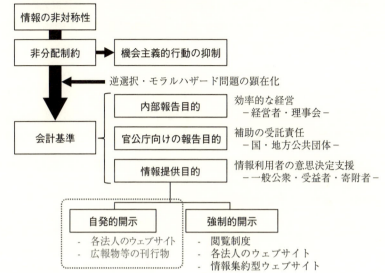

図表3-5 わが国非営利組織の会計ディスクロージャーと分析視角

(出所) 筆者作成。

らの経営者の会計情報に対する意図を知るためである。非営利組織にとって非開示であるという選択肢が一般的であるにもかかわらず，会計ディスクロージャーをおこなうことには，経営者の会計情報に対する意図が隠されているように思われる。この経営者の意図を解明することによって，非営利組織の経営者が業務の遂行にあたり重要であると考えている会計情報が何であるのかを知ることができよう。第2に，会計情報がはじめて開示されることによる経済的帰結を測定することができるためである。具体的には，受益者保護を目的とした会計情報が公表されることによって，受益者にどのような影響があるのかについて直接的に観察が可能である。

3.1 自発的な会計ディスクロージャーに関する研究

これまで自発的な会計ディスクロージャーに関する多くの先行研究が分析対象としてきたのは営利企業である。そこでは，営利企業と投資家のあいだの情報の非対称性が問題とされてきた。株式を発行する企業と投資家のあいだには，

情報の非対称性が存在し，その非対称性の程度が著しい状態になれば証券市場で逆選択が発生する。このような逆選択を改善するものとして，財務会計には意思決定支援機能がある（須田 2000：15）。財務会計の意思決定支援機能は Ball and Brown（1968）を嚆矢として，その有用性に関する証拠が首尾一貫して提示されているところである（桜井 2010：序文1）。

ただし，情報開示に伴う企業側の便益が明らかになり，その意識が浸透し，自発的な情報開示が進展すれば，情報開示規制のあり方も再検討が必要になる。より高度な情報開示制度を構築するためには，企業による自発的な情報開示の拡充が必要不可欠であるからである（須田 2004：2）。このような理由から，自発的な会計ディスクロージャーの戦略と効果の実証分析が，米国を中心に，そしてわが国でもおこなわれている。

これまで多くの研究で得られた実証的証拠の蓄積をレビューした代表的な先行研究として，Healy and Palepu（2001）がある。Healy and Palepu（2001）は，自発的に開示された会計情報の効果として，株式の流動性が高まること，株主資本コストが減少すること，担当するアナリストが増加し，アナリストによる利益予測の精度が向上すること，の3つをあげている。具体的には，自発的な情報開示が企業と投資家とのあいだに存在する情報の非対称性の緩和に貢献し，その結果，自発的に情報開示をおこなう企業の株式に対する投資家の信用の程度が向上することによって，株式の流動性が高まる。株式の流動性が高まれば，資本コストが低下し，株価上昇がもたらされる。つまり，一般投資家に役立つ会計情報を自発的に開示した企業は何らかの経済的便益を享受している[18]。自発的な情報開示に関連しておこなわれた実証分析の結果はこのシナリオを支持しており，自発的な会計ディスクロージャーは証券市場にプラスの影響をおよぼすことが示唆される。これらの結果にもとづけば，営利企業の経営者は自発的に会計ディスクロージャーをおこなう動機を持つ。結論として，Healy and Palepu（2001）は，好業績の企業ほど，逆選択を阻止し自社にふさわしい株価形成をめざして，積極的に情報開示することを主張している。

一方，本書では，情報の役割をより明確に設定することを目的として，シグナリング・モデルを参考とした「シグナリング仮説」を設定し，検証をおこなう。シグナリング・モデルは Spence（1973）が労働市場の雇用者と求職者のあ

いだで学歴が果たす役割を解明したことに端を発している。Spence (1973) が提示したシグナリング・モデルを要約すれば，次のとおりである。

雇用者にとって従業員の採用は不確実性下の投資意思決定である。求職者からは操作可能なものとしてのシグナル (signal) と，操作不可能なインデックス (index) が情報として経営者に伝達される。求職者には，能力が低くシグナリング・コストの高いグループと，能力が高くシグナリング・コストの低いグループが存在する。このような状況下では，能力を代替するシグナルとしての高学歴を持つ，シグナリング・コストの低いグループの情報が雇用者に伝達されることで，効率的な労働市場の形成に貢献する。

Scott (2006) はシグナリング・モデルが広く会計研究に応用されてきたことを指摘し，「シグナルとなるための決定的な条件は，ハイ・タイプの経営者がロー・タイプの経営者よりも，コストをかけずにシグナルを送るということができるという条件である。これにより，ロー・タイプがハイ・タイプを模倣することが不合理になるので，シグナルに信頼性を付与することができる」（邦訳451）と述べる。ここでいう「ハイ・タイプ」とは能力の高いことを指しており，能力の高い経営者が指揮する企業は好業績であると仮定している。好業績の企業ほど，市場にそのシグナルを送るため，会計情報を外部に出すインセンティブを有している。その結果，情報の非対称性が緩和されることにより，投資家が好業績か否かを識別することができる。このようにして，営利企業における自発的な会計ディスクロージャーが効率的な株式市場の形成に貢献する。

わが国では，須田 (2004) が実証分析により得られた知見の整理をおこなっており，好業績か否かについて注目した実証分析をおこなっている。そこでは，自発的な情報開示について，中間連結財務諸表を自発的に開示した企業の特性と開示目的を調査し，その結果，中間連結財務諸表を自発的に開示する企業は一般に好業績であり，直接金融をおこなう傾向にあることを発見している。また，中間連結財務諸表の自発的な開示に加えて，税効果会計を早期適用した企業の特性についても合わせて分析をおこない，その結果，情報開示水準の高い企業は一般に好業績である企業が多いことを発見している[19]。

3.2 シグナリング仮説の設定

このように,営利企業を対象とした自発的な会計ディスクロージャーに関する研究は,①好業績の企業が,②資本市場を対象として,③自発的に情報開示することを仮説として設定し,これを検証している。非営利組織を対象におこなう場合,この3点の特徴を考慮しなければならない。具体的には,①非営利組織にとって好業績とは何か,②非営利組織にとって資本市場に代替するものは何か,について考慮することが必要である。そのうえで,③どのような会計情報を自発的に開示することが可能かについて検討することが必要であろう。

非営利組織には株式市場,具体的には投資家が存在しない。本書では,情報利用者としての一般公衆の代表者として,米国などが想定する寄附者ではなく,特別法が保護する受益者を非営利組織における中心的な利害関係者とおく[20]。このような想定にもとづき,本書全体でのシグナリング仮説は次のとおり定義する[21]。

シグナリング仮説 好業績である非営利組織ほど受益者などの情報利用者に対して自発的な会計ディスクロージャーをおこなう。

シグナリング仮説を実証分析する場合,好業績をどのように測定するのかについて検討しなければならない。本書では,非営利組織における好業績を測定する財務指標として,第1章第5節で提示した効率性と財務健全性という2つの尺度を用いる。前章で述べたように,効率性とはミッションに向けられたインプットの程度を示したものであり,資源配分の効率性を意味している。また,財務健全性とはサービス提供を継続できる能力のことである(Parsons 2003)。本書では,非営利組織の経営者は,効率性と財務健全性という2つの財務指標を用いて会計ディスクロージャーをおこなうか否かを判断していると予想する。

本書が検証する対象の公益法人や社会福祉法人,私立大学は,法制度や会計基準が異なるため,それぞれの特徴によって,経営者が重視する財務指標は異なる可能性がある。そこで,第2部における自発的な会計ディスクロージャーとシグナリングに関する検証では,シグナリング仮説の好業績の測定方法から,効率性仮説(H1)と財務健全性仮説(H2)という2つの仮説を展開する。実証

分析にあたっては，それぞれの章においてリサーチ・デザインを詳述する[22]。

効率性仮説（H1）　効率性の高い非営利組織ほど受益者などの情報利用者に対して自発的な会計ディスクロージャーをおこなう。
財務健全性仮説（H2）　財務健全性の高い非営利組織ほど受益者などの情報利用者に対して自発的な会計ディスクロージャーをおこなう。

第4節　各法人形態の特徴と実証課題

　本書は自発的な会計ディスクロージャーをおこなう公益法人や社会福祉法人，学校法人という3つの法人形態を対象とするが，根拠法としての特別法や適用される会計基準によって，それぞれに特徴がある。本節では，特別法や適用される会計基準を比較検討することで，各法人形態の特徴と，検証すべき特有の実証課題について整理する。

　図表3-6は公益法人，社会福祉法人，私立大学それぞれの法人形態の認可・認定基準と会計基準，公表される財務諸表を示している。これらを比較検討することによって，各法人形態の特徴を以下では確認する。

　第1に，公益法人は内閣府あるいは都道府県に設置された公益認定等委員会によって認定を受けるが，そのためには18の要件を満たすことが必要である。図表3-6では，そのなかで非営利組織会計あるいは公表される会計情報に関連する「法人の目的・事業の性質・内容に関するもの」と「法人の財務に関するもの」の2つを示している。後者の認定要件では公益目的事業比率が50％を超えること，あるいは遊休財産が公益目的事業費を超えないことが示されていることからも，公益目的事業費の区分が重要であることが読み取れる。公益法人会計基準は貸借対照表，キャッシュ・フロー計算書とともに正味財産増減計算書の財務三表に加えて，附属明細書と純資産の部で正味財産とは区分され表示される基金に関する事柄が定められている。純資産の部に表示される正味財産は一般正味財産と指定正味財産に区分され，それぞれで増減について計算される仕組みとなっている。

　第2に，社会福祉法人は社会福祉法を根拠法として厚生労働省および都道府県等から設置が認められる。設立基準には経済的な規模および基盤があること

図表3-6 各法人形態の認可・認定基準と適用される会計基準

法人形態名	特別法に依る認可・認定基準	会計基準	会計情報
公益法人	・公益目的事業をおこなうことが主たる目的であること ・公益目的事業に必要な経理的基礎と技術的能力を有すること ・法人関係者や営利企業等に特別の利益を与えないこと ・社会的信用を維持するうえでふさわしくない事業や，公の秩序，善良の風俗を害するおそれのある事業を行わないこと ・公益目的事業以外の事業をおこなう場合には，公益目的事業の実施に支障をおよぼすおそれがないものであること ・公益目的事業に係る収入が適正な費用を超えないと見込まれること（収支相償） ・公益目的事業比率（費用ベース）が100分の50以上になると見込まれること ・遊休財産額が年間の公益目的事業費を超えないと見込まれること （以上，公益社団法人および公益財団法人の認定等に関する法律から抜粋）	公益法人会計基準	・貸借対照表 ・正味財産増減計算書 ・キャッシュ・フロー計算書 ・附属明細書 ・基金
社会福祉法人	・当該事業を経営するために必要な経済的基礎があること ・当該事業の経営者が社会的信望を有すること ・実務を担当する幹部職員が社会福祉事業に関する経験，熱意および能力を有すること ・その他（経理の性格，脱税目的以外など） （以上，社会福祉法第62条4項）	社会福祉法人会計基準	・貸借対照表 ・資金収支計算書 ・事業活動計算書 ・財産目録 ・附属明細書
学校法人（私立大学）	・教育研究上適当な規模内容を有すること ・教育研究上必要な教員組織，施設設備その他の諸条件を備えること ・教育研究を適切に遂行するためにふさわしい運営の仕組みを有すること （以上，大学設置基準）	学校法人会計基準	・貸借対照表 ・資金収支計算書 ・事業活動収支計算書

(注) 根拠法および会計基準を参考として，筆者が作成した。学校法人は私立学校法であるが，私立大学は大学設置基準法にもとづき設立が認可される。また，事業内容は，会計基準上認識が認められる収入の勘定科目から抜粋した。

(出所) 筆者作成。

や，人員が適正であること，運営の仕組みがあることなどがある。設立された後，毎期作成が要求される会計情報は社会福祉法人会計基準に準拠して作成される。社会福祉法人会計基準は，貸借対照表，資金収支計算書，事業活動計算書，財産目録，そして附属明細書を対象に定められているが，事業活動計算書は公益法人のように正味財産増減を記録するものではない。事業が高齢福祉事業だけでなく，障がい者福祉事業や児童福祉事業など多岐にわたる場合もあるため，事業別内訳表の重要性が示されている。最近では，2016年社会福祉法の改正によって，公益法人会計基準における遊休財産と同様に，余裕財産について定義がなされ，再投下についての計画が必要とされている[23]。

最後に，私立大学は私立学校法を根拠法として設置された学校法人である。学校法人は大学設置基準にもとづき文部科学省により審査されることによって，大学設置の認可を受ける必要がある。その要件には，社会福祉法人と同様に，教育研究上適当な規模内容，教員組織，施設設備などを有することが定められている。これは大学における教育サービスの質の確保をめざすとともに，大学教育では最低でも4年間の教育サービスの提供を維持するための最低限の固定資産を有することが要求されている。学校法人会計基準は，このような教育サービスの維持あるいは向上を可能とするために，長らく消費収支計算書によって教育研究に拠出したコストの内訳である教育研究経費が計算されてきた。また，当該学校法人に帰属するすべての収入（帰属収入）から基本金の部に向けた組入を差し引いた消費収支差額が公表される。消費収支差額は長期的な収支均衡を示す概念である。

以上に述べたように，公益法人，社会福祉法人，私立大学では一定の要件によって認可・認定を受けることが必要であるという共通点がある。私立大学の教育研究経費の区分や基本金組入のように大学設置認証の要件が会計基準に影響をおよぼしている場合もあれば，公益法人の公益目的事業費の区分や社会福祉法人における余裕財産などまだ検討が追いつかずに会計基準や実務指針に十分に反映されていない場合もある。また，非営利組織における純資産の部については，わが国では遊休財産や余裕財産，基本金などの差異がみられるだけでなくFASB会計基準においても改正がおこなわれることからも，いまだ議論が収束していない。したがって，第2部におけるシグナリング仮説の実証分析

にあたっては，好業績を判断する財務指標として，フローに関する情報，とりわけコスト情報を中心に用いる。以下では，上記であげた各法人形態それぞれの財務指標に関する特有の論点について詳述する。

4.1 公益法人における公益目的事業比率の有用性

公益法人制度改革関連三法，とりわけ「公益社団法人及び公益財団法人の認定等に関する法律」では，公益性の認定をおこなうにあたり，法人の財務に関するものとして，公益目的事業比率が50％以上となることや，遊休財産額が公益目的事業費を超えないことが定められている。これは公益で得た利益を法人内部ではなく公益目的に再投下するという収支相償の考え方にもとづいている。公益目的事業比率とは，公益目的事業会計における費用の合計を収益事業等会計における費用を加えた経常費用の合計で除して計算され，主な事業が公益目的であることを財務的に示す根拠として活用されている。また，遊休財産とは，純資産のうち使途が決まっていない部分のことである。

米国の事業費比率と同様の尺度であるならば，公益目的事業比率が高く，遊休財産比率が低い場合，寄附者や受益者などの資源提供者にとって，効率的に資源を用いる非営利組織であるといえる。したがって，公益目的事業とそれ以外の事業の費用の区分が問題となり，公益目的事業比率がどのような要因で高まるのか，財務指標としての利用可能性や注意点を示すことが必要であり，第8章で詳細に実証分析する。

4.2 社会福祉法人における実在内部留保の検討

社会福祉法人の財務指標に対しては，巨額の内部留保を保有していることが指摘されたことから（日本経済新聞2011年7月7日付），内部留保に対して社会的関心が高まっている。2011年12月から厚生労働省によって内部留保の推定の取組みが始まり，2012年には介護老人福祉施設等の運営および財政状況に関する調査研究が実施された。その後，社会福祉法人の経営に関する状況開示について，2013年度財務諸表から開示が義務化されることが決定された。それまで社会福祉法人の財務諸表は自発的に会計ディスクロージャーがおこなわれている状況であった。

2012年度の調査研究結果（明治安田生活福祉研究所 2013）では，発生源別に内部留保が定義づけされ，貸借対照表の貸方側でとらえる発生源内部留保と借方型でとらえる実在内部留保という2つに区分された。また，社会福祉法人における内部留保は，余裕財産と将来の拠出に備えた剰余金という2つの区分が明確でなかったため，余裕財産を明確化するための作業が進められている。これらの内部留保の存在は，経営者の機会主義的行動の帰結やエージェンシー問題の顕在化を示すものであるのだろうか。第9章では，ストック情報としての内部留保の算定における検討と，その決定要因について実証的に明らかにする。

4.3　学校法人会計基準の教育研究経費の区分と有用性

　学校法人会計基準では，企業会計の損益計算書に類似する消費収支計算書の消費支出の区分として，人件費，教育研究経費，そして管理経費の3つがある。特に教育研究経費と管理経費の区分については公文書によって定義づけられ，教育研究経費が経常費補助金の配分根拠にもなっていることからも，その重要性が理解できよう。

　さらに，2013年に学校法人会計基準が改正された。本改正では，事業活動収支計算書において，教育活動収支差額，教育活動外収支差額，特別活動収支差額の3つが設けられた。これは，1971年に定められた学校法人会計基準の消費収支差額に経常的な活動と臨時的な活動の区分がなく，消費収支から消費支出を差し引いた消費収支差額のみで表示されていたためである。

　この背景には，学校法人会計基準の改正の趣旨として，「私立学校の特性を踏まえた学校法人会計基準の仕組みは引き続き維持しつつ，学校法人の作成する計算書類等の内容がより一般にわかりやすく，かつ的確に財政および経営の状況を把握」（文部科学省 2013）することがある。そのため，消費収支計算書の名称を事業活動収支計算書に変更し，経常的および臨時的収支差額に区分してしている。とりわけ教育活動収支差額のバランスを把握することが重視される。このような区分が実施された場合，教育研究活動のコスト情報はより重要性を増すであろう。そこで，第10章では，教育研究経費の増減に対して影響を与える要因について実証分析する。

第5節　小括

本章ではわが国非営利組織会計を対象とした特有の分析視角を提示することを目的とした。検討の結果，本章は次のとおり要約することができよう。

(1) わが国非営利組織における根拠法の目的は，認証・認可・認定された法人による健全なサービスの実施を確保するという点で一致している。特別法は非営利組織がサービスを提供するにあたり，受益者の保護を主な目的としているといえる。

(2) 近年，わが国非営利組織会計の基本目的に，官公庁以外の外部者に向けた情報提供機能が追加されている。わが国非営利組織会計の情報提供機能は，FASBが基礎的概念として位置づける意思決定有用性とは異なり，寄附市場ではなく，受益者保護のための会計基準であるといえる。

(3) わが国非営利組織では会計ディスクロージャーが強制開示化される傾向にあるが，情報利用者の存在や，情報利用者による会計情報を用いた意思決定の想定を抜きに実施が図られている。現時点では非営利組織の経営者による情報生産に対するコストと情報利用者による会計情報の使用方法が明らかでないのである。

(4) 本書では，わが国非営利組織の自発的な会計ディスクロージャーに着目することで，シグナリング・モデルを参考にした「好業績である非営利組織ほど，受益者などの情報利用者に対して，自発的な会計ディスクロージャーをおこなう」というシグナリング仮説について検証する。検証結果が支持されるならば，非営利組織の経営者と情報利用者が会計情報を介して何らかの意思決定がおこなわれている可能性を示唆することができる。

(5) 本書の実証分析の対象とする公益法人，社会福祉法人，私立大学では，それぞれに特有の特徴があり，とりわけ会計基準上の純資産の部の区分表示については違いがみられる。したがって，実証分析をおこなうにあたり，好業績の判断尺度として，フロー情報，とりわけコストの分配情報を用いることが適切である。その他にも公益法人では公益目的事業費比率，社会

福祉法人では内部留保，私立大学では教育研究経費の有用性というような法人形態ごとに特有の論点がある。第3部において，これらの特有の実証課題に焦点をあてた検証をおこなう。

これまで第1章から第3章を通して述べたように，本書では強制開示化される以前の自発的な会計ディスクロージャーに着目すること，また実証分析をおこなうシグナリング仮説について論じた。第2部では，公益法人，社会福祉法人，私立大学における自発的な会計ディスクロージャーを対象として，シグナリング仮説が適用できるかどうかについて実証分析を通して明らかにする。

● 注

1 非営利組織会計の目的について検討している論文として，本章のほかに齋藤（2011）や長谷川（2012）がある。
2 具体的には，事務局長を中心とした経営会議での検討や，理事や評議員を中心とした評議員会や常任理事会，理事会での検討を通して会計ディスクロージャーの有無が判断されていると考えられる。事務局長や理事の属性によって会計ディスクロージャーの有無が作用されることも考えられるが，本章が焦点をあてるのは，当該非営利組織が好業績であるか否かである。本書の実証分析では，多くの章において，ロバスト・チェックにおいて理事の属性の影響をコントロールしている。
3 第1章で述べたように，米国ではFASBが非営利組織間で統一基準を設定しており，IRSの年次報告書であるForm 990を提出するにさいしてこの基準の準拠を推奨している。Form 990ではFASB会計基準に準拠しているか否かについて記す欄が存在するため，情報利用者は非営利組織の準拠した会計基準について確認することができる。
4 独立行政法人は所轄庁が中期目標を設定し，運営主体が中期計画を策定することによって運営がおこなわれることから，公共セクターに含まれる。
5 これらの組織は，自治会や任意団体を除き，従来は公益法人のみが旧民法第34条を根拠として認可され，それ以外は特別法により設立が認可されていた。公益法人制度改革関連三法が制定された現在では，非営利法人はすべて特別法によって設立が認可・認証される仕組みになっている。
6 一般社団・財団法人は会計基準が存在しないだけでなく，ディスクロージャー制度の観点からも，公益法人とはその性格が異なる。公益法人は，主務官庁に対して会計情報等の報告が義務づけられると同時に，会計情報の積極的な開示が求められている。
7 本書における非営利組織の経営者には，業務に対して責任を持つ理事長のほかに，事務局長や部門長が理事に含まれる場合，理事として監督だけでなく何らかの業務を遂行している者を含む。

8 　基本目的は，あまりに抽象的にならないように焦点を合わせる必要があるが，かといってある特定の目標に向けられるのではない（SFAC 第1号）とされ，多くの利用者の共通の目的となる点で「基本目的」である。
9 　ここでいう情報提供機能とは，企業会計における投資家保護を目的とした情報提供機能とはその対象が異なっている。具体的には，受益者の保護を目的として，会計情報がこれらの情報利用者に伝達されることを意図している。
10 　この背景には非営利組織の法人数が歴史的に増大してきたことが要因であるかもしれない。実際に指導監督をおこなうにあたっても，非営利組織の認証・認可は設立時のみであり，その後の指導に関する権限は特別法ごとに異なるため，官公庁による管理が困難であると考えられる。
11 　非営利組織の関係者は容易にその関係を断つことは難しいことから，これらの情報利用者は単純なプリンシパルではないとも考えられる。そのように考えた場合，非営利組織会計は受益者への温情主義のための基準であると理解することもできるかもしれない。しかし，第1章第4節で述べたように，受託責任会計においても会計ディスクロージャーがおこなわれることによって，コスト情報によるエージェントへの評価は重要となると考えられる。
12 　ウェブサイトが存在するため事務所における閲覧よりは容易に会計情報をみることができるものの，ポータルサイトを通した場合もあくまで公益法人に公開請求することは変わらないため，やや手間がかかる。これ以外に，公益法人や特例民法法人の年次報告からデータを収集する方法があるが，すべての公益法人および特例民法法人のデータがダウンロードされるため，会計情報を抽出するにはデータから抽出することに関する知識が必要である。
13 　NPO 法人を分析する情報収集の基盤は整備されつつある（山内・馬場・石田 2007）。しかし，NPO 法人は小規模法人が多く，強制的な会計ディスクロージャーのみがおこなわれているため，本書の実証分析の対象外とした。
14 　学校法人における会計ディスクロージャーの実態については第6章で詳述している。
15 　社会福祉法人における会計ディスクロージャーの実態は第5章に詳述している。
16 　実質的な強制開示（effectively mandated）とは，わが国における経営者予想がほとんどの上場企業で開示されていることを意図して使用された言葉であるが（Kato, Skinner and Kunimura 2009），私立大学における会計ディスクロージャーの状況は同様の状況である。
17 　実際に，医療法人は純利益に対して課税される。ただし，救急医療などの特定の診療をおこなうことで厚生労働省から認められた特定医療法人や社会医療法人は免税されている。
18 　これらは理論研究として代表的な Diamond and Verrecchia (1991) や Kim and Verrecchia (1994) の数理モデル分析で提示されたものである。自発的な会計ディスクロージャーに関する理論研究の包括的なレビュー論文としては，Verrecchia (2001) がある。わが国の文献では椎葉・高尾・上枝 (2010) に詳しい。
19 　須田 (2004) は実証分析の一連の結果を受けて，次のインプリケーションを提示している。第1に，企業経営者がディスクロージャーや IR 活動を経済的行為として理解し，それに対して積極的な取り組みをすることが望ましいこと，第2に，日本の資本市場は自発的な情報開示のインセンティブを有していることから，過度に制度的な会計基準を設定すべきではなく，自発的な情報開示の充実をめざす方向が適切であること，第3に，2003年の単独

監査の禁止によって監査の品質低下を防ぐことができたことである (274-277 頁)。
20 受益者および寄附者はいずれも資源提供者として重要な利害関係者であるが，わが国では寄附者よりも受益者にプライオリティがあることを本書では想定している。
21 シグナリング仮説では好業績であるほど非営利組織がロー・コストで会計ディスクロージャーをおこなえることを想定しているが，実際は低業績であるほど受益者からの反応が不確実であるためハイ・コストであると非営利組織の経営者が考慮しており，会計ディスクロージャーを差し控えるのかもしれない。
22 効率性と財務健全性の具体的な財務指標は法人形態ごとに異なるため，それぞれの章で検討する。
23 「障がい者」の表記は障害，障碍，障がいなどがあるが，どれが望ましいか結論は出ていない（「障害」の表記に関する作業チーム 2010）。本書では，障害ならびに障碍という文字は印象が悪いことから，法令や公文書で記されたもの以外は「障がい」という表記を用いている。

【第2部】

好業績シグナルとしての会計ディスクロージャーに関する実証分析

第4章 公益法人における自発的な会計ディスクロージャーとシグナリング

第5章 社会福祉法人における自発的な会計ディスクロージャーとシグナリング

第6章 私立大学における自発的な会計ディスクロージャーとシグナリング

第7章 私立大学における自発的な会計ディスクロージャーの経済的帰結

第2部の結論 シグナリング仮説の実証結果

第4章 公益法人における自発的な会計ディスクロージャーとシグナリング

　第2部では，好業績の非営利組織が受益者などの情報利用者に対して自身の好業績をシグナルするために自発的に会計ディスクロージャーをおこなうこと，として定義されたシグナリング仮説について実証分析する。第2部で対象とする法人は，会計基準が存在し，経済的影響が大きいことが考えられる公益法人，社会福祉法人，私立大学を有する学校法人という3つの法人形態である。

　本章は公益法人の自発的な会計ディスクロージャーに着目し，シグナリング仮説を検証する。ただし，現在の公益法人は公益性を確立することが公益認定等委員会から要求されており，ウェブサイトを通した会計ディスクロージャーが実質的に強制化されていることから，民法改正によって移行期間にあった特例民法法人を本章の実証分析の対象とする。

　本章では，特例民法法人によるウェブサイトを通した自発的な会計ディスクロージャーを，①事業報告書，②収支計算書，③正味財産増減計算書，④貸借対照表，⑤財産目録，⑥事業計画書，⑦収支予算書，という7つの項目に区分し，会計ディスクロージャーを示すこれらの7つの項目が前期から当期にかけてそれぞれ新規に開示されることに好業績であるか否かが影響をおよぼすかについて実証分析する。具体的には，39,697特例民法法人のデータが収録された2010年度および2011年度「特例民法法人に関する年次報告」の集計データを用いて，シグナリング仮説にしたがい，好業績の特例民法法人であるほど自発的な会計ディスクロージャーをおこなうという仮説を設定する。

　本章には2つの意義がある。第1に，事業費比率が高く，収益源が分散して

いる財務的に優良な特例民法法人が自発的に会計ディスクロージャーをおこなうことを実証的に明らかにすることである。分析結果にもとづけば，特例民法法人が好業績シグナルとして自発的に会計ディスクロージャーをおこなっていることが示唆された。第2に，公益法人会計基準で重要性の高い正味財産の増減と特例民法法人の自発的な会計ディスクロージャーの関連性を実証的に明らかにすることである。この検証によって，特例民法法人において正味財産の位置づけを確認することができよう。

本章の構成は次のとおりである。第1節では公益法人，とりわけ特例民法法人に関する制度を整理し，仮説を設定する。第2節ではリサーチ・デザインをおこなう。第3節ではサンプル選択をおこない，記述統計を示す。第4節では実証結果を提示し，第5節では結論と残された課題について述べる。

第1節　公益法人制度改革と公益法人会計基準

1.1　特例民法法人と会計ディスクロージャー

本章は公益法人を対象に分析するが，実際に検証をおこなうのは特例民法法人のデータである。特例民法法人とは，2008年12月1日に施行された公益法人関連三法において，改正前民法で定められた旧公益法人が一般社団・財団法人あるいは公益法人に移行するための5年間の経過措置としての法人である[1]。特例民法法人は5年間の経過措置の期間内（2012年11月30日まで）に一般社団・財団法人あるいは公益法人に移行する必要がある。2013年「公益法人の概況」調査結果によると制度施行前の24,317特例民法法人のうち，9,050法人が公益法人へ移行し11,679法人が一般社団・財団法人へ移行している[2]。

公益法人関連三法施行後，一般法人では各事業年度の計算書類および事業報告書，附属明細書を，定時社員総会の1週間前から5年間にわたり主たる事務所に備え置かなければならず，債権者および社員から要請があった場合は閲覧に供することが必要となる[3]。一方，公益法人では「公益社団法人および公益財団法人の認定等に関する法律」によって，債権者および社員のみならず，「何人も，公益法人の業務時間内は，いつでも」（第21条第4項）閲覧に供する

ことが必要である。つまり，一般社団・財団法人の会計ディスクロージャーは債権者および社員以外には自発的なものであるが，公益法人は一般公衆（general public）に対して強制的に会計情報が開示されるものである。また，公益法人の会計ディスクロージャーの方法は法律では定められていないが，内閣府が運用する「公益法人 information」によって閲覧請求が可能となっている[4]。

一方，特例民法法人は移行措置中の法人であるため，改正前民法の公益法人の規定にしたがい会計情報を作成していた。改正前民法によって定められた公益法人は，現在の一般法人と同様に，会計ディスクロージャーについて開示するという規定は存在せず，会計ディスクロージャーは事務所での閲覧以外には自発的におこなわれるものであった。

また，改正前民法によって設立された旧公益法人に関しては，2006年9月20日の閣議決定によって定められた「公益法人設立許可審査基準等に関する申し合せ」，および「公益法人の運営に関する指導監督基準」にもとづき，公益法人の実態およびこれらの基準の実施状況等を明らかにするため，毎年度「公益法人に関する年次報告」が公表されてきた。公益法人関連三法施行以降は，旧公益法人から特例民法法人へと調査対象を移し，年次報告は継続されている。

2011年度の「特例民法法人に関する年次報告」によると，延べ23,454の特例民法法人が存在し，2010年12月1日時点で，ウェブサイトを開設している法人は41.3%である。加えて，本調査では，ウェブサイトを開設する法人のうち，各内容について開示する法人数を要約しており，事業報告書は38.6%，収支計算書は36.4%，正味財産増減計算書は35.9%，貸借対照表は37.2%，財産目録は34.9%，事業計画書は39.2%，収支計算書は36.3%の法人がウェブサイトを通して開示していることがわかる[5]。**図表4-1**はこれらの7項目の会計ディスクロージャーのなかで何項目を開示しているのか，その合計値のヒストグラムを示したものである。本図表からすべての項目について開示する法人と全く開示しない法人が多く存在する傾向が読み取れる。

1.2 公益法人会計基準の特徴と課題

公益法人は公益法人会計基準に準拠し，貸借対照表，正味財産増減計算書，

図表 4-1　公益法人における会計ディスクロージャー・レベル

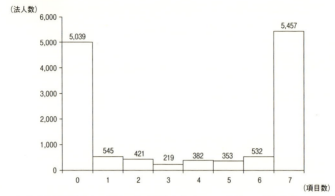

(出所) 2011年度「特例民法法人に関する年次報告」集計データを用いて筆者作成。

そして，キャッシュ・フロー計算書を作成している。公益法人会計基準は公益法人制度改革に合わせ2004年および2008年に改正されている。とりわけ純資産の部に表示される正味財産について，その使途制約から一般正味財産と指定正味財産との2つに区分されたことが特徴である。これらの増減について記録したものが正味財産増減計算書である。

図表4-2は内閣府公益認定等委員会が2008年4月に公表した「『公益法人会計基準』の運用指針」から貸借対照表と正味財産増減計算書の様式を示している。貸借対照表において正味財産の部で記される正味財産は，正味財産増減計算書のなかで一般正味財産増減の部と，一般正味財産への振替によって記録される指定正味財産増減の部の2つに区分される。一般正味財産の部では，経常増減の部と経常外増減の部に区分され，最終的に当期一般正味財産増減額が計算されることとなる[6]。

本章のなかでとくに重要となるのは，経常増減の部である。経常増減額は基本財産運用益や特定資産運用益，受取会費，事業収益，受取補助金，受取寄付金などで構成される経常収益から，事業費と管理費で構成される経常費用を差し引いたものであるが，この事業費と管理費の区分がきわめて重要である。すなわち，一般正味財産を増減させる要因として，どの程度事業費に用いられたのかを示すことは，公益法人のサービス提供努力を示しているといえ，利害関

第4章 公益法人における自発的な会計ディスクロージャーとシグナリング

図表4-2 公益法人における貸借対照表と正味財産増減計算書

貸借対照表
〇〇年〇月〇日現在
(単位:円)

I 資産の部	II 負債の部
1. 流動資産	1. 流動負債
現金預金	未払金
………	………
2. 固定資産	2. 固定負債
(1) 基本財産	退職給付引当金
土地	………
………	負債合計
(2) 特定資産	III 正味財産の部
退職給付引当資産	1. 指定正味財産
〇〇積立資産	国庫補助金
………	2. 一般正味財産
(3) その他固定資産	………
………	正味財産合計
資産合計	負債および正味財産合計

正味財産増減計算書
〇〇年〇月〇日から〇〇年〇月〇日まで
(単位:円)

I 一般正味財産増減の部	
1. 経常増減の部	
(2) 経常費用	(1) 経常収益
事業費	基本財産運用益
給与手当	特定資産運用益
臨時雇賃金	受取会費
退職給付費用	事業収益
………	受取補助金等
管理費	受取負担金
役員報酬	受取寄付金
給与手当	………
退職給付費用	
………	
その他評価損益等	
当期経常増減額	
2. 経常外増減の部	
(2) 経常外費用	(1) 経常外収益
固定資産売却損	固定資産売却益
………	………
当期経常外増減額	
当期一般正味財産増減額	
II 指定正味財産増減の部	
受取補助金等	
………	
一般正味財産への振替額	
………	
当期指定正味財産増減額	
III 正味財産期末残高	

(出所)内閣府公益認定等委員会「『公益法人会計基準』の運用指針」から筆者作成。

係者にとって重要な情報となるであろう。また,事業費と管理費のなかに給与手当などの人件費が加算されている点が第5章および第6章で対象とする社会福祉法人や私立大学に適用される会計基準とは異なる点である[7]。

一方,一般正味財産の増減額は表中で示されるものの,企業会計上の利益のように,明確にすべての正味財産の増減が示される勘定科目は存在しない。したがって,正味財産増減計算書によって算定される最終的な正味財産増減は,

公益法人の経営者，あるいは利害関係者にとって何を示しているのか理解しづらく，情報利用者の意思決定につながるような情報内容を有しない可能性も懸念される[8]。

第2節 リサーチ・デザイン

特例民法法人の場合，会計ディスクロージャーの対象とする情報利用者は会計基準によって広範におよぶことが想定されているため，会計ディスクロージャーの直接的な効果を測定することは困難である。しかし，会計的に良いパフォーマンスであれば，悪いパフォーマンスである場合よりも，低コストで会計ディスクロージャーをおこなうことができると考えられる。市場から生じるコストが何であるのかについて特定することは難しいが，特例民法法人の経営者はディスクロージャーの有無を判断するさいに少なからず受益者への影響を考慮することを予想する[9]。

そこで，本章では，第3章で提示したシグナリング仮説を展開した効率性仮説と財務健全性仮説の2つを提示する。この2つの仮説では，Weisbrod and Dominguez (1986) や Tinkelman (1999)，Parsons (2003) が用いる効率性および財務健全性によって好業績であるか否かを測定する。まず，前者の効率性尺度とは，全支出のうち事業に投下する支出の割合（事業費比率）によって測定されるものである。したがって，事業費比率と会計ディスクロージャーに関する効率性仮説（H1）を提示する。

仮説1（H1） 事業費比率が高い特例民法法人ほど，積極的にウェブサイトを通した会計ディスクロージャーをおこなう。

次に，財務健全性の具体的な尺度として，利益率，純資産の十分性，収益源の多様性があげられる（Tuckman and Chang 1991；Parsons and Trussel 2008）[10]。利益率が高く，純資産が十分にあり，収益源が多様であるほど，財務健全性が高いことを意味している。しかし，これらを公益法人に適用した場合，純資産を示す正味財産のなかでどの指標を用いることが適切であるのか判断することが難しい。そこで，財務健全性は，正味財産増減と収益源の多様性に注目し，

下記の財務健全性仮説（H2-1 および H2-2）を設定する。

仮説 2-1（H2-1） 総資産正味財産増減率が高い特例民法法人ほど，積極的にウェブサイトを通した会計ディスクロージャーをおこなう。

仮説 2-2（H2-2） 収益源が多様な特例民法法人ほど，積極的にウェブサイトを通した会計ディスクロージャーをおこなう。

本章では，H1 および H2-1，H2-2 を検証するために，次の（4.1）式を用いてロジット回帰分析をおこなう。

$$VFD_t = \alpha_0 + \alpha_1 EFFICIENCY_{t-1} + \sum_{k=1}^{2} \alpha_{1+k} STABILITY_{t-1} + \alpha_4 SIZE_{t-1}$$
$$+ \alpha_5 AGE_{t-1} + \alpha_6 RETAIN_{t-1} + \alpha_7 KOUEKI + \alpha_8 SHADAN + \alpha_9 YEAR$$
$$+ \sum_{m=1}^{38} \alpha_{10+m} TYPE_m + \varepsilon_t \qquad (4.1)$$

ただし，従属変数，独立変数およびコントロール変数は**図表 4-3** で示すように定義する。まず，t 期の特例民法法人に対して，従属変数の VFD（*voluntary financial disclosure*）$_t$ は会計ディスクロージャーの各項目について前期は開示しておらず当期に新規に開示している場合は 1，それ以外は 0 のダミー変数である。当期の会計ディスクロージャーは，前期から継続しておこなわれるものと，新規におこなわれるものが存在する。本章では，継続して会計ディスクロージャーがおこなわれたものではなく，新規に会計ディスクロージャーをおこなう特例民法法人の要因に注目することで，新規の会計ディスクロージャーの決定要因を直接的に明らかにする。会計ディスクロージャーの各項目は，年次報告の調査内容に含まれる，①事業報告書（$REPORT$），②収支計算書（CF），③正味財産増減計算書（PL），④貸借対照表（BS），⑤財産目録（$INVENTORY$），⑥事業計画書（$PLAN$），⑦収支予算書（$BUDGET$）の 7 項目を用いる。

次に，仮説を検証する目的で設定する独立変数の $EFFICIENCY_{t-1}$ は事業費比率（$PROGRATIO$）を用いることとし，事業費を全支出で除した値として設定する。また，$STABILITY_{t-1}$ は，正味財産増減を期首の総資産で除して算定される総資産利益率（ROA_{t-1}）および各収益を総収益で除して 2 乗した値の合計を平方した値である収益源の集中度（$CONCEN_{t-1}$）を用いる[11]。$CONCEN_{t-1}$

図表 4-3　変数の定義

変数の名称	計算式
従属変数	
自発的開示（VFD）	各7項目が開示されていれば1，それ以外は0のダミー変数
独立変数（$EFFICIENCY$）	
事業費比率（$PROGRATIO$）	事業費／全支出
独立変数（$STABILITY$）	
総資産利益率（ROA）	正味財産増減／期首の総資産
収益源の集中度（$CONCEN$）	各収益を総収益で除して2乗した値の合計を平方した値
コントロール変数	
規模（$SIZE$）	総資産の自然対数
設立年数（AGE）	設立されてからの年数の自然対数
内部留保の程度（$RETAIN$）	内部留保／期首の総資産
社団法人（$SHADAN$）	社団法人の場合は1，それ以外は0のダミー変数
公益認定（$KOUEKI$）	移行認定された場合は1，それ以外は0のダミー変数
事業領域（$TYPE$）	23の設立目的ごとに設定されたダミー変数

は1に近づけば近づくほど単一の収益源に依存していることを意味している。仮説がそれぞれ支持されるならば，$PROGRATIO_{t-1}$，ROA_{t-1}の係数（a_1およびa_2）の符号はプラスに，$CONCEN_{t-1}$の係数（a_3）の符号はマイナスに推定されるはずである。

　最後に，コントロール変数は，法人の規模と年数をコントロールするために，期首の総資産の自然対数を示す$SIZE_{t-1}$と設立年数の自然対数を示すAGE_{t-1}を用いる。また，純資産の十分性に近い内部留保（$RETAIN_{t-1}$）を期首の総資産で除した値を用いてコントロールする[12]。Weisbrod and Dominguez（1986）以降の先行研究にもとづき，規模が大きく，設立年数が長く，内部留保を保有する法人ほど，能力が高く，ステイクホルダーとの強い関係性があると考えられるため，積極的に会計ディスクロージャーをおこなうことが予想される。したがって，これらの係数（a_4からa_6）の符号はプラスであることが予想される。さらに，公益認定を受けるために会計ディスクロージャーを積極的におこなうことも考えられるため，2012年12月1日段階で公益法人に移行している法人は1，それ以外は0のダミー変数（$KOUEKI$）を設定する[13]。また，財団法人と比べて社団法人の方が社員に対して会計ディスクロージャーを積極的におこなうことが考えられるため，特例社団法人の場合は1，それ以外は0のダミー

変数（$SHADAN$）を設定する。$KOUEKI$ および $SHADAN$ の係数（a_7 から a_8）の符号はプラスであることが予想される。これらのコントロール変数に加えて，年度と事業類型をコントロールするために，年度ダミー（$YEAR$）と設立目的の類型（$TYPE$）を変数に加えている[14]。

第3節　サンプル選択と基本統計量

3.1　サンプル選択

　本章では，内閣府がおこなった2010年度から2011年度（平成22年度から平成23年度）の「特例民法法人に関する年次報告」の集計データを使用することで実証分析する[15]。各年度の集計に用いられた値は前年12月1日時点のデータであるが，財務・会計に関する項目はさらに前年度（t−1期）の決算報告の値である。

　年次報告の集計データは2ヵ年で合計39,697法人・年である。そこから，ウェブサイトの存在しない14,759法人・年を除外した。さらに，財務データの欠損がみられた283法人・年を除外し，24,655法人・年が対象となるサンプルとなった。本章の分析では，ウェブサイトを通した新規の会計ディスクロージャーに焦点をあてるため，前期に非開示であり，当期にはじめて開示する事象に焦点をあてる。したがって，①事業報告書（$REPORT$），②収支計算書（CF），③正味財産増減計算書（PL），④貸借対照表（BS），⑤財産目録（$INVENTORY$），⑥事業計画書（$PLAN$），⑦収支予算書（$BUDGET$）における前期非開示サンプルをそれぞれ特定し，これを検証するためのサンプルとした（図表4-4参照）。

　サンプルを特定した結果，非開示サンプルはそれぞれの開示内容によって多少の差は存在するものの，10,933から12,217のサンプルが非開示であり，24,655サンプルの約50％を占めていることがわかる。また，2ヵ年において，905から946法人・年が新たに会計ディスクロージャーをおこなっていることが理解できる。

図表4-4 サンプル選択

サンプル		法人・年
総務省平成22-23年度『特例民法法人に関する年次報告』の集計データ		39,697
除外		
ウェブサイトなし		−14759
財務データの欠損		−283
合計		24,655

ウェブサイトでの開示	新規開示	前期非開示
(1) 事業報告書（REPORT）	921	11,177
(2) 収支計算書（CF）	905	11,816
(3) 正味財産増減計算書（PL）	939	12,217
(4) 貸借対照表（BS）	946	11,744
(5) 財産目録（INV）	923	12,390
(6) 事業計画書（PLAN）	937	10,933
(7) 収支予算書（BUDGET）	906	11,915

（注）24,655のサンプルを対象として，連続変数の上下1%で外れ値処理をおこなっている。記述統計等は，すべての開示内容で非開示であるサンプルのみを抽出したため，9,518法人・年を対象としている。

3.2 記述統計

図表4-5は検証に用いる独立変数の記述統計を示している。独立変数はすべての開示内容で前期に非開示である9,518サンプルのみを対象としている。記述統計を確認すると，事業費比率（$PROGRATIO_{t-1}$）の平均値は49.1%であり，支出合計のうち約半分を事業費に用いていることがわかる。また，内部留保の総資産に占める割合（$RETAIN_{t-1}$）の平均値は14.6%であり，正味財産増減が総資産に占める割合（ROA_{t-1}）の平均値は1.2%である。毎年わずかではあるが，正味財産が増加し，内部留保として蓄積されていることがわかる。さらに，収益源の集中度を示す$CONCEN_{t-1}$は0.824となっており，特例民法法人ではいくつかの収益源に分散することなく，1つの収益源に偏っていることが読み取れる。なお，本図表では数値は示していないが，特例民法法人がもっとも依存している収益源は事業収入であり，受益者が重要な利害関係者であると考えられる。これはシグナリングの対象が受益者であるという本章の仮定と

図表4-5 記述統計（n=9,518）

	平均値	標準偏差	最小値	Q1	中央値	Q3	最大値
$PROGRATIO_{t-1}$	0.491	0.251	0.000	0.296	0.490	0.688	0.999
ROA_{t-1}	0.012	0.169	−0.523	−0.031	0.001	0.037	0.887
$CONCEN_{t-1}$	0.824	0.181	0.533	0.690	0.800	0.934	1.000
$SIZE_{t-1}$	11.521	2.087	6.492	10.075	11.495	12.907	17.019
AGE_{t-1}	3.421	0.659	0.000	3.091	3.526	3.951	4.828
$RETAIN_{t-1}$	0.146	0.328	−0.708	−0.006	0.035	0.231	1.217
$KOUEKI$	0.276	0.448	0.000	0.000	0.000	1.000	2.000
$SHADAN$	0.786	0.531	0.000	1.000	1.000	1.000	4.000

（注1）2010年度および2011年度「特例民法法人に関する年次報告」集計データを用いて，平均値，標準偏差，最小値，最大値，四分位点（Q1，中央値，Q3）を作成した。

（注2）サンプルの定義は次のとおり。独立変数：$PROGRATIO$＝事業費を全支出で除した値，ROA＝正味財産増減を前期末の総資産で除した値，$CONCEN$＝各収益を総収益で除して2乗した値の合計を平方した値，コントロール変数：$SIZE$＝前期末の総資産の自然対数，AGE＝設立から現在までの年数の自然対数，$RETAIN$＝内部留保を前期末の総資産で除した値，$KOUEKI$＝2012年12月1日段階で公益法人に移行している法人は1，それ以外は0のダミー変数，$SHADAN$＝特例社団法人の場合は1，それ以外は0のダミー変数。

一致している。

第4節 実証結果

4.1 相関係数

　ロジット回帰分析による実証結果を確認する前に，独立変数間の多重共線性の懸念について確認をおこなう。**図表4-6**は左斜下にPearson相関係数を，右斜上にSpearmanの順位相関係数を示している。

　図表4-6の結果にもとづけば，多重共線性が懸念される変数は存在しない。また，会計ディスクロージャーのそれぞれの相関係数の値は0.7以上と高く，それぞれの会計ディスクロージャーの項目で独立して開示の意思決定がおこなわれているのではなく，互いに関連し合いながら会計ディスクロージャーの意思決定がおこなわれていることが読み取れる。さらに，$PROGRATIO_{t-1}$と会計ディスクロージャーの相関係数はすべてプラスに，$CONCEN_{t-1}$と会計ディスクロージャーの相関係数はすべてマイナスに算定されている。これらは予想

図表4-6 相関係数 (n=9,518)

	(1)	(2)	(3)	(4)	(5)	(6)	(7)	(8)	(9)	(10)	(11)	(12)	(13)	(14)	(15)
(1) $REPORT_t$		0.801	0.788	0.787	0.787	0.812	0.795	0.060	−0.015	−0.020	0.016	−0.031	−0.015	0.083	0.069
(2) CF_t	0.801		0.823	0.839	0.831	0.747	0.831	0.063	0.001	−0.023	0.013	−0.037	−0.014	0.068	0.068
(3) PL_t	0.788	0.823		0.930	0.879	0.737	0.782	0.076	−0.001	−0.019	0.037	−0.020	−0.010	0.086	0.067
(4) BS_t	0.787	0.839	0.930		0.886	0.732	0.777	0.070	−0.005	−0.016	0.036	−0.021	−0.010	0.085	0.071
(5) INT_t	0.787	0.831	0.879	0.886		0.735	0.779	0.063	−0.002	−0.016	0.023	−0.027	−0.009	0.084	0.064
(6) $PLAN_t$	0.812	0.747	0.737	0.732	0.735		0.850	0.058	−0.004	−0.026	0.015	−0.039	−0.003	0.085	0.053
(7) $BUDGET_t$	0.795	0.831	0.782	0.777	0.779	0.850		0.069	0.001	−0.015	0.014	−0.039	−0.006	0.088	0.064
(8) $PROGRATIO_t$	0.059	0.060	0.073	0.067	0.061	0.057	0.067		0.009	0.214	0.030	−0.153	−0.053	0.196	0.128
(9) ROA_{t-1}	−0.005	0.008	0.009	0.004	0.006	0.001	0.010	−0.001		0.059	0.047	−0.055	0.390	0.045	−0.003
(10) $CONCEN_{t-1}$	−0.024	−0.026	−0.021	−0.019	−0.021	−0.031	−0.020	0.224	0.016		0.114	−0.061	−0.028	0.027	0.119
(11) $SIZE_{t-1}$	0.019	0.019	0.043	0.041	0.027	0.019	0.018	0.038	0.023	0.137		0.298	−0.240	0.108	0.021
(12) AGE_{t-1}	−0.020	−0.026	−0.012	−0.011	−0.015	−0.029	−0.029	−0.159	−0.049	−0.028	0.260		−0.053	−0.152	−0.196
(13) $RETAIN_{t-1}$	−0.014	−0.015	−0.015	−0.012	−0.009	−0.004	−0.009	−0.080	0.402	−0.001	−0.183	−0.050		−0.020	−0.071
(14) $KOUEKI$	0.084	0.069	0.086	0.085	0.084	0.086	0.088	0.194	0.026	0.007	0.111	−0.142	−0.048		0.132
(15) $SHADAN$	0.054	0.051	0.049	0.053	0.048	0.040	0.050	0.101	−0.008	0.112	0.062	−0.125	−0.078	0.105	

(注1) 左斜下はPearson相関係数を,右斜上はSpearman順位相関係数を示している。

(注2) 変数の定義は次のとおり。従属変数:$REPORT_t$から$BUDGET_t$までは,それぞれの項目について前期非開示であるが,当期に新規で開示している場合は1,それ以外は0のダミー変数。独立変数:$PROGRATIO$=事業費を全支出で除した値,ROA=正味財産増減を前期末の総資産で除した値,$CONCEN$=各収益を総収益で除して2乗した値の合計を平方した値。コントロール変数:$SIZE$=前期末の総資産の自然対数,AGE=設立から現在までの年数の自然対数,$RETAIN$=内部留保を前期末の総資産で除した値,$KOUEKI$=2012年12月1日段階で公益法人に移行している法人は1,それ以外は0のダミー変数,$SHADAN$=特例社団法人の場合は1,それ以外は0のダミー変数。

第4章 公益法人における自発的な会計ディスクロージャーとシグナリング

図表4-7 ロジット回帰分析の結果：特例民法法人における会計ディスクロージャーの決定要因

	REPORT	CF	PL	BS	INV	PLAN	BUDGET
Constant	−4.093***	−4.025***	−5.143***	−5.036***	−4.398***	−3.933***	−4.429***
	(−3.910)	(−3.832)	(−4.846)	(−4.824)	(−5.519)	(−3.764)	(−4.208)
$PROGRATIO_{t-1}$	0.806***	0.701***	0.972***	0.896***	0.891***	0.904***	0.758***
	(4.387)	(3.821)	(5.261)	(4.826)	(4.933)	(4.943)	(4.100)
ROA_{t-1}	−0.316	0.412	0.440	0.010	0.208	−0.164	0.177
	(−1.013)	(1.415)	(1.595)	(0.034)	(0.760)	(−0.520)	(0.575)
$CONCEN_{t-1}$	−1.086***	−0.852***	−0.726***	−0.853***	−1.220***	−1.044***	−0.759***
	(−4.137)	(−3.325)	(−2.864)	(−3.304)	(−4.694)	(−3.894)	(−2.913)
$SIZE_{t-1}$	0.086***	0.079**	0.131***	0.135***	0.111**	0.078**	0.089***
	(3.347)	(3.239)	(5.347)	(5.442)	(4.761)	(3.152)	(3.602)
AGE_{t-1}	0.011	−0.040	0.017	−0.004	0.096	−0.016	−0.023
	(0.152)	(−0.556)	(0.234)	(−0.052)	(1.309)	(−0.212)	(−0.312)
$RETAIN_{t-1}$	0.214	−0.196	0.001	0.267	0.135	0.163	−0.045
	(1.159)	(−1.152)	(0.003)	(1.536)	(0.857)	(0.895)	(−0.260)
KOUEKI	0.509***	0.406***	0.504***	0.560***	0.470***	0.503***	0.457***
	(5.182)	(4.067)	(5.290)	(5.800)	(5.002)	(5.057)	(4.564)
SHADAN	0.307***	0.316***	0.316***	0.338***	0.388***	0.142*	0.332***
	(3.697)	(4.630)	(4.791)	(5.226)	(6.147)	(1.669)	(4.327)
YEAR	YES	YES	YES	YES	YES	YES	YES
TYPE	YES	YES	YES	YES	YES	YES	YES
N	11,177	11,816	12,217	11,744	12,394	10,937	11,919
pseudo R	0.066	0.064	0.074	0.073	0.073	0.059	0.07

***：両側1％水準，**：両側5％水準，*：両側10％水準，式についてロジット回帰分析を行った結果による係数を，下段は法人クラスター補正を行った標準誤差から推定されたz値を示している。

(注1) 各変数の上段は (4.1) 式についてロジット回帰分析を行った結果による係数を，下段は法人クラスター補正を行った標準誤差から推定されたz値を示している。

(注2) 変数の定義は次のとおり。従属変数：REPORT から BUDGET までは，それぞれの項目について前期非開示で当期に新規に開示で開示している場合は1，それ以外は0のダミー変数。独立変数：PROGRATIO＝事業費を総支出で除した値。ROA＝正味財産増減を前期末の総資産で除した値。CONCEN＝各収益を総収益で除して2乗した値の合計を年分けした値。SIZE＝前期末の総資産の自然対数。AGE＝設立から現在までの年数の自然対数。RETAIN＝内部留保を前期末の総資産で除した値。KOUEKI＝2012年12月1日段階で公益法人に移行している法人は1，それ以外は0のダミー変数。SHADAN＝特例社団法人の場合は1，それ以外は0のダミー変数。YEAR は各年度を示すダミー変数。TYPE は主な設立目的を示すダミー変数。

通りであり，事業費比率が高く，収益源が多様である特例民法法人と自発的な新規の会計ディスクロージャーが関連していることを示している。したがって，H1およびH2は支持される。一方，それ以外の変数はすべてが仮説と同じ符号ではないため，ロジット回帰分析の結果と合わせて解釈をおこなうことが必要である[16]。

4.2 ロジット回帰分析の結果

図表4-7は各従属変数についてロジット回帰分析をおこなった結果を示している。独立変数の結果を述べる前に，コントロール変数の結果について下記のとおり要約する[17]。

(1) いずれの会計ディスクロージャーを従属変数とした場合でも，$SIZE_{t-1}$の係数は1％水準以下でプラス有意に推定されている。また，$KOUEKI$の係数も同様に1％水準以下でプラス有意に推定されている。これらの結果は，Saxton et al. (2012) の実証結果や相関係数の符号と首尾一貫する結果であり，規模が大きく，将来の公益法人化をめざす特例民法法人ほど，自発的に会計ディスクロージャーをおこなうことを示している。

(2) $SHADAN$の係数は事業計画書の開示（$PLAN$）を従属変数とした場合以外では1％水準以下でプラス有意である。すなわち，社団である特例民法法人は，事業計画書以外の会計ディスクロージャーを新規におこなう傾向がある[18]。

(3) AGE_{t-1}の変数の係数はいずれも推定結果も非有意である。設立年数と会計ディスクロージャーは関連性がないようである。

以上の結果を所与としてもなお，好業績シグナルが会計ディスクロージャーの決定要因として働いているといえるのであろうか。図表4-7の分析結果は次のとおり要約することができる。

(1) いずれの会計ディスクロージャーを示す従属変数の場合であっても，$PROGRATIO_{t-1}$の係数は1％水準以下でプラス有意に推定されている。

また，$CONCEN_{t-1}$ の結果は1%水準以下でマイナス有意に推定されている。これらの結果は相関係数の符号と首尾一貫しており，特例民法法人は事業費比率が高く，収益源が多様であるほど，積極的に会計ディスクロージャーをおこなうことを示唆している。したがって，H1およびH2-2は支持される。

(2) 一方，ROA_{t-1} はいずれの従属変数の場合であっても非有意であった。この原因として，特例民法法人の経営者は正味財産増減を重要な経営指標とは考えていないことが考えられる[19]。

4.3 ロバスト・チェック

ロバスト・チェックとして，次の2つをおこなった。第1に，外れ値処理および変数のいくつかを変更した。具体的には，外れ値処理を上下0.5%および2%に増加させた検証をおこなったが，結果は同じであった。また，デフレーターを前期末の総資産から総収入に代替して推定した場合，$TYPE$ を大分類の4項目に変更した場合，$SIZE_{t-1}$ に従業員数を用いて推定した場合，所在地をコントロール変数に加えて推定した場合，理事数や外部理事割合を変数に加えた場合，についてそれぞれ検証をおこなったが，結果は同じであった[20]。

第2に，(4.1) 式に変化分の変数 $\Delta EFFICIENCY_t$ および $\Delta STABILITY_t$ を加えた次の (4.2) 式による分析をおこなった。ただし，(4.2) 式の $\Delta EFFICIENCY_t$ は事業費の変化額を前期の総費用で除した変化率 $\Delta PROGRATIO_t$，$\Delta STABILITY_t$ は正味財産増減の変化について前期の期首総資産で除した ΔROA_t と収益源の集中度の変化率である $\Delta CONCEN_t$ である。変化分を考慮してもなお，$EFFICIENCY_{t-1}$ と $STABILITY_{t-1}$ の係数（a_1 から a_3）の符号と有意性に変化がないかについて確認する。

$$VFD_t = \alpha_0 + \alpha_1 EFFICIENCY_{t-1} + \sum_{k=1}^{2} \alpha_{1+k} STABILITY_{t-1} + \beta_1 \Delta EFFICIENCY_t$$
$$+ \sum_{l=1}^{2} \beta_{1+l} \Delta STABILITY_t + \alpha_4 SIZE_{t-1} + \alpha_5 AGE_{t-1} + \alpha_6 RETAIN_{t-1}$$
$$+ \alpha_7 KOUEKI + \alpha_8 SHADAN + \beta_9 YEAR + \sum_{m=1}^{38} \beta_{10+m} Type_m + \varepsilon_t \quad (4.2)$$

110 第2部 好業績シグナルとしての会計ディスクロージャーに関する実証分析

図表4-8 ロジット回帰分析の結果:ロバスト・チェック

	REPORT	CF	PL	BS	INV	PLAN	BUDGET
Constant	-4.063***	-4.237***	-4.934***	-5.329***	-5.239***	-4.409***	-5.357***
	(-3.403)	(-8.741)	(-5.757)	(-10.626)	(-10.530)	(-3.980)	(-4.737)
$PROGRATIO_{t-1}$	0.438*	0.835***	0.619**	0.741***	0.846***	0.691**	0.486*
	(1.744)	(3.627)	(2.345)	(3.122)	(3.689)	(2.551)	(1.846)
ROA_{t-1}	-2.349	-1.656	0.069	0.367	-0.107	-1.999	-3.812
	(-0.850)	(-0.652)	(0.025)	(0.133)	(-0.039)	(-0.769)	(-1.497)
$CONCEN_{t-1}$	-1.121***	-1.650***	-0.810*	-1.424***	-1.783***	-1.118***	-1.041**
	(-2.585)	(-4.054)	(-1.866)	(-3.412)	(-4.312)	(-2.509)	(-2.362)
$\Delta PROGRATIO_t$	-0.189	-0.021	-0.000	0.196	0.074	0.352	0.360
	(-0.442)	(-0.051)	(-0.001)	(0.455)	(0.170)	(0.883)	(0.784)
ΔROA_t	0.076	-0.278	-0.005	-0.529	-0.441	0.000	0.085
	(0.202)	(-0.783)	(-0.015)	(-1.434)	(-1.206)	(0.000)	(0.243)
$\Delta CONCEN_t$	-0.344	-0.901	-0.570	-0.963	-1.400*	-0.449	-0.718
	(-0.433)	(-1.210)	(-0.730)	(-1.276)	(-1.789)	(-0.580)	(-0.893)
CONTROL	YES	YES	YES	YES	YES	YES	YES
YEAR	YES	YES	YES	YES	YES	YES	YES
TYPE	YES	YES	YES	YES	YES	YES	YES
N	5,406	6,017	5,970	5,949	6,326	5,384	5,868
pseudo R	0.057	0.041	0.08	0.056	0.056	0.061	0.076

***:両側1%水準,**:両側5%水準,*:両側10%水準で有意であることを示している。
(注1) 各変数の上段は(4.2)式についてロジット回帰分析を行った結果による係数を,下段( )内は法人クラスター補正を行った標準誤差から推定されたz値を示している。なお,コントロール変数の結果は省略した。
(注2) 変数の定義は次のとおり。従属変数:REPORTからBUDGETまでは,それぞれの項目について前期非開示であるが,当期に新規に開示している場合は1,それ以外は0のダミー変数。独立変数:PROGRATIO=事業費を全支出で除した値。ROA=正味財産増減を前期末の総資産で除した値。CONCEN=各収益を総収益で除して2乗した値の合計を平方した値。なお,変化分の変数は当期から前期を引いた値について期首総資産で除している。

図表 4-8 は (4.2) 式についてロジット回帰分析をおこなった結果を示している。分析結果は次のとおり要約することができる。

(1) (4.1) 式の推定結果と同様に、いずれの会計ディスクロージャーを示す従属変数の場合であっても、$PROGRATIO_{t-1}$ の係数はプラス有意に、$CONCEN_{t-1}$ の結果はマイナス有意に推定されている。変化分の変数の影響を所与としてもなお、H1 および H2-2 が支持されることは頑健である[21]。

(2) いずれの変化分の変数も非有意であった。これらの結果は変化分が会計ディスクロージャーに対して影響をおよぼす可能性が小さいことを示唆している[22]。

第5節 小括

本章は非営利法人のウェブサイトを通した自発的な会計ディスクロージャーがどのような要因でおこなわれるのかについて明らかにすることを目的とした。制度移行中の特例民法法人データが使用可能であることに注目し、特例民法法人がウェブサイトを通して、①事業報告書、②収支計算書、③正味財産増減計算書、④貸借対照表、⑤財産目録、⑥事業計画書、⑦収支予算書を当期から新規に開示されているか否かの決定要因について、「好業績である特例民法法人ほど、積極的にウェブサイトを通した会計ディスクロージャーをおこなう」というシグナリング仮説を設定し、実証分析した。

本章の発見事項は次のとおり要約することができる。

(1) 事業費比率が高く、収益源が分散する特例民法法人ほど、自発的に会計ディスクロージャーをおこなうことが明らかになった。この結果は財務的に優良な特例民法法人ほど、ウェブサイトを通した自発的な会計ディスクロージャーを積極的におこなうことを示唆している。したがって、特例民法法人は、事業費比率と収益源の分散の程度を好業績として判断し、利害関係者にシグナルする意思決定をおこなっているといえ、シグナリング仮

説が支持される。先行研究は，非営利組織の会計ディスクロージャーの決定要因として，能力やガバナンスの存在を提示しているが，本章の実証結果は特例民法法人における自発的な会計ディスクロージャーの決定要因として，好業績をシグナルするという動機の可能性を示唆している。
(2) 一方，正味財産増減はウェブサイトを通した自発的な会計ディスクロージャーに影響をおよぼしていない。純資産の変動を示す正味財産増減は，特例民法法人の重要な経営指標として捉えられていないことが推察される。

ただし，本章には次の課題が残されている。第1に，分析対象期間が2ヵ年に限定されており，限定的なサンプルによる検証に留まったことである。また，特例民法法人は移行措置の法人であり，諸要因をコントロールしているとはいえ，他の要因が混在している可能性もある。さらに，シグナルを構成する変数について他の代替的な変数が存在するかもしれず，今後も検証をおこなっていく必要がある。加えて，本章では7つのウェブサイトを通した自発的な会計ディスクロージャーに焦点をあてたが，これら以外にも会計実務が存在するかもしれない。最後に，シグナリングは好業績（低業績）のほうが低コスト（高コスト）で会計ディスクロージャーをおこなうことができる（おこなわない）前提があり，開示した結果について便益を享受していることについて明らかにすることも興味深い課題である。本書では，後述の第7章において，私立大学を有する学校法人を対象として，自発的な会計ディスクロージャーの経済的帰結について検証している。

●注
1 公益法人関連三法制定以前は，公益法人は旧民法第34条を根拠に設立されており，それ以外の非営利法人は特別法を根拠として設立されていた。
2 移行も一般社団・財団法人化もせず，解散した法人も一部存在している。
3 「一般社団法人及び一般財団法人に関する法律 第129条」に詳しい。
4 公益法人 information (https://www.koeki-info.go.jp/) とは「新たな公益法人制度についての情報を網羅し，国民の皆様方に迅速に提供するとともに，公益認定等に係る便利で簡単・低コストな電子申請を提供することを目指して作成された国（内閣府）及び都道府県

公式の総合情報サイト」(ウェブサイトから引用)である。

5 特例民法法人数は移行前時点において23,454法人であったが,毎年移行申請がおこなわれたため,2011年12月1日時点では12,877法人と大幅に減少している。本章の分析にあたっては,移行済法人が500法人程度であり,制度改革の影響が小さいことが推察される2011年度調査(2010年12月1日時点)までのデータを用いている。

6 本章が対象とする法人は特例民法法人であるが,その多くが公益法人会計基準に準拠している。「特例民法法人に関する年次報告」においても,公益法人会計基準上に存在する勘定科目が掲載されている。

7 社会福祉法人および私立大学が公表する財務諸表では,人件費が勘定科目上別に区分されている。したがって,実証分析においても人件費は控除して事業費比率を算定している。

8 公益法人会計基準における正味財産の部の区分は資源提供者による指定の有無によって区分される。Anthony (1989) が提案する資本的拠出に対する資本直入ではなく,FASB会計基準のように一度正味財産増減で計算する仕組みになっている。

9 とりわけ公益法人はサービス提供内容が多岐にわたるため情報利用者を特定することが難しい。しかし,多くの公益法人では事業収入が重要な財源となっていること,また事業費と管理費の区分がおこなわれていることから,本章では主な情報利用者として受益者を想定している。

10 これらの尺度以外に,Tuckman and Chang (1991) は管理費比率をあげるが,事業費比率との相関係数が非常に高く,多重共線性が懸念されたため,本章の分析では用いていない。

11 Tuckman and Chang (1991) は事業利益率 (margin) を純利益について事業収益で除した値を用いているが,公益法人の場合は事業が多岐にわたることが予想されるため,事業収益を特定することが困難である。したがって,本章では純利益に近い正味財産増減を総資産で除している。

12 内部留保とは「資産の総額から事業遂行に直接必要と考えられる5つの類型化された資産の額等を控除することにより算出」(指導監督基準) された余剰資産のことである。5つの類型とは,①財団法人における基本財産,②事業を実施するために有している基金,③法人の運営に不可欠な固定資産,④将来の特定の支払いに充てる引当資産等,⑤負債相当額の5つである。

13 公益法人および一般法人への移行は2012年11月30日が期日となっているため,2012年12月1日時点において公益法人である法人は公益認定への準備を進めているものとしてコントロールすることとした。

14 設立目的の類型には,「(1)生活一般」に,生活一般,家庭生活,保健・衛生・医療,体育・レクリエーション,保育,福祉・援護,職業・労働,福利・共済,居住・生活環境,安全,その他が,「(2)教育・学術・文化」に,教育,育英・奨学,学術・研究,文化・芸術,報道・出版,宗教関係,国際交流,その他が,「(3)政治・行政」に,政治・行政,財政・経済,総合計画,地方行政,自然・環境,国際関係,その他が,「(4)産業」に,金融・保険,農林水産,通商産業,運輸・交通,建設,通信,情報,その他が含まれる。これらについてダミー変数を設定し,(1)式に加えている。

15 前年度のデータが必要であるため,2010年度のデータの検証においては,2009年度「年次報告」の集計データも合わせて用いている。

16 *SIZE*, *KOUEKI*, および *SHADAN* も従前の予想通り, 会計ディスクロージャーとのすべての相関係数の符号がプラスとなっている。
17 独立変数およびコントロール変数の結果はいずれも推定された係数の値と p 値を示したうえで説明することが望ましいが, 本章の従属変数は 7 つに分かれるため, それらを総合して, 結果を記載している。
18 *PLAN* を従属変数とした場合も *SHADAN* の係数は 10% 水準以下ではあるがプラス有意である。社団である場合, 財団に比べて社員に対して報告することが必要になることから, 決算に関係する会計情報は開示される傾向にあることを示しているのかもしれない。
19 一般正味財産と指定正味財産に区分したうえでどちらの情報が経営者による会計ディスクロージャーの有無に影響をおよぼしているのか明らかにすることは興味深い研究課題である。しかし, 本章で用いたデータベースではその 2 つを区分できない限界があり, 正味財産増減の情報内容のみについてここでは結論づけている。
20 外れ値処理をおこなわない場合, ほとんどの独立変数の係数が非有意となった。外れ値サンプルの影響が大きいことがわかるが, 上下 0.5% を処理しておこなった結果は本章の分析結果と同じであるため, 一部のサンプルが異常な値を報告していることが読み取れる。また, 独立変数の一部を追加, ないし代替して推定した結果はサンプルサイズが著しく減少するものが多いことを理由として, 本章の主な検証では扱っていない。
21 係数はすべて統計的に有意ではあるが, 設定された従属変数によっては係数の有意性が 10% 水準以下である場合もある。これはサンプルサイズが減少したことが影響しているのか, 変化分の独立変数に吸収されたのかについて判別が難しく, 今後の課題である。
22 本章の実証分析のほかに次のロバスト・チェックをおこなったが主要な結果に変化はなかった。
　(1) 理事数と理事の属性をコントロールした場合。
　(2) 期首の総資産額と *TYPE* を基準としてコントロールサンプルを抽出し, 検証した場合。

第5章 社会福祉法人における自発的な会計ディスクロージャーとシグナリング

　前章は移行期間中であった特例民法法人を対象として，7つの項目による自発的で新規の会計ディスクロージャーが好業績シグナルとしておこなわれているかについて検証した。その結果，特例民法法人による自発的な会計ディスクロージャーに対してシグナリング仮説が支持されることを示した。一方，非営利組織の業種による特性の違いが実証分析の結果に影響を与えることが先行研究で指摘されている（Okten and Weisbrod 2000；Yetman and Yetman 2013）。そこで，本章では，シグナリング仮説が他の法人形態にも適用できるのかについて分析することを目的として，わが国できわめて重要な保育事業，高齢者福祉事業，介護事業，障がい者福祉事業などの社会福祉事業を担う社会福祉法人の自発的な会計ディスクロージャーを対象とした実証分析をおこなう。

　巨額な内部留保の保有の可能性に関する報道（日本経済新聞2011年7月7日付）によって，社会福祉法人は事業費を適正に用いていないのではないか，という社会的な疑念が生じている。このような疑念を払拭するため，2013年度からすべての社会福祉法人で財務諸表が強制開示されることとなり，現在では社会福祉法人あるいは所轄庁のウェブサイトから財務諸表が入手可能となった。社会福祉法人の根拠法としての社会福祉法も社会福祉法人のガバナンスとディスクロージャーを強化する目的で2016年に改正されている。

　このように，社会福祉法人における会計ディスクロージャーは急速に整備されているが，それ以前は他の法人形態と比べて社会福祉法人は会計ディスクロージャーに消極的であった。しかし，ウェブサイトを通して自発的に会計

ディスクロージャーをおこなう社会福祉法人も存在した。本章は，強制的なディスクロージャー制度が存在しない状況において，なぜ社会福祉法人がウェブサイトを通して自発的に会計ディスクロージャーをおこなうのかについて実証的に明らかにする。本章では，大阪府における社会福祉法人の理事長あるいは事務局長へのサーベイ調査で得られたデータを用いることによって，会計ディスクロージャーをおこなう理由を調査する。また，前章までと同様に，効率的あるいは財務健全的である社会福祉法人は好業績を示すシグナルとして会計ディスクロージャーをおこなう，という会計ディスクロージャーのシグナリング仮説について検証する。実証分析の結果，社会福祉法人の自発的な会計ディスクロージャーについて，シグナリング仮説が部分的ではあるが支持された。

本章の構成は，次のとおりである。本節に続く第1節では，社会福祉法人に適用される会計基準について検討し，強制開示化前の社会福祉法人における自発的な会計ディスクロージャーの状況について開示の目的と理由の観点から論じる。第2節ではリサーチ・デザインをおこなう。第3節では，サンプルを選択し，基本統計量を提示する。第4節では，実証結果を提示する。最後に，第5節において本章で得られた発見事項を要約し，残された課題を述べる。

第1節 社会福祉法人における会計基準と会計ディスクロージャー

1.1 社会福祉法人会計基準の特徴と課題

社会福祉法人会計基準は社会福祉基礎構造改革後の2000年に公表されたものであり，会計情報の透明性，明瞭性，公正性を担保することを目的としている。かつて社会福祉施設に適用されていた社会福祉経理規程準則は，補助金の使途を明確にし，官公庁に対して説明責任を果たすことが目的とされていたが，2000年以降外部者への説明責任が求められていることが会計基準の目的からも理解できよう。透明性の確保という点では，2011年に本基準が改正されており，複数の会計基準を一元化し，「拠点区分」を新たに設けることにより，

国民・寄附者等にさらに分かりやすい情報提供をおこなうことが重視されている。

この背景には，1998年6月「社会福祉基礎構造改革について（中間まとめ）」において，「サービスの質を確保するためには，利用者による選択を通じた提供者間の競争が実際にサービスの質の向上につながるようにする必要がある。このためには，事業運営の理念，サービスの実施体制，第三者評価の結果，財務諸表など利用者による適切な選択のための情報を提供者にわかりやすく開示させるとともに，利用者がサービスに関する情報を気軽に入手できる体制を整備する必要がある」ことが指摘されているように，利用者による適切な選択のための情報を提供する必要性が要求されたことがある。このように，社会福祉法人には，官公庁に対する報告だけではなく，外部者に対して積極的に説明責任を果たすことが求められている[1]。

図表5-1は厚生労働省が2011年に公表した新社会福祉法人会計基準における「基準・注解・財務諸表様式（修正版）」から貸借対照表と事業活動計算書の様式と勘定科目を示したものである。公益法人とは異なり，貸借対照表における貸方は純資産の部として表記される。正味財産の区分は存在せず，「次期繰越活動増減差額」というこれまでの増減差額の累計額が示されるのみである。

一方，社会福祉法人会計基準で特徴的であるのは事業活動計算書である。サービス活動増減の部における収益科目では介護保険事業，老人福祉事業，児童福祉事業，保育事業などの事業ごとに区分され，それぞれに収益が計上されるようになっている。介護保険事業は介護保険が主な源泉であるが，保育事業は地方公共団体からの運営費が源泉であるなど，事業ごとに収益としての特性や拘束性が異なる点が社会福祉事業の特徴である。したがって，収入源の多様性も重要であるが，当該社会福祉法人がどのような事業をおこなっているのかについて確認しておくことが必要である。

加えて，費用を示す勘定科目では，主に人件費，事業費，事務費として区分されており，人件費が別科目として示されている点が公益法人とは異なる。社会福祉法人は多岐にわたる事業を実施する場合，人件費の勘定科目からは事業と事務のどちらに従事したものであるのか外部者からみて判断できないため，経営者のサービス提供努力を測定するためには，人件費と事業費とを区分して

図表 5-1　社会福祉法人における貸借対照表と事業活動計算書

貸借対照表
○○年○月○日現在
（単位：円）

資産の部	負債の部
流動資産	流動負債
現金預金	短期運営資金借入金
……	……
固定資産	固定負債
基本財産	設備資金借入金
土地	……
……	負債の部合計
その他の固定資産	純資産の部
土地	基本金
……	国庫補助金等特別積立金
	その他の積立金
	次期繰越活動増減差額
	純資産の部合計
資産の部合計	負債および純資産の部合計

事業活動計算書
○○年○月○日から○○年○月○日まで
（単位：円）

サービス活動増減の部	
費用	収益
人件費	介護保険事業収益
事業費	老人福祉事業収益
事務費	児童福祉事業収益
就労支援事業費用	保育事業収益
授産事業費用	就労支援事業収益
その他費用	障害者福祉サービス等事業収益
利用者負担軽減額	生活保護事業収益
減価償却費	医療事業収益
……	その他事業収益
	経常経費寄附金収益
サービス活動増減差額	
サービス活動外増減の部	
費用	収益
支払利息	借入金利息補助金収益
……	……
サービス活動外増減差額	
経常増減差額	
特別増減の部	
費用	収益
基本金組入額	施設整備等補助金収益
……	……
特別増減差額	
当期活動増減差額	

（出所）社会福祉法人会計基準における様式から筆者作成。

検証をおこなうことが望ましいと考えられよう。

1.2　社会福祉法人における自発的な会計ディスクロージャーの実態

図表 5-2 は，強制開示化前に社会福祉法人あるいは法人が所有する施設が自発的に会計ディスクロージャーをおこなっているか否かについて調査した三菱総合研究所（2010）や明治安田生活福祉研究所（2013），厚生労働省が 2013 年度に実施した調査結果であり，全調査対象法人あるいは施設のなかで，ウェブサイトや広報物に会計情報を開示する法人あるいは施設の割合を示している[2]。

第5章 社会福祉法人における自発的な会計ディスクロージャーとシグナリング 119

図表5-2 社会福祉法人の会計ディスクロージャーの現状（強制開示化前）

資料	内容	サンプル	年度	割合
三菱総合研究所 (2010)	ウェブサイト	全国 5,334 法人	2009	21.28%
明治安田生活福祉研究所 (2013)	ウェブサイト	特別養護老人ホーム 2,518 施設	2012	31.10%
		老人保健施設 367 施設	2012	21.00%
		療養型施設 152 施設	2012	30.00%
厚生労働省 (2013)	ウェブサイト	全国 19,012 法人	2013	25.65%
	広報物	全国 19,012 法人	2013	28.01%

（注1）本図表は，会計情報のウェブサイトや広報物の開示割合を示している。
（注2）三菱総合研究所（2010）および厚生労働省（2013）は，分母の値についてホームページ開設をおこなっている法人数に限定しているが，本図表では分母に対象全法人数を用いている。

　図表5-2では，三菱総合研究所（2010）の調査結果で21.28%，明治安田生活福祉研究所（2013）の調査結果で21.00%から31.10%，厚生労働省（2013）の調査結果で25.65%というように，会計情報をウェブサイトあるいは広報物等を用いて開示している法人は全体法人数の約20%～30%に過ぎなかったことが示されている。いずれの調査結果においても，自発的に会計ディスクロージャーをおこなう社会福祉法人は少ないが，一部の法人では会計ディスクロージャーがおこなわれていることが理解できよう。

　このように，少数ではあるが自発的な会計ディスクロージャーをおこなう社会福祉法人は存在するが，社会福祉法人において時系列で長期間にわたる財務情報を取得することは難しい。そこで，財務データを用いた実証分析に先立ち，自発的な会計ディスクロージャーはなぜおこなわれるのか，6法人へのインタビュー調査，および大阪府に所在する社会福祉法人を対象とした質問紙によるサーベイ調査を実施した[3]。

　インタビュー調査では，社会福祉領域で中心である児童福祉，老人福祉，障がい者福祉の3つの業種から，それぞれ2法人ずつ合計6法人を対象とした[4]。これらは関西に所在し，かつ，ヒアリングの許諾を得ることができた法人である（図表5-3参照）。インタビュー対象者は，法人の理事長，理事，事務長，事業部長，施設長など，経営の知識を一定以上有しており，経営的な意思決定が可能な者を選定した。インタビュー調査期間は2012年1月から2月までの2ヵ月である。これらの対象法人の特徴として，複数施設を運営しており，規

模が非常に大きく，長い歴史を有している点があげられる。したがって，単一施設であり，歴史が浅い法人よりも，施設ごとの管理運営が必要とされており，かつ，関係する受益者が多く存在しているといえる。サンプル選択に一定の偏りは存在するが，社会福祉法人の経営者による会計ディスクロージャーの目的や動機を調査するための情報を得ることができると考えられた[5]。

インタビュー調査結果では，次のような回答を得た。まず，会計情報を作成することによる目的や成果について，主に経営意思決定に用いているというような指摘（「組織の財務管理のために用いている」(A)，「経営判断を目的として用いている」(C)，「経営判断に用いている。とくに，法人全体として，内部留保の目標額を定めている」(E)）があり，内部での経営判断をするうえで会計情報を用いていることが明らかになった。このような内部管理目的に会計情報を使うためには，会計基準に準拠した範囲内での会計情報の作成だけでは不十分であり，「より詳細な月次推移などは別に存在している」(B)，といった指摘もあり，公表に必要な会計情報をうまく用いつつ，使途に応じてさらに詳細な内部目的に関する会計情報を作成していることが明らかになった。

一方，一部の社会福祉法人では「あくまで透明化を図るツールであると感じる」(D)，「透明性を確保することにより，社会的信用を得るために会計情報を開示している」(F) などの指摘もあり，会計情報を公表することに価値があり，組織が社会的に安全であることを示すシグナルとして会計ディスクロージャーが機能する可能性も示唆された。加えて，「戦前の社会事業であった起業家の時代において当時は一部の篤志家による寄附で成立していたため，寄附者の思いをどうかなえるか，事業が財務的なチェックを欠かせなかったのかもしれない。しかし，今は税金での運営がほとんどであり，チェックがあまりなされていない」(E) ことや，「今後，銀行の借り入れをおこなう場合は財務諸表がポイントになるかもしれない。市民債や寄附金を募集するに際しても財務諸表がポイントになるように感じている」(A) などの指摘から，社会福祉法人が金融機関や寄附者から資金提供を求めるようになれば，積極的に会計情報が開示されていくことが推察された。

これらのインタビュー調査結果は規模の相対的に大きな社会福祉法人であっても，一部の社会福祉法人を除き，会計ディスクロージャーには消極的である

第5章　社会福祉法人における自発的な会計ディスクロージャーとシグナリング

図表5-3　インタビュー調査の対象者の概要

	業種	対象者役職	所在地	法人事業内容		法人経歴（概要）
A	児童福祉	法人経営企画担当	大阪	保育園，高齢者施設を運営	1950年代 ～1970年代 1990年代	社会福祉法人設立 保育園，高齢者施設設立 保育園を複数設立 高齢者施設を設立
B	児童福祉	高齢者施設長	大阪	保育園，高齢者施設を運営	1980年代 ～2000年代	社会福祉法人設立 保育園，高齢者施設を開設 保育園，高齢者施設を複数開設
C	高齢者福祉	法人理事長	関西圏	特別養護老人ホームを複数運営	1970年代 1990年代 2000年代	医療法人設立 社会福祉法人設立 特別養護老人ホームを複数設立
D	高齢者福祉	福祉組織高齢者施設介護マネジャー	大阪	複数の施設を事業運営	1910年代 ～現在	福祉組織設立 400以上の組織が活動中
E	障がい者福祉	法人障がい者事業部長	大阪	特別養護老人ホーム，知的障がい者更生施設など複数を運営	1980年代 1990年代 ～2000年代	社会福祉法人設立 　特別養護老人ホーム設立 知的障がい者更生施設設立 　多くの施設を設立
F	障がい者福祉	理事長	京都	施設を多数運営	1960年代 ～1990年代 2000年代以降	社会福祉法人設立 利用者のニーズに合わせて，更生施設，授産施設など複数開設 複数の施設を運営

(注)　社会福祉領域で中心である児童福祉，老人福祉，障がい者福祉の3つの業種から，それぞれ2法人ずつ合計6法人を対象とした。これらは関西圏に所在し，かつインタビューの許諾を得た法人である。

ことを示している。インタビュー調査での回答として，会計ディスクロージャーがシグナリングとして機能を有している可能性が示唆されるが，会計情報を用いた評価の方法が確立されていないことを原因として，情報利用者が会計情報を利用しにくい状況にあるのではないかと考えられる。

1.3　社会福祉法人における自発的な会計ディスクロージャーの目的

　図表5-4は，社会福祉法人がどのような目的で会計情報を利用するのかに

ついて調査した結果を示している。この調査は大阪府を中心に，大阪市，堺市の政令指定都市，吹田市，高槻市，東大阪市の中核市に所在する936法人の理事長・事務局長を対象として実施したものである[6]。返送用封筒を同封し，大阪府社会福祉協議会から協力を得て作成された依頼状とともに，これらすべての法人にアンケート調査紙を送付した。調査期間は2012年10月10日から12月15日までの約2ヵ月間である。返信を得たのは256法人であり，回収率は27.4%であった[7]。回収したサンプルのうち，質問項目について不備のあった回答のサンプル10，未回答のサンプル31を除外し，図表5-4は215法人の回答結果を要約している。

図表5-4から，社会福祉法人が会計情報を作成する目的についてもっとも割合の高い理由として，①理事会に諮り，説明するため（90.8%），であることや，②経営的な意思決定をおこなうため（69.6%），であることがあげられる。これらの結果は会計情報の作成目的が内部管理目的であることを示唆しており，前項のインタビュー調査の結果と一致している。また，④従業員への説明（41.3%）や，⑤サービス利用者の参考になる情報提供（31.5%）などにも用いる法人が一部存在していることがわかる。いずれの結果も，社会福祉法人にとっ

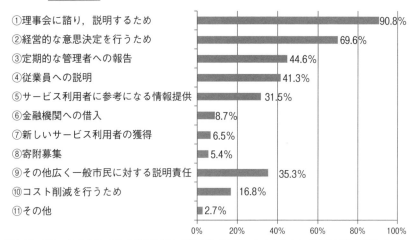

図表5-4 社会福祉法人の会計情報作成の目的（強制開示化前）

①理事会に諮り，説明するため 90.8%
②経営的な意思決定を行うため 69.6%
③定期的な管理者への報告 44.6%
④従業員への説明 41.3%
⑤サービス利用者に参考になる情報提供 31.5%
⑥金融機関への借入 8.7%
⑦新しいサービス利用者の獲得 6.5%
⑧寄附募集 5.4%
⑨その他広く一般市民に対する説明責任 35.3%
⑩コスト削減を行うため 16.8%
⑪その他 2.7%

(注) N=215。本図表は，「会計情報を何の目的で作成していますか？」に対する回答の結果である。215の回答のうち，○が選択された数の割合を示している。

て既存の利害関係者を重視して会計情報が用いられていることを示唆している。一方，⑦新しいサービス利用者の獲得（6.5%）や，⑧寄附金募集（5.4%）をあげる法人は少ない。

しかし，「⑨その他広く一般市民に対する説明責任」を目的として会計情報を作成する法人が一部存在すること（35.3%）は，自発的に会計ディスクロージャーをおこなう何らかの動機を社会福祉法人の経営者が感じていることを示している。そこで，以下では，なぜ社会福祉法人の経営者がこのような動機を持つのかに着目した実証分析をおこなう。

第2節 リサーチ・デザイン

2.1 シグナリングに関する仮説の設定

前章と同様に，本章でおこなう検証ではシグナリングの観点に焦点をあてる。本章で用いる仮説は，前章と同様に，シグナリングに関連する2つ（①効率性仮説，②財務健全性仮説）である。

前節で確認したように，社会福祉法人会計基準の様式は事業活動計算書において人件費，事業費，事務費という3つが区分されている。このなかで受益者に対して直接的な影響がある科目は事業費であることから，事業費を総費用で除した事業費比率を算定する。また，事務費を節約することも重要であることから，事務費を費用で除した事務費比率を算定する。事業費比率と事務費比率を用いることで，次のとおり効率性仮説を設定する[8]。

仮説1-1（H1-1） 社会福祉法人における事業費比率と自発的な会計ディスクロージャーはプラスに関係している。
仮説1-2（H1-2） 社会福祉法人における事務費比率と自発的な会計ディスクロージャーはマイナスに関係している。

次に，社会福祉法人では，純資産の部において余裕財産が定義され，受益者に向けたサービス提供の計画を作ることが社会福祉法の改正によって求められている。社会福祉法人の純資産を用いる場合，純資産に対する規制が会計報告に影響する可能性がある[9]。したがって，純資産の十分性以外のフロー情報に

着目し，財務健全性仮説について次のとおり設定する。

仮説2-1（H2-1） 社会福祉法人における当期活動増減比率と自発的な会計ディスクロージャーはプラスに関係している。

仮説2-2（H2-2） 社会福祉法人における事業収益と自発的な会計ディスクロージャーはマイナスに関係している。

仮説2-3（H2-3） 社会福祉法人における寄附金収益と自発的な会計ディスクロージャーはマイナスに関係している。

2.2 推定するモデルの提示

本章では，前項で述べたシグナリングに関連する2つの仮説を検証するために，t期の社会福祉法人のデータを用いて，水準モデル（5.1）式および変化分モデル（5.2）式をロジット回帰分析により推定する。

$$VFD_{t+1} = \alpha_0 + \sum_{k=1}^{2} \alpha_{0+k} EFFICIENCY_{t-1} + \sum_{l=1}^{3} \alpha_{2+l} STABILITY_{t-1}$$
$$+ \alpha_6 SIZE_{t-1} + \alpha_7 CITY + \sum_{i=1}^{7} \alpha_{7+i} INDUSTRY_i + \varepsilon_t \quad (5.1)$$

$$VFD_{t+1} = \alpha_0 + \sum_{k=1}^{2} \alpha_{0+k} EFFICIENCY_{t-1} + \sum_{l=1}^{3} \alpha_{2+l} STABILITY_{t-1}$$
$$+ \sum_{m=1}^{2} \beta_{0+m} \Delta EFFICIENCY_t + \sum_{n=1}^{3} \beta_{1+n} \Delta STABILITY_t + \alpha_6 SIZE_{t-1}$$
$$+ \alpha_7 CITY + \sum_{i=1}^{7} \alpha_{7+i} INDUSTRY_i + \varepsilon_t \quad (5.2)$$

従属変数として設定される VFD は「情報開示・監査について，いずれかに○を付けてください」という質問に対して，「財務情報のホームページ掲載」を「あり」と回答した場合は1，それ以外は0のダミー変数である[10]。

次に，独立変数では，効率性仮説および財務健全性仮説を検証することを目的として，$EFFICIENCY_{t-1}$ の代理変数である事業費比率（$PROGRATIO_{t-1}$），事務費比率（$ADMRATIO_{t-1}$），$STABILITY_{t-1}$ の代理変数であるサービス活動増減率（ROS_{t-1}），事業収益（$PROGREV_{t-1}$），寄附金（DON_{t-1}）を設定した。

H1-1の検証に用いる変数としての $PROGRATIO_{t-1}$ は効率性を示す尺度

第 5 章　社会福祉法人における自発的な会計ディスクロージャーとシグナリング

図表 5 - 5　変数の定義

変数の名称	計算式
従属変数	
自発的開示（VFD）	「情報開示・監査について，いずれかに○を付けてください」という質問に対して，「財務情報のホームページ掲載」を「あり」と回答した場合は 1，それ以外は 0 のダミー変数
独立変数（EFFICIENCY）	
事業費比率（PROGRATIO）	事業費／サービス活動費用
事務費比率（ADMRATIO）	事務費／サービス活動費用
独立変数（STABILITY）	
サービス活動増減率（ROS）	サービス活動増減差額／サービス活動収益
事業収益（PROGREV）	事業収益／期首の総資産
寄附金（DON）	寄附金／前期の総資産
コントロール変数	
規模（SIZE）	期首の総資産の自然対数
都市（CITY）	所在地が大阪市であれば 1，それ以外は 0 のダミー変数
事業領域（INDUSTRY）	介護保険分野（NURCING），高齢者福祉分野（ELDERY），児童福祉分野（CHILD），保育園（NURSERY），就労支援分野（WORK），障がい者福祉分野（HANDI），生活保護分野（ASIST）がそれぞれあれば 1，それ以外は 0 のダミー変数

であり，前期の事業費を前期のサービス活動費用で除したものである。また，H1-2 の検証に用いる変数はサービス活動費用に対する事務費の比率を示す $ADMRATIO_{t-1}$ を設定する。社会福祉法人が好業績を示すシグナルとして会計情報を用いるならば，$PROGRATIO_{t-1}$ の係数（$α_1$）はプラスに，$ADMRATIO_{t-1}$ の係数（$α_2$）はマイナスに推定されることが期待される。

また，H2-1 から H2-3 の検証に用いられる ROS_{t-1} は前期の帰属収支差額比率を示している。社会福祉法人が財務健全性を好業績としてとらえて会計情報を開示するならば，財務健全性を示す尺度である ROS_{t-1} の係数（$α_3$）はプラスに推定されることが期待される。さらに，収益源について確認するために，前期の事業収益の比率を示す $PROGREV_{t-1}$ および寄附金比率を示す DON_{t-1} を用いる[11]。これらの係数（$α_4$ および $α_5$）はプラス有意に推定されることが期待される。

さらに，コントロール変数として，前期の総資産額の自然対数を示す $SIZE_{t-1}$ を用いる。$SIZE_{t-1}$ の係数（$α_6$）はプラスに推定されることが期待され

る。また，各事業分野の収益区分に注目し，活動する事業分野に応じて $NURCING$, $ELDERY$, $CHILD$, $NURSERY$, $WORK$, $HANDI$, $ASIST$ を設定した。加えて，所在地によって差が生じる可能性があることから，所在地が大阪市の場合は1，それ以外は0と定義するダミー変数 $CITY$ を設定した。

第3節　サンプル選択と基本統計量

3.1　サンプル選択

本章の分析に用いるサンプルは，次の方法によって収集した（**図表5-6参照**）[12]。

(1) 2009年から2010年における大阪府下842社会福祉法人の財務諸表の原本を収集し，これらの財務諸表の原本を用いて財務諸表データベースを手作業で構築した。当該データベースは2009年度から2010年度までの1,684サンプルで構成されるが，会計上の問題が観察された238サンプルを除外した。分析に用いるサンプルは，2ヵ年連続でデータが存在するサンプルであることから，2ヵ年連続でデータが存在しない288サンプルは除外される。その結果，2009年および2010年の両データの存在する579法人が対象となる[13]。

(2) 従属変数としての会計ディスクロージャーに関連するVFDはアンケート調査により取得した[14]。アンケート調査は2012年10月10日から12月15日までの約2ヵ月間でおこなった。調査対象は，大阪府を中心に，大阪市，堺市の政令指定都市，吹田市，高槻市，東大阪市の中核市が管轄する全936法人とした[15]。アンケート調査の対象者は，法人の理事長あるいは事務局長である[16]。返信を得た法人は256であり，回収率は27.4%であった。

(3) (1)で取得した会計情報と，(2)で取得した会計ディスクロージャーに関連する情報をマッチングした。その際，アンケート調査で回答を得ることができなかった323法人の財務諸表データを除外した。また，適切にマッチ

ングすることができなかった112のサンプルを除外した。その結果，本章で用いる最終サンプルは144となった[17]。

図表5-6 サンプル選択

	サンプルサイズ
社会福祉法人財務諸表データベース	842
項目不足	−119
2ヵ年連続データなし	−144
	579
アンケート非回収サンプル	−323
非マッチングサンプル	−112
最終サンプル	144

(注) 項目不足とは，変数で用いる勘定科目に不備がある，もしくは該当科目のみ非開示のことである。

3.2 基本統計量

前項で示したサンプルを用いて計算された各変数の基本統計量は**図表5-7**のとおりである。図表5-7から，ウェブサイト上に会計情報を開示する社会福祉法人は17.4%であり，少数であることがわかる。加えて，外部者に会計ディスクロージャーをおこなう意向を有する社会福祉法人の平均値は30.6%であることからも，社会福祉法人の外部者への情報提供の意向は相対的に低いことがわかる。この結果は，第1節で述べた社会福祉法人の会計ディスクロージャーに関する実態と一致している。

また，**図表5-8**は，(5.1)式および(5.2)式で用いるすべての変数間の相関係数を示している。図表5-8にもとづけば，VFDと独立変数間の相関関係の符号はおおむね期待どおりであることがわかる[18]。また，$ADMRATIO_{t-1}$と変化分の各変数のPearson相関係数がやや高く，多重共線性が懸念されることから，ロジット回帰分析は$ADMRATIO_{t-1}$と変化分の各変数を区分した推定を合わせておこなう[19]。

図表5-7 基本統計量:社会福祉法人の会計ディスクロージャーとシグナリング

	平均値	標準偏差	最小値	Q1	中央値	Q3	最大値
VFD_{t+1}	0.174	0.380					
$PROGRATIO_{t-1}$	0.127	0.059	0.000	0.099	0.119	0.149	0.400
$ADMRATIO_{t-1}$	0.121	0.105	0.023	0.079	0.099	0.136	0.860
ROS_{t-1}	0.074	0.125	-0.325	0.014	0.060	0.120	0.618
$PROGREV_{t-1}$	0.533	0.440	0.000	0.276	0.407	0.590	1.499
DON_{t-1}	0.053	0.120	0.000	0.000	0.015	0.067	0.872
$\Delta PROGRATIO_t$	0.094	0.772	-0.137	-0.004	0.003	0.011	0.197
$\Delta ADMRATIO_t$	0.071	0.554	-0.169	-0.009	0.005	0.019	0.251
ΔROS_t	0.053	0.645	-0.396	-0.044	-0.010	0.027	0376
$\Delta PROGREV_t$	0.144	1.072	-0.240	-0.004	0.008	0.032	0.954
ΔDON_t	0.007	0.086	-0.299	-0.004	0.000	0.001	0.183
$SIZE_{t-1}$	19.883	1.381	16.169	19.111	19.817	20.896	22.555
$CITY$	0.340	0.475	0.000	0.000	0.000	1.000	1.000
$NURCING$	0.368	0.484	0.000	0.000	0.000	1.000	1.000
$ELDERY$	0.104	0.307	0.000	0.000	0.000	0.000	1.000
$CHILD$	0.056	0.230	0.000	0.000	0.000	0.000	1.000
$NURSERY$	0.417	0.495	0.000	0.000	0.000	1.000	1.000
$WORK$	0.111	0.315	0.000	0.000	0.000	0.000	1.000
$HANDI$	0.174	0.380	0.000	0.000	0.000	0.000	1.000
$ASIST$	0.063	0.243	0.000	0.000	0.000	0.000	1.000

(注1) それぞれの変数について,平均値,標準偏差,最小値,第1四分位(Q1),中央値,第3四分位(Q3),最大値を示している。

(注2) 各変数の定義は次のとおりである。従属変数:VFD=「情報開示・監査について,いずれかに○を付けてください」という質問に対して,「財務情報のホームページ掲載」を「あり」と回答した場合は1,それ以外は0のダミー変数。独立変数:$PROGRATIO$=事業費/サービス活動費用;$ADMRATIO$=事務費/サービス活動費用;ROS=サービス活動増減差額/サービス活動収益;$PROGREV$=事業収益の合計値/期首の総資産;DON=寄附金/期首の総資産。コントロール変数:$SIZE$=期首の総資産の自然対数;$CITY$=所在地が大阪市であれば1,それ以外は0のダミー変数;$INDUSTRY$=介護保険分野($NURCING$),高齢者福祉分野($ELDERY$),児童福祉分野($CHILD$),保育園($NURSERY$),就労支援分野($WORK$),障がい者福祉分野($HANDI$),生活保護分野($ASIST$)がそれぞれあれば1,それ以外は0のダミー変数。なお,変化分に関する変数は,分子にあたる変数について,当期の値から前期の値を控除し,そこで得られた値を分母の変数で除することで設定した。連続変数はすべて上下1%についてwinsorize処理している。

図表 5-8　相関係数：社会福祉法人の会計ディスクロージャーの決定要因

		(1)	(2)	(3)	(4)	(5)	(6)	(7)	(8)	(9)	(10)	(11)
(1)	VFD_{t+1}		0.238	−0.188	−0.180	−0.087	0.139	−0.137	−0.032	0.004	−0.004	−0.067
(2)	$PROGRATIO_{t-1}$	0.154		−0.160	−0.015	−0.081	−0.143	−0.112	−0.058	−0.049	−0.085	−0.086
(3)	$ADMRATIO_{t-1}$	−0.133	−0.309		0.114	0.101	−0.270	0.004	−0.037	−0.031	−0.063	0.009
(4)	ROS_{t-1}	−0.173	−0.074	0.296		0.061	−0.260	0.324	0.204	−0.347	0.041	0.100
(5)	$PROGREV_{t-1}$	−0.080	−0.038	−0.067	−0.018		−0.025	0.023	−0.046	−0.139	−0.063	−0.008
(6)	DON_{t-1}	−0.007	−0.230	−0.013	−0.121	−0.059		−0.073	−0.067	0.085	−0.041	−0.196
(7)	$\Delta PROGRATIO_{t}$	−0.101	−0.143	0.496	0.358	−0.055	−0.032		0.391	−0.001	0.524	0.110
(8)	$\Delta ADMRATIO_{t}$	−0.030	−0.130	0.432	0.294	−0.074	0.079	0.648		−0.044	0.489	0.153
(9)	ΔROS_{t}	0.021	−0.138	0.031	−0.424	−0.046	0.156	0.118	0.104		0.417	0.112
(10)	$\Delta PROGREV_{t}$	−0.013	−0.223	0.458	0.092	0.082	0.211	0.607	0.669	0.499		0.106
(11)	ΔDON_{t}	−0.006	−0.076	0.208	0.169	−0.013	−0.401	0.339	0.198	−0.004	0.091	

(注 1) 各数値間の値は、左斜め下が Pearson 相関係数を、右斜め上が Spearman 順位相関係数を示している。ただし、会計情報以外の結果は省略している。

(注 2) 変数の定義は次のとおりである。従属変数：VFD＝「情報開示・監査について、いずれかに○を付けてください」という質問に対して、情報のホームページ掲載を「あり」と回答した場合は 1、それ以外は 0 のダミー変数。独立変数：$PROGRATIO$＝事業費／サービス活動費用：$ADMRATIO$＝事務費／サービス活動費用：ROS＝サービス活動増減差額／サービス活動収益：$PROGREV$＝事業収益の合計値／サービス活動収益：DON＝寄附金／期首の総資産。コントロール変数：$SIZE$＝期首の総資産の自然対数：$CITY$＝所在地が大阪市であれば 1、それ以外は 0 のダミー変数。連続変数はすべて上下 1% について winsorize 処理している。

第4節　実証結果

本節では，社会福祉法人における自発的な会計ディスクロージャーの決定要因を調査するために，(5.1) 式および (5.2) 式について，単一変量分析およびロジット回帰分析で推定した結果を報告する。

4.1　単一変量分析の結果

図表5-9は，(5.1) 式および (5.2) 式の独立変数の単一変量分析の結果を示している。Panel A は VFD が1と0の場合における平均値と中央値を，Panel B は本章 (5.1) 式および (5.2) 式で用いる各独立変数の平均値および中央値の差の検定結果を示している。平均値の差検定は独立サンプルのt検定，中央値の差検定は独立サンプルの Mann-Whitney 検定の結果である。

図表5-9の結果は次のとおり要約することができる。

(1) $SIZE_{t-1}$ の平均値（中央値）の差は1.019（0.972）でありプラス有意である。すなわち，ウェブサイト上に会計情報を開示する社会福祉法人の特徴として，規模が大きいことがあげられる。この結果は Saxton and Guo (2011) などの先行研究の実証結果と一致している。

(2) その他の結果は平均値および中央値の差の検定ごとに差がある。また，会計ディスクロージャーと各変数の変化にはそれほど強い関連がみられないため，その他の要因を考慮した分析結果と合わせて解釈することが必要である。

4.2　ロジット回帰分析の結果

図表5-10は，(5.1) 式および (5.2) 式についてロジット回帰分析で推定した結果を示している。コラム (a) から (d) は $ADMRATIO_{t-1}$ および変化分の変数間で多重共線性が懸念されることから，それぞれの変数を除外した場合と加えた場合の4つのモデルの推定結果である。推定結果は次のとおり要約することができる[20]。

第 5 章　社会福祉法人における自発的な会計ディスクロージャーとシグナリング

図表 5-9　単一変量分析：社会福祉法人の会計ディスクロージャーの決定要因

	Panel A：VFD 区分による平均値・中央値				Panel B：平均値および中央値の差検定			
	VFD=1 (n=25)		VFD=0 (n=119)		平均値の差	t 値	中央値の差	z 値
	平均値	中央値	平均値	中央値				
$PROGRATIO_{t-1}$	0.147	0.141	0.123	0.116	0.024	1.854*	0.026	0.247
$ADMRATIO_{t-1}$	0.091	0.089	0.127	0.102	−0.036	−1.563	−0.013	−0.133
ROS_{t-1}	0.028	0.028	0.083	0.068	−0.056	−2.049**	−0.041	−0.620
$PROGREV_{t-1}$	0.467	0.393	0.547	0.418	−0.081	−0.834	−0.025	−1.797*
DON_{t-1}	0.051	0.039	0.054	0.011	−0.003	−0.117	0.028	1.208
$SIZE_{t-1}$	20.725	20.661	19.706	19.690	1.019	3.482***	0.972	1.986**
$\Delta PROGRATIO_t$	−0.001	−0.001	0.113	0.003	−0.115	−0.673	−0.004	−1.012
$\Delta ADMRATIO_t$	0.009	0.005	0.083	0.004	−0.074	−0.607	0.001	0.601
ΔROS_t	0.064	−0.010	0.051	−0.010	0.013	0.088	0.000	0.291
$\Delta PROGREV_t$	0.488	0.007	0.072	0.008	0.417	0.867	−0.001	−1.784*
ΔDON_t	0.000	0.000	0.008	0.000	−0.008	−0.416	0.000	0.245

*：両側 10% 水準，**：5% 水準，***：1% 水準で有意であることを示している。

(注1) Panel A は VFD が 1 と 0 の場合における平均値と中央値を，Panel B は本章 (5.1) 式および (5.2) 式で用いる各独立変数の差の検定を示している。平均値の差検定は独立サンプルの t 検定，中央値の差検定は独立サンプルの Mann-Whitney 検定の結果である。ただし，会計情報以外の変数の結果は省略している。

(注2) 変数の定義は次のとおりである。**従属変数**：VFD＝「情報開示・監査について，いずれかに〇を付けてください」という質問に対して，「財務情報のホームページ掲載」を「あり」と回答した場合は 1，それ以外は 0 のダミー変数。**独立変数**：PROGRATIO＝事業費／サービス活動費用；ADMRATIO＝事務費／サービス活動費用；ROS＝サービス活動増減差額／サービス活動収益；PROGREV＝事業収益の合計値／期首の総資産；DON＝寄附金／期首の総資産。**コントロール変数**：SIZE＝期首の総資産の自然対数；CITY＝所在地が大阪市であれば 1，それ以外は 0 のダミー変数。連続変数は上下 1% について winsorize 処理している。

(1) $ADMRATIO_{t-1}$ を加えて推定したコラム (b) と (d) 結果では，$ADMRATIO_{t-1}$ の係数（a_2）は 1% 水準以下でマイナス有意に推定された（それぞれ a_2 = −20.428，−21.111）。また，コラム (a) から (d) について DOR_{t-1} の係数（a_5）は概ねプラス有意に推定されている。この結果は，ウェブサイト上に会計情報を開示する社会福祉法人の特性として，事務費の水準が低く，寄附金の獲得が増加しており，規模が大きいことがあることを示唆している。これらの結果は，単一変量分析で得られた結果と首尾一貫しており，H1 の効率性仮説が支持されたといえる。

(2) コラム (a) から (d) のすべてにおいて ROS_{t-1} の係数（a_3）は予想に反してすべてマイナス有意に推定されている。社会福祉法人は事業活動収支差額比率が低い場合，会計情報を開示することで，説明責任を果たそうとし

図表 5-10 ロジット回帰分析:社会福祉法人の会計ディスクロージャーの要因

	期待符号	(a)	(b)	(c)	(d)
Constant		−24.534***	−23.581***	−27.993***	−26.801***
		(−3.249)	(−2.854)	(−3.325)	(−2.899)
$PROGRATIO_{t-1}$	(+)	8.096	3.498	10.067	5.973
		(1.358)	(0.538)	(1.561)	(0.849)
$ADMRATIO_{t-1}$	(−)		−20.428**		−21.111**
			(−2.055)		(−2.070)
ROS_{t-1}	(+)	−7.553**	−7.715**	−8.470*	−8.292*
		(−2.081)	(−2.041)	(−1.886)	(−1.736)
$PROGREV_{t-1}$	(+)	1.261	1.496	1.028	0.742
		(1.345)	(1.492)	(1.012)	(0.647)
DON_{t-1}	(+)	6.558*	5.921	7.242**	6.553*
		(1.956)	(1.625)	(2.087)	(1.701)
$\Delta PROGRATIO_t$	(+)			−3.981	−9.459
				(−0.349)	(−0.698)
$\Delta ADMRATIO_t$	(−)				−7.809
					(−0.815)
ΔROS_t	(+)			−1.871	−5.606
				(−0.499)	(−1.151)
$\Delta PROGREV_t$	(+)			1.929	5.084
				(0.919)	(1.549)
ΔDON_t	(+)			14.778	20.949
				(1.057)	(1.277)
INDUSTRY		YES	YES	YES	YES
N		144	144	144	144
pseudo R		0.339	0.379	0.363	0.411

*:両側10%水準,**:5%水準,***:1%水準で有意であることを示している。

(注1)本図表は(5.1)および(5.2)式についてロジット回帰分析をおこなった結果である。各独立変数の上段は係数を下段( )内はz値を示している。

(注2)変数の定義は次のとおりである。**従属変数**:VFD=「情報開示・監査について、いずれかに○を付けてください」という質問に対して、「財務情報のホームページ掲載」を「あり」と回答した場合は1,それ以外は0のダミー変数。**独立変数**:PROGRATIO=事業費/サービス活動費用;ADMRATIO=事務費/サービス活動費用;ROS=サービス活動増減差額/サービス活動収益;PROGREV=事業収益の合計値/期首の総資産;DON=寄附金/期首の総資産。**コントロール変数**:SIZE=期首の総資産の自然対数;CITY=所在地が大阪市であれば1,それ以外は0のダミー変数。なお、変化分に関する変数は、分子にあたる変数について、当期の値から前期の値を控除し、そこで得られた値を分母の変数で除することで算定した。連続変数は上下1%についてwinsorize処理している。

ているのかもしれない[21]。加えて，$PROGREV_{t-1}$ の係数（a_4）は非有意であった。本章の結果では，社会福祉法人は事業収益を得るために会計ディスクロージャーをおこなうとする動機をみいだせなかった。

以上の結果をまとめれば，社会福祉法人の会計ディスクロージャーは，第4章における公益法人の会計ディスクロージャーとシグナリングに関する実証分析で得られた結果と部分的に一致している。

4.3　ロバスト・チェック

本章で得た結果をより頑健にするために，本章では次のロバスト・チェックをおこなったが，いずれの結果も本章で提示した結果とほぼ同様であった[22]。

(1)　連続変数について上下1%を外れ値として処理した場合。
(2)　調査票回答の有無について $SIZE_{t-1}$ を統制したHeckman probitモデルを用いて2段階推定した場合。
(3)　$PREV$ および DOR を独立変数から除外した場合。
(4)　アンケート調査より，理事長が交代した場合や，大規模な施設建築，修繕をおこなった18法人をサンプルから除外した場合。

第5節　小括

本章では，社会福祉法人の理事長あるいは事務局長へのサーベイ調査で得られたデータから，なぜ社会福祉法人が会計情報を開示するのか，その理由を調査した。本章の目的は，公益法人だけではなく，他の業種にもシグナリング機能が観察されるかどうかを検証するために，社会福祉法人の自発的な会計ディスクロージャーの要因を調査することであった。本章で得られた発見事項は次のとおり要約することができる。

(1)　一部の社会福祉法人において自発的に会計ディスクロージャーをおこなう動機を有することがインタビュー調査および大阪府社会福祉法人を対象

としたサーベイ調査の結果から明らかになった。
(2) 社会福祉法人における自発的な会計ディスクロージャーに着目し，他の社会福祉法人と比べて効率的，あるいは財務健全的である社会福祉法人が会計ディスクロージャーをおこなっているか，その相関関係をを検証した。分析の結果，ウェブサイト上に会計情報を開示する社会福祉法人の特性として，事務費の水準が低く，寄附金の獲得が増加しており，規模が大きいことがわかった。この結果は，社会福祉法人の自発的な会計ディスクロージャーについて，シグナリング仮説は部分的に支持されたことを示唆している。

本章では，社会福祉法人の自発的な会計ディスクロージャーと業績に相関関係があるのか否かについて検証した。本章の検証は財務データとアンケート調査を組み合わせたためあくまで相関関係であるが，会計ディスクロージャーと経営者による好業績か否かの判断が関連していることが示唆される。大阪府という限定的な対象であり，サーベイ調査という方法はサンプル・セレクション・バイアスの問題が残るが，公益法人と同様に会計ディスクロージャーと好業績が関連している点が興味深い。次章では，このような証拠をより頑健にすることを目的として，私立大学を対象としてシグナリング仮説を検証する。

● 注
1　社会福祉基礎構造改革は利用者による事業者との契約を重視したことによって会計制度にも影響を与えている。それまでは社会福祉経営という意識は経営者にとって希薄であった（社会福祉法人経営研究会 2006）。
2　なお，三菱総合研究所（2010）および厚生労働省（2013）は，会計情報のホームページ開示や広報物開示をおこなう法人の割合について，ホームページ開設をおこなっている法人を全数として調整しているが，図表5-2ではホームページ開設をおこなっていない法人を加えた全数の調査対象法人数で除した値を掲載している。
3　詳細なインタビュー内容の結果については，黒木（2012）を参照されたい。
4　倫理上の配慮については，調査対象法人や調査者が不利益を被らないように，調査に先立って，①インタビュー調査の目的と方法についての説明，②研究目的以外でインタビュー内容を利用しないこと，③匿名性と守秘義務の約束，④調査者の連絡先の伝達，の4点を

第5章　社会福祉法人における自発的な会計ディスクロージャーとシグナリング

おこなった。また，①から④を記した依頼状を調査対象法人の調査者宛に送り，許諾を得た。
5　ただし，「ちゃんと会計基準にもとづき処理している法人はとくに問題はない。大規模法人は大丈夫だが，小規模法人は逆にしんどい法人が増えるのではないか」(B) という指摘があるように，今回インタビューを実施した法人は複数施設を有する中規模から大規模法人が多かったことにより，規模の影響を受けている可能性があり，一般化にさいしては一定の限界がある。
6　社会福祉法人は各々が所在する都道府県により管轄される。ただし，政令指定都市および中核市は市内に所在する法人について独自に管轄している。管轄する地方公共団体は，地方分権が進むなか，その他の市町村に分権される流れにある。
7　営利企業を対象としてサーベイ調査をおこなった研究として，たとえばGrahama, Harveya and Rajgopalc (2005) や，須田・花枝 (2008) がある。サーベイ調査で実施されたアンケートの回収率は，高いものでも20%弱である。また，営利企業におけるアンケート調査や，地方公共団体の調査の平均回収率が10%前後であることを考慮すれば，この結果は非常に高い回収率である。
8　ただし，本章はアンケート調査データを用いており，因果関係まで推定することは難しいことから，仮説はあくまで「相関関係」の検証にとどまる。
9　財務諸表の会計期間である2009-2010年には明示的な純資産に対する規制は存在しないが，指導監督や運営費補助金提供の影響を受けることが想定されたため使用しないこととした。なお，社会福祉法人における内部留保については第9章で詳述している。
10　質問票調査は2012年度に実施しているが，質問票は2011年度の会計情報の開示状況を対象として調査している。変化分の与える影響を合わせて調査する目的で独立変数のなかで変化分はt期，水準はt-1期の値を用いて設定した。
11　社会福祉法人の事業収入は，介護保険から主に収入を得る介護保険事業や，地方自治体が運営費を拠出する保育事業など，多岐にわたる。その収入としての特性は，事業の内容により異なるといえる。しかし，本章では社会福祉法人が継続するために何らかの制約がありつつも，事業収入が必要であるとの認識から，事業収入を一括して計算している。なお，補助金により得た収入に関しては，財務諸表データベース構築時において事業収入からは明確に区分している。
12　本章で用いるサンプルは，平成23年-25年度日本学術振興会科学研究費補助金：基盤研究 (B) 「非営利組織の存続価値と存続能力に関する会計学的研究」(課題番号23330147) と連携しておこなった共同研究の成果の一部を用いている。
13　当該財務諸表は2012年度に公文書請求・申入した結果，入手可能であったものである。財務諸表を用いた社会福祉法人の調査結果の詳細は，向山・黒木 (2013b) を参照されたい。
14　調査項目は，先行研究にしたがい素案を作成し，大阪府社会福祉協議会の関係者および社会福祉の実務家に助言を得た。その結果，アンケート調査紙は基本情報項目と質問項目に区分され，全5頁で構成されることとなった。本章で主要に用いる項目を抽出し，変数として設定した。本章の分析でこのすべての調査結果を用いているわけではない点を留意されたい。
15　アンケート調査の詳細な結果については，向山・黒木 (2013a) を参照されたい。
16　返信用封筒を同封し，大阪府社会福祉協議会から協力を得て作成された依頼状とともに，

これらすべての法人にアンケート調査票を送付した。回答を受けた法人の管轄先をみてみると，大阪府および堺市が管轄する社会福祉法人からの回収率が非常に高い。実際，大阪府は30.3%，堺市は30.7%の回収率である。これは，本アンケート調査が大阪府社会福祉協議会の協力のもと実施されていることが影響しているのかもしれない。

17 サンプルは600法人のうち，144法人（24%）であることから，アンケート調査結果を用いたことによるサンプル・セレクション・バイアスが存在する。この影響を考慮するために，ロバスト・チェックにおいてHeckmanモデルを用いた追加的検証をおこなっている。

18 VFDとの Pearson 相関係数（Spearman 順位相関係数）は $PROGRRATIO_{t-1}$ が0.154（0.238），$ADMRATIO_{t-1}$ が−0.130（−0.188），$PROGREV_{t-1}$ が−0.070（−0.087）である。一方，ROS_{t-1} は予想に反して符号がマイナスであり，ロジット回帰分析の結果と合わせて解釈することが必要である。

19 $\Delta PROGRATIO_t$，$\Delta ADMRATIO_t$，および ΔROS_t と $ADMRATIO_{t-1}$ の Pearson 相関係数はそれぞれ 0.848，0.790，0.547 である。

20 コントロール変数の結果は省略しているが，要約すれば次のとおりである。
 (1) いずれのコラムの場合も，$SIZE$ と $CITY$ の係数はプラス有意に推定された。規模が大きく，大阪市内に所在する社会福祉法人のほうが会計ディスクロージャーをおこなっていることが示唆された。
 (2) また，いずれのコラムの場合も，$ELDERY$ と $NURSERY$ の係数はマイナス有意に推定された。先行研究の見解と同様に，高齢者施設や保育所は会計ディスクロージャーに消極的である。

21 ROS_{t-1} の係数の符号はロバスト・チェックにおいてプラスに推定される場合もあり，首尾一貫した結果が検出されなかった。

22 ROS_{t-1} および $PROGRATIO_{t-1}$ の係数の符号は混在した結果であるが，非有意であった。今後追加的に検証していくことが必要である。

第6章 私立大学における自発的な会計ディスクロージャーとシグナリング

　本章の目的は，シグナリングの観点からなぜ私立大学の経営者が自発的な会計ディスクロージャーをおこなうのかについて明らかにし，第4章および第5章で得られた証拠と首尾一貫しているかどうかについて確認することである。会計ディスクロージャーをおこなう私立大学は急増している[1]。文部科学省は2005年，ウェブサイトを通して積極的に財務情報を公開するよう学校法人の理事長宛に通知した。2016年度「学校法人の財務情報等の公開状況に関する調査結果」では，ウェブサイト上に会計情報を公表する私立大学は99.8%にのぼること，また，広報物等の刊行物に会計情報を掲載している私立大学は47.1%であることが報告されている[2]。

　ウェブサイトを用いた会計情報の公表は文部科学省の通知の影響を少なからず受けていると考えられるが，ほとんどの私立大学がウェブサイトを通して会計情報を開示しているにも関わらず，なぜ広報物等の刊行物に半数程度の私立大学が依然として自発的に会計情報を掲載するのかについてはこれまで明らかでない[3]。本章で会計ディスクロージャーとして焦点をあてるのは，私立大学が広報物等の刊行物に会計情報を掲載するか否かについてである。

　本章では，なぜ私立大学が広報物等の刊行物に会計情報を掲載するのか，という研究課題に対して，「好業績の私立大学は，学生・保護者などの情報利用者に対して，自発的に財務情報を広報物等の刊行物に掲載する」というシグナリング仮説を検証する。前章までと同様に，本章における私立大学の好業績はParsons (2003) が示す効率性と財務健全性が優れていることとして定義する。

シグナリング仮説から2つの仮説（効率性仮説，財務健全性仮説）を導出し，実証分析する。実証分析の結果，管理経費比率が低く，帰属収支差額比率が高く，授業料依存度が高い私立大学ほど，自発的に会計情報を広報物等の刊行物に掲載することを発見した。これはシグナリング仮説を支持するものである。

本章の構成は，次のとおりである。第1節では私立大学における会計ディスクロージャーの現状について確認する。第2節ではリサーチ・デザインを設定する。第3節では，サンプルを選択する。第4節では実証結果を提示し，第5節では，発見事項を要約し，残された課題を述べる。

第1節 私立大学における会計ディスクロージャーと会計基準

1.1 私立大学における会計ディスクロージャーの実態

私立大学は私立学校法を根拠法として学校法人として設立され，文部科学省により管轄される。1970年代において，文部科学省は私立大学に対し経常費補助金を開始し，補助金を受ける私立大学は，その使途を明確にし，受託責任を果たすことが必要とされた[4]。したがって，私立大学に受託責任としての会計ディスクロージャーが求められたのであるが，会計ディスクロージャーの対象は主務官庁である文部科学省に対する報告が中心であった。

その後，1991年の大学設置基準が大綱化されたことに始まり，私立大学をとりまく状況は大きく変化した。すなわち，わが国の少子化の進展を前提として，高等教育機関に市場原理の導入を進めたことである（大場 2009）。2000年以降，わが国の少子化が顕在化し，私立大学の定員充足率は著しく低下した。このような私立大学のおかれた経営環境の変化から私立学校の公共性を高めるとともにその自主性を尊重する現行制度を基本としつつ，各学校法人における管理運営制度の改善を図る目的で2005年「私立学校法の一部を改正する法律」が施行された。本法律には会計ディスクロージャーの推進が明記された。また，文部科学省は同年各学校法人に対し財務情報の公開に係る書類の様式参考例を公表した（文部科学省高等教育局第304号通知）。そこでは様式に合わせて，学生生徒やその保護者，学校法人と雇用契約にある者，債権者や抵当権者の3

つを私立大学の「利害関係人」として例示しており，利害関係人に対して自主的に情報提供することを学校法人に要求している。

また，情報提供の対象が主務官庁から利害関係人に広がったことに加えて，情報提供の方法について検討された。中央教育審議会（2005）は財務情報等の開示方法について「ホームページ等を活用して，自らが選択する機能や果たすべき社会的使命，社会に対する『約束』とも言える設置認可申請書や学部・学科等の設置届出書，学則，自己点検・評価の結果等の基本的な情報を開示することが求められる」ことを指摘する。これらの通知や答申にもとづき，文部科学省は，2005年，ホームページ等を活用して大学による積極的な情報開示をおこなうよう通知をおこなった（文部科学省高等教育局第958号通知）。その後，文部科学省は私立大学を対象とした公開調査を毎年実施している。

さらに，中央教育審議会大学分科会（2009）では，国公私立大学を通じて同等程度の情報が自主的に一般に公開されることを促すべきであること，また，その情報公開の方法として，「1. 法令による一律の義務化，2. 国からの指針の提示および自主的公開の呼びかけ，3. 大学関係者による指針の作成および自発的公開」，の3つが示されている。加えて，中央教育審議会大学分科会（2010）は情報公開の実施状況を私学助成に反映することを提案した。この結果，2013年度より情報開示の実施状況が経常費補助金の査定に反映されることになった[5]。

私立大学の会計ディスクロージャーはどのような実態であるのであろうか。**図表6-1**は，2004年度から2016年度までの公開調査を参考として，私立大学の会計ディスクロージャーの実態についてインターネットのホームページに公開，広報物等の刊行物に掲載，学内掲示版に掲載の3種類の調査結果を時系列で示したものである。文部科学省による調査はこの3種類の開示方法を調査している点に特徴がある。

2016年度の調査によると，インターネットのウェブサイトに公開をする法人は，現在99.8％であり，ほぼすべての学校法人が会計ディスクロージャーをおこなう状況にある。2004年度において24.8％であったことを考えれば，毎年約9％増加していることになる。これは2005年度に文部科学省からおこなわれた通知の影響が少なからずあり，文部科学省通知の影響力の大きさが推察

図表6-1　私立大学の会計ディスクロージャーの動向

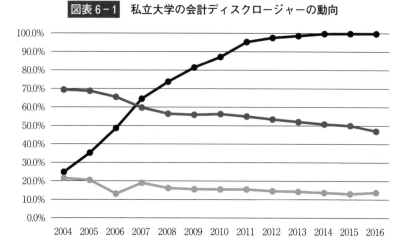

（出所）2004年度から2016年度「学校法人の財務情報等の公開状況に関する調査結果」より筆者作成。

される。

　一方，広報物等の刊行物に掲載する法人はやや減少傾向にある。2004年度の公開調査において，広報物等の刊行物に財務情報を掲載する法人の割合は69.4％であったが，2016年度には47.1％にまで減少している。このような広報物等の刊行物の減少傾向はウェブサイトによる会計ディスクロージャーで事足りるというような意思決定の影響を受けているものかもしれない[6]。

　上記のとおり，私立大学のウェブサイトによる会計ディスクロージャーは，通知や調査などで積極的におこなうことが推奨されており，現在では実質的に強制化されている。一方，広報物等の刊行物への掲載はあくまで私立大学の意思にもとづき自発的に会計ディスクロージャーがおこなわれていると解釈することができるであろう。

1.2 学校法人会計基準の特徴と課題

　本章で検証をおこなう私立大学には学校法人会計基準が適用される。**図表6-2**は学校法人会計基準に準拠して作成される貸借対照表および事業活動収支計算書を示している。第1部で述べたように，学校法人会計基準は2013年に改正されたが，本書で用いる実証分析には旧基準に準拠し作成された財務諸表を用いるため，改正前の貸借対照表および消費収支計算書も掲載している。

　実証分析にあたっては効率性および財務健全性を測定することが必要であり，本章では基準改正前の消費収支計算書あるいは改正後の事業活動収支計算書の勘定科目に注目する。改正前および改正後いずれにおいても主要な費用は，人件費，教育研究経費，管理経費であり，論点は教育研究経費，管理経費の区分についてである。私立大学の教育研究経費は「教育研究のために支出する経費（学生，生徒等を募集するために支出する経費を除く）」（学校法人会計基準別表第二）として定義され，学生への教育費や個別研究費，教育研究に関する諸経費が含まれる。また，教育研究経費の特徴として，管理経費と明確に区分され計上された教育研究用の固定資産に対する減価償却費が含まれることをあげることができる[7]。私立大学における教育研究経費を削減することは，大学生や教員への教育研究に用いるコストを削減するだけでなく，必要な教育研究にかかる固定資産をも削減していることを意味している[8]。

　私学高等教育研究所（2010）における基礎集計表によると，消費支出に占める教育研究経費の割合は，1973年時点では23.3%であったにも関わらず，2008年度には35.9%となり，その差は12.5%と著しく上昇している。私立大学が教育研究経費に力をおいた経営をおこなってきたといえよう。一方，消費支出に占める人件費の割合は1973年から2008年にかけて－12.4%となっており，教育研究経費分の人件費を削減したことがわかる。このように，教育研究経費を充実させることは私立大学にとって重要な課題になっている。

図表6-2 私立大学が公表する貸借対照表と事業活動収支計算書

貸借対照表（旧基準）
〇〇年〇月〇日現在
（単位：円）

資産の部	負債の部
固定資産	固定負債
有形固定資産	長期借入金
土地	学校債
………	……
	流動負債
その他の固定資産	短期借入金
	……
	負債の部合計
	基本金の部
流動資産	基本金
現金預金	第1号基本金
………	第2号基本金
	第3号基本金
	第4号基本金
	消費収支差額の部
	翌年度繰越消費収支超過額
資産の部合計	負債および純資産の部合計

→ 基準改正 →

貸借対照表（新基準）
〇〇年〇月〇日現在
（単位：円）

資産の部	負債の部
固定資産	固定負債
有形固定資産	長期借入金
土地	学校債
………	……
特定資産	流動負債
引当特定資産	短期借入金
………	……
その他の固定資産	負債の部合計
	純資産の部
流動資産	基本金
現金預金	第1号基本金
………	第2号基本金
	第3号基本金
	第4号基本金
	繰越収支差額
	純資産の部合計
資産の部合計	負債および純資産の部合計

消費収支計算書（旧基準）
〇〇年〇月〇日から〇〇年〇月〇日まで
（単位：円）

消費支出の部	消費収入の部
人件費	学生生徒等納付金
教育研究経費	手数料
管理経費	寄付金
借入金等利息	補助金
資産処分差額	資産運用収入
徴収不能引当金繰入額	事業収入
	雑収入
	帰属収入合計
消費支出の部合計	基本金組入額
当年度消費収支超過額	消費収入の部合計

→ 基準改正 →

事業活動収支計算書（新基準）
〇〇年〇月〇日から〇〇年〇月〇日まで
（単位：円）

教育活動収支		
事業活動支出の部	事業活動収入の部	
人件費	学生生徒等納付金	
教育研究経費	手数料	
管理経費	寄付金	
徴収不能額等	経常費等補助金	
	付随事業収入	
	雑収入	
教育活動収支差額		
教育活動外収支		
事業活動支出の部	事業活動収入の部	
借入金等利息	受取利息・配当金	
	……	
教育活動外収支差額		
経常収支差額		
特別収支		
事業活動支出の部	事業活動収入の部	
資産処分差額	資産売却差額	
……	……	
特別収支差額		
基本金組入前当年度収支差額		
基本金組入額合計		
当年度収支差額		

（出所）学校法人会計基準における様式から筆者作成。

第2節 リサーチ・デザイン

2.1 仮説の提示

本章は、シグナリングの観点から、私立大学の経営者はなぜ自発的な会計ディスクロージャーをおこなうのかについて検証する。本章では「広報物等の刊行物への財務情報の掲載」を自発的な会計ディスクロージャーとし、シグナリング仮説を設定する。

会計ディスクロージャーのシグナリング仮説では、当該組織が好業績であるか否かを識別することが必要である。本章では、前章までと同様に、Parsons (2003) が提示する効率性と財務健全性により、私立大学の業績を測定する。すなわち、私立大学が優れた効率性あるいは財務健全性を有することを好業績と定義する[9]。

まず、効率性とは非営利組織のサービス提供努力を示す尺度であり、事業費の程度で示される。受益者である学生・保護者や寄附者は非営利組織のサービスにより多くの費用が配分されることを期待するため、教育研究経費比率（管理経費比率）が相対的に高い（低い）私立大学ほど、自らの高水準の効率性をシグナルすると考えられる。このような理由から、効率性仮説を下記のとおり設定する。

仮説1-1 (H1-1) 教育研究経費比率が高い私立大学ほど、積極的に広報物等の刊行物を通した会計ディスクロージャーをおこなう。

仮説1-2 (H1-2) 管理経費比率が低い私立大学ほど、積極的に広報物等の刊行物を通した会計ディスクロージャーをおこなう。

次に、財務健全性とは、非営利組織が持続的にサービス提供をおこなうことが可能な能力とされる。受益者である学生・保護者や寄附者は、私立大学のサービスが持続的に提供されることを期待するであろう。したがって、財務健全性が相対的に高い私立大学ほど、自発的な会計ディスクロージャーを通じて、自らの高水準の財務健全性をシグナルすると考えられる。第1章で検討したように、財務健全性は利益率、純資産の十分性、管理費比率、収益源の多様性の

4つの財務指標で測定することができ，利益率は帰属収入から消費支出を控除した帰属収支差額を期首の総資産で除した帰属収支差額比率で算定する。一方，純資産は基本金会計の解釈が難しく管理費比率は仮説1-2と整合的でない。また，私立大学では，学生生徒等納付金が帰属収入の大きな割合を占めることから他の収入源，特に寄附金の財務健全性としての位置づけをわけて検証することが望ましい。このような理由から，財務健全性仮説を下記のとおり設定する。

　仮説2-1（H2-1）　帰属収支差額比率が高い私立大学ほど，積極的に広報物等の刊行物を通した会計ディスクロージャーをおこなう。
　仮説2-2（H2-2）　学生生徒等納付金比率が高い私立大学ほど，積極的に広報物等の刊行物を通した会計ディスクロージャーをおこなう。
　仮説2-3（H2-3）　寄附金比率が高い私立大学ほど，積極的に広報物等の刊行物を通した会計ディスクロージャーをおこなう。

2.2　その他にコントロールする要因

　本章では，上記の仮説以外に考えられる要因をコントロールしたうえで実証分析する。具体的には，クラウディング・アウト効果が勘案されるその他の収入や，Liu（2007）や福井（2011）が整理する高等教育機関の特徴を考慮する。

　Liu（2007）や福井（2011）では，大学の能力（capacity）として，規模の代理変数としての卒業生総数，総収入額，学生数，教員数などをあげる。また，その他の大学の要因として，医学部の有無や，博士・研究大学であるか否か，卒業生との関わり方などについてコントロールしている。一方，大学の外部環境として，州の政策やガバナンスについて，州の特徴や政策，補助金額についてもコントロールしている。最後に，社会経済的要因として，州における経済成長率や，州の中で自由主義思想が多いか少ないか，所在地などをコントロールしている。

2.3　推定するモデルの提示

　本章では仮説1-1から2-3を検証するために，次の水準モデル（6.1）式と，変化分モデル（6.2）式を設定し，ロジット回帰分析により推定する[10]。

$$VFD_t = \alpha_0 + \sum_{k=1}^{2} \alpha_{0+k} EFFICIENCY_{t-1} + \sum_{l=1}^{3} \alpha_{2+l} STABILITY_{t-1} + \alpha_6 SIZE_{t-1}$$
$$+ \alpha_7 MEDICAL + \alpha_8 COLLEGE + \alpha_9 WEB + \alpha_{10} CITY + \sum_{i=1}^{5} \alpha_{10+i} YEAR_i + \varepsilon_t$$

(6.1)

$$VFD_t = \alpha_0 + \sum_{k=1}^{2} \alpha_{0+k} EFFICIENCY_{t-1} + \sum_{l=1}^{3} \alpha_{2+l} STABILITY_{t-1}$$
$$+ \sum_{m=1}^{2} \beta_{0+m} \Delta EFFICIENCY_t + \sum_{n=1}^{3} \beta_{2+n} \Delta STABILITY_t + \alpha_6 SIZE_{t-1}$$
$$+ \alpha_7 MEDICAL + \alpha_8 COLLEGE + \alpha_9 WEB + \alpha_{10} CITY + \sum_{i=1}^{5} \alpha_{10+i} YEAR_i + \varepsilon_t$$

(6.2)

ただし,変数の定義は**図表6-3**のとおりである。

まず従属変数として設定される VFD_t は,広報物等の刊行物に財務情報を掲載している場合は1,それ以外は0のダミー変数である。次に,独立変数は,$PROGRATIO_{t-1}$, $ADMRATIO_{t-1}$, ROA_{t-1}, $TUITION_{t-1}$, DON_{t-1}, $SIZE_{t-1}$ およびそれぞれの前期から当期の変化を示す $\Delta PROGRATIO_t$, $\Delta ADMRATIO_t$, ΔROA_t, $\Delta TUITION_t$, ΔDON_t を算定した。$PROGRATIO_{t-1}$ および $ADMRATIO_{t-1}$ は効率性を示す尺度であり,前期の教育研究経費あるいは管理経費を前期総資産で除したものである。加えて,変化を考慮することを目的として,前期から当期の変化を示す $\Delta PROGRATIO_t$ および $\Delta ADMRATIO_t$ を算定する。もし私立大学が会計情報をシグナルとして用いる動機があるならば,$PROGRATIO_{t-1}$ および $\Delta PROGRATIO_t$ の係数(α_1 および β_1)の符号はプラスに,$ADMRATIO_{t-1}$ および $\Delta ADMRATIO_t$ の係数の符号(α_2 および β_2)はマイナスに推定されることが期待される[11]。

また,ROA_{t-1} は財務健全性を示す尺度であり,帰属収支差額比率を用いる。加えて,前期から当期の変化を示す ΔROA_t を設定する。もし私立大学が財務情報をシグナルとして用いる動機があるならば,財務健全性を示す尺度である ROA_{t-1} および ΔROA_t の係数(α_3 および β_3)の符号はプラスであることが期待される[12]。

$TUITION_{t-1}$ および DON_{t-1} は前期の学生生徒等納付金収入および前期の

図表6-3　変数の定義

変数の名称	計算式
従属変数	
広報物等の開示（VFD）	広報物等の刊行物に財務情報を掲載している場合は1，それ以外は0のダミー変数
独立変数	
教育研究経費比率（PROGRATIO）	教育研究経費／期首総資産
管理経費比率（ADMRATIO）	管理経費／期首総資産
帰属収支差額比率（ROA）	帰属収支差額／期首総資産
学生生徒等納付金比率（TUITION）	学生生徒等納付金／期首総資産
寄附金比率（DON）	寄附金／期首総資産
コントロール変数	
規模（SIZE）	期首総資産の自然対数
附属病院（MEDICAL）	附属病院を有する場合は1，それ以外は0のダミー変数
短期大学（COLLEGE）	短期大学のみの法人の場合は1，それ以外は0のダミー変数
ウェブサイトでの開示（WEB）	ウェブサイトで会計ディスクロージャーをおこなっていれば1，それ以外は0のダミー変数
都市（CITY）	所在地が東京の場合は1，それ以外は0のダミー変数

(注)　(6.1) 式および (6.2) 式で用いられる変数の算定方法を示している。なお，変化分に関する変数は，分子の変数について，当期の値から前期の値を控除し，そこで得られた値を規模で除することで計算する。

寄附金比率である。加えて，前期から当期の変化を示す$\Delta TUITION_t$およびΔDON_tを設定する。これらの変数の係数の符号（a_4, a_5, β_4, およびβ_5）は，従属変数VFD_tに対して，プラスに推定されることが期待される。

最後に，コントロール変数は，Liu（2007）や福井（2011）が提示する大学の特徴と環境的な要因を参考とし，$SIZE_{t-1}$, $MEDICAL$, $COLLEGE$, $CITY$の4つの変数を設定した[13]。$SIZE_{t-1}$は期首の総資産の自然対数であり，それ以外は大学の特徴あるいは環境的な要因を示すものである[14]。加えて，ウェブサイトを通した会計ディスクロージャーの有無（WEB_{t-1}）についても統制している。

第3節 サンプル選択と基本統計量

3.1 サンプル選択

本章の分析に用いるサンプルは，次の3つの方法により収集した（**図表6-4**参照）。

図表6-4　サンプル選択

サンプル	法人・年
私立大学財政データ（2007年度から2013年度）	4,135
除外	
財務データの欠損	−286
2ヵ年連続したデータの欠損	−219
（6.1）式の最終サンプル	3,630
前年度の財務データの欠損	−105
（6.2）式の最終サンプル	3,525

（注）3,630のサンプルを対象として，会計情報を用いた変数は上下1%でwinsorize処理をおこなっている。

(1) 2007年度から2013年度の私立大学の財務諸表について「私立大学財政データ」（株式会社東洋経済新報社）から取得した。財務データを用いて財務情報を用いた変数である $PROGRATIO_{t-1}$, $ADMRATIO_{t-1}$, ROA_{t-1}, $TUITION_{t-1}$, DON_{t-1}, $SIZE_{t-1}$ およびそれぞれの変化額を算定した。

(2) VFD_t および WEB，2008年度から2014年度における私立大学の財務情報の公開状況について，文部科学省が公表する「学校法人の財務情報等の公開状況に関する調査結果」を参照し，会計ディスクロージャーの有無について確認した[15]。

(3) 上記の私立大学の事業報告書を2007年度から2014年度のものについて閲覧し，コントロール変数を設定した。

上記より構築したデータベースは2008年度から2013年度までの3,630私立大学・年で構成される。また，(6.2)式は2ヵ年連続のデータが必要となるため，2ヵ年連続でデータが存在しないデータとしての105サンプルを除外した結果，(6.2)式で用いる最終サンプルは3,525となった。

3.2 基本統計量

前項で示したサンプルを用いて計算された各変数の基本統計量は**図表6-5**のとおりである。図表6-5から，広報物等の刊行物を通して会計ディスクロージャーをおこなう私立大学（VFD_t）は55.6%で半数程度であることがわかる。一方，ウェブサイトを通した会計ディスクロージャー（WEB_{t-1}）は95%の大学でおこなわれている。

第4節 実証結果

4.1 単一変量分析の結果

図表6-6は(6.2)式の各変数について平均値および中央値の差の検定をおこなった結果である。左から区切りごとに，サブサンプル（$VFD_t=1$あるいは0）の基本統計量，VFD_tが1と0の場合における平均値と中央値の差の検定結果を示している。なお，平均値の差検定は独立サンプルのt検定，中央値の差検定は独立サンプルのMann-Whitney検定の結果である。

検定結果は，$PROGRATIO_{t-1}$，ROA_{t-1}，$TUITION_{t-1}$について平均値の差（0.005, 0.009, 0.006）は1%水準以下でプラス有意に，$ADMRATIO_t$の平均値（中央値）の差（-0.003（-0.002））が1%水準以下でマイナス有意に推定された。この結果は，広報物等の刊行物を用いて会計ディスクロージャーをおこなう私立大学は，教育研究経費比率が高く，管理経費比率が低く，帰属収支差額比率が高く，授業料依存度が高い特性を有していることを示唆している。

図表6-5 基本統計量

	平均値	標準偏差	最小値	Q1	中央値	Q3	最大値
VFD_t	0.556	0.497	0.000	0.000	1.000	1.000	1.000
$PROGRATIO_{t-1}$	0.011	0.038	0.000	0.001	0.003	0.007	0.327
$ADMRATIO_{t-1}$	0.020	0.013	0.001	0.012	0.017	0.024	0.093
ROA_{t-1}	0.003	0.029	-0.104	-0.010	0.005	0.019	0.099
$TUITION_{t-1}$	0.141	0.060	0.000	0.100	0.137	0.177	0.347
DON_{t-1}	0.005	0.010	0.000	0.001	0.002	0.004	0.083
$\Delta PROGRATIO_t$	0.000	0.005	-0.032	0.000	0.000	0.000	0.031
$\Delta ADMRATIO_t$	0.000	0.004	-0.015	-0.001	0.000	0.001	0.016
ΔROA_t	0.001	0.032	-0.158	-0.007	0.000	0.009	0.169
$\Delta TUITION_t$	0.000	0.008	-0.023	-0.004	0.000	0.003	0.035
ΔDON_t	0.000	0.005	-0.037	0.000	0.000	0.000	0.017
$SIZE_{t-1}$	9.926	1.157	4.654	9.144	9.889	10.695	13.492
$MEDICAL$	0.039	0.193	0.000	0.000	0.000	0.000	1.000
$COLLEGE$	0.164	0.370	0.000	0.000	0.000	0.000	1.000
WEB_{t-1}	0.950	0.218	0.000	1.000	1.000	1.000	1.000
$CITY$	0.196	0.397	0.000	0.000	0.000	0.000	1.000

(注1) それぞれの変数について，平均値，標準偏差，最小値，第1四分位（Q1），中央値，第3四分位（Q3），最大値を示している。

(注2) 変数の定義は次のとおり。**従属変数**：VFD＝広報物等の刊行物に財務情報を掲載している場合は1，それ以外は0のダミー変数。**独立変数**：$PROGRATIO$＝教育研究経費／期首総資産；$ADMRATIO$＝管理経費／期首総資産；ROA＝帰属収支差額／期首総資産；$TUITION$＝学生生徒等納付金／期首総資産；DON＝寄附金／期首総資産。**コントロール変数**：$SIZE$＝［帰属収入－医療収入－資産売却差益］の自然対数；$MEDICAL$＝附属病院を有する場合は1，それ以外は0のダミー変数；$COLLEGE$＝短期大学のみの法人の場合は1，それ以外は0のダミー変数；WEB＝ウェブサイトで会計ディスクロージャーをおこなっていれば1，それ以外は0のダミー変数；$CITY$＝所在地が東京都内の場合は1，それ以外は0のダミー変数。

図表6-6　単一変量分析結果

	$VFD_t=1$		$VFD_t=0$		平均値の差	t値	中央値の差	z値
	平均値	中央値	平均値	中央値				
$PROGRATIO_{t-1}$	0.013	0.003	0.008	0.003	0.005	4.130***	0.000	-0.310
$ADMRATIO_{t-1}$	0.019	0.016	0.021	0.018	-0.003	-6.338***	-0.002	-5.976***
ROA_{t-1}	0.007	0.009	-0.002	-0.001	0.009	9.544***	0.009	11.544***
$TUITION_{t-1}$	0.144	0.140	0.137	0.131	0.006	3.249***	0.009	4.214***
DON_{t-1}	0.004	0.002	0.005	0.001	-0.001	-1.904*	0.001	8.191***
$\varDelta PROGRATIO_t$	0.000	0.000	0.000	0.000	0.000	1.120	0.000	0.028
$\varDelta ADMRATIO_t$	0.000	0.000	0.000	0.000	0.000	1.460	0.000	2.351**
$\varDelta ROA_t$	0.001	0.000	0.001	0.000	0.000	-0.062	0.000	0.715
$\varDelta TUITION_t$	0.001	0.000	0.000	-0.001	0.001	3.482***	0.001	5.984***
$\varDelta DON_t$	0.000	0.000	-0.001	0.000	0.000	2.087**	0.000	0.416
$SIZE_{t-1}$	10.226	10.222	9.550	9.571	0.676	18.134***	0.651	17.195***
$MEDICAL$	0.063	0.000	0.008	0.000	0.055	8.621***		
$COLLEGE$	0.111	0.000	0.231	0.000	-0.120	-9.836***		
WEB_{t-1}	0.983	1.000	0.909	1.000	0.074	10.364***		
$CITY$	0.177	0.000	0.219	0.000	-0.042	-3.208**		

*：両側10％水準，**：5％水準，***：1％水準で有意であることを示している。

(注1) それぞれの変数について，平均値および中央値を示している。左から区切りごとに，フルサンプルの基本統計量，サブサンプル（$VFD_t=[1,0]$）の基本統計量，VFD_tが1と0の場合における平均値と中央値の差の検定結果を示している。平均値の差検定は独立サンプルのt検定，中央値の差検定は独立サンプルのMann-Whitney検定の結果である。

(注2) 変数の定義は次のとおり。**従属変数**：VFD＝広報物等の刊行物に財務情報を掲載している場合は1，それ以外は0のダミー変数。**独立変数**：PROGRATIO＝教育研究経費／期首総資産；ADMRATIO＝管理経費／期首総資産；ROA＝帰属収支差額／期首総資産；TUITION＝学生生徒等納付金／期首総資産；DON＝寄附金／期首総資産。**コントロール変数**：SIZE＝[帰属収入－医療収入－資産売却差益]の自然対数；MEDICAL＝附属病院を有する場合は1，それ以外は0のダミー変数；COLLEGE＝短期大学のみの法人の場合は1，それ以外は0のダミー変数；WEB＝ウェブサイトで会計ディスクロージャーをおこなっていれば1，それ以外は0のダミー変数；CITY＝所在地が東京都内の場合は1，それ以外は0のダミー変数。

(注3) n＝3,630（変化分の変数はn＝3,525）。$VFD_t=1$の場合，n＝2,017（変化分の変数はn＝1,990）。$VFD_t=0$の場合，n＝1,613（変化分の変数はn＝1,535）。

4.2 多変量解析の結果

ロジット回帰分析をおこなう前に，独立変数間の相関係数を確認する。**図表6-7**は私立大学の会計ディスクロージャーを検証する(6.1)式および(6.2)式で用いる独立変数間の相関係数を示している。図表6-7によると，VFD_t と独立変数間の相関関係の符号は概ね期待どおりである[16]。

図表6-8は，VFD_t を従属変数とした(6.1)式および(6.2)式をロジット回帰分析で推定した結果を示している。図表6-8で得られた結果は，次のとおり要約することができる。

(1) (6.1)式および(6.2)式のいずれについても，$PROGRATIO_{t-1}$ の係数 (α_1) がプラス有意に，$ADMRATIO_{t-1}$ の係数 (α_2) がマイナス有意に，いずれも1%水準以下で推定された。また，(6.2)式では，$\Delta PROGRATO_t$ の係数 (β_1) が1%水準以下でプラス有意に，$\Delta ADMRATIO_t$ の係数 (β_2) が5%水準以下でマイナス有意に推定されている。これらの結果は効率性が高い(低い)私立大学ほど広報物等の刊行物を用いて自発的に会計ディスクロージャーをおこなう(おこなわない)傾向があることを示しており，H1-1およびH1-2の効率性仮説を支持している。

(2) (6.1)式について，ROA_{t-1} の係数 (α_3) が10%水準以下ではあるがプラス有意に推定された。この結果は，帰属収支差額比率が高い私立大学ほど広報物等の刊行物を用いて自発的に会計ディスクロージャーをおこなう傾向があることを示唆しており，H2-1を支持している。

(3) (6.1)式および(6.2)式のいずれについても，$TUITION_{t-1}$ の係数 (α_4) が1%水準以下でプラス有意に推定された。この結果は，授業料等納付金依存度の高い(低い)私立大学ほど広報物等の刊行物を用いて自発的に会計ディスクロージャーをおこなう(おこなわない)傾向を示しており，H2-2の授業料獲得仮説を支持している。

(4) (6.1)式および(6.2)式のいずれについても，DON_{t-1} および ΔDON_{t-1} の係数 (α_5 および α_6) はプラスであるが，有意ではなかった。したがって，H2-3は支持されない。広報物等の刊行物への財務情報の掲載は，寄附金

図表6-7 相関係数

	(1)	(2)	(3)	(4)	(5)	(6)	(7)	(8)	(9)	(10)	(11)
(1) VFD_t		-0.010	-0.101	0.193	0.067	0.135	0.001	0.040	0.012	0.101	0.007
(2) $PROGRATIO_{t-1}$	0.068		0.382	0.085	0.086	0.209	-0.016	0.033	0.053	0.083	-0.010
(3) $ADMRATIO_{t-1}$	-0.101	0.235		-0.070	0.434	0.134	0.043	-0.105	0.077	0.091	-0.014
(4) ROA_{t-1}	0.158	0.074	-0.115		0.217	0.187	0.012	0.170	-0.364	0.096	-0.051
(5) $TUITION_{t-1}$	0.055	-0.118	0.404	0.217		0.142	0.010	0.049	-0.015	0.092	0.005
(6) DON_{t-1}	-0.031	0.138	0.156	0.230	-0.046		0.031	0.032	-0.032	0.093	-0.273
(7) $\Delta PROGRATIO_t$	0.019	-0.176	0.057	0.007	-0.023	0.039		0.082	0.074	0.112	0.007
(8) $\Delta ADMRATIO_t$	0.025	0.037	-0.129	0.184	0.055	0.035	0.039		-0.124	0.087	0.080
(9) ΔROS_t	-0.001	0.033	0.113	-0.466	0.015	-0.200	0.026	-0.181		0.287	0.172
(10) $\Delta TUITION_t$	0.059	0.042	0.142	0.048	0.119	0.065	0.036	0.059	0.170		0.027
(11) ΔDON_t	0.035	-0.022	-0.021	-0.189	0.029	-0.569	0.004	-0.003	0.367	0.006	

(注1) 各変数間の値は、左斜め下がPearsonの相関係数を、右斜め上がSpearmanの順位相関係数を示している。
(注2) 変数の定義は次のとおり。従属変数：VFD＝広報物等の刊行物に財務情報を掲載している場合は1、それ以外は0のダミー変数。独立変数：$PROGRATIO$＝教育研究経費／期首総資産；$ADMRATIO$＝管理経費／期首総資産；ROA＝帰属収支差額／期首総資産；$TUITION$＝学生生徒等納付金／期首総資産；DON＝寄附金／期首総資産。
(注3) n＝3,525。

図表6-8　ロジット回帰分析の結果

	期待符号	(6.1)	(6.2)
Constant		−6.066***	−6.258***
		(−5.330)	(−5.014)
$PROGRATIO_{t-1}$	（＋）	5.044***	6.295***
		(2.663)	(2.845)
$ADMRATIO_{t-1}$	（−）	−25.044***	−30.248***
		(−3.239)	(−3.616)
ROA_{t-1}	（＋）	4.437*	5.687*
		(1.679)	(1.665)
$TUITION_{t-1}$	（＋）	6.154***	6.522***
		(3.463)	(3.448)
DON_{t-1}	（＋）	−4.430	−2.120
		(−0.518)	(−0.200)
$\Delta PROGRATIO_t$	（＋）		37.628***
			(3.723)
$\Delta ADMRATIO_t$	（−）		−22.552**
			(−2.205)
ΔROA_t	（＋）		1.597
			(0.984)
$\Delta TUITION_t$	（＋）		12.660*
			(1.690)
ΔDON_t	（＋）		13.447
			(1.115)
Control		YES	YES
Year		YES	YES
N		3,630	3,525
pseudo R		0.112	0.116

*：両側10％水準，**：5％水準，***：1％水準で有意であることを示している。

（注1）本図表は（6.1）式および（6.2）式についてロジット回帰分析をおこなった結果である。VFD_tを従属変数とした分析結果について，上段は各独立変数の係数を，下段（　）内はz値を示している。

（注2）変数の定義は次のとおり。従属変数：VFD＝広報物等の刊行物に財務情報を掲載している場合は1，それ以外は0のダミー変数。独立変数：PROGRATIO＝教育研究経費／期首総資産；ADMRATIO＝管理経費／期首総資産；ROA＝帰属収支差額／期首総資産；TUITION＝学生生徒等納付金／期首総資産；DON＝寄附金／期首総資産。コントロール変数の結果は省略している。

依存度とは関係なく実施されるようである。

4.3 ロバスト・チェック

推定結果の頑健性を高めることを目的として，①外れ値処理をした場合，②重要な影響を与える要因を考慮した場合について追加的に検証した。①では3パターンの外れ値処理を実施したが[17]，結果は前節までの実証分析と同様であった。②では，病院を有するサンプルや巨額の遺産相続等の寄贈がみられたサンプル，巨額のデリバティブ損失を計上したサンプルを控除した場合や，Saxton and Guo（2011）などで用いられた理事数を変数に加えた場合などを検証したが，結果は前節の結果とほぼ同様であった[18]。

第5節 小括

本章の目的は，シグナリングの観点から，私立大学の会計ディスクロージャーの決定要因を明らかにすることであった。具体的には，営利企業を対象とした実証研究で証拠が蓄積されている会計ディスクロージャーのシグナリング仮説を私立大学に適用し，「好業績の私立大学は学生・保護者などの情報利用者に対して自発的に財務情報を広報物等の刊行物に掲載する」か否かについて検証した。実証分析の結果，次の発見事項が得られた。

(1) 教育研究経費比率が高く，管理経費比率が低い私立大学ほど，自発的に会計情報を広報物等に掲載する傾向があることを発見した。この結果は，私立大学は情報利用者が財務情報を考慮した意思決定することを想定して，好業績を示すシグナルとして会計ディスクロージャーをおこなうことを示している。
(2) また，教育研究経費の変化額がプラスであり，管理経費の変化額がマイナスである私立大学ほど，自発的に会計情報を広報物等に掲載する傾向があることを発見した。

一方，本章には課題が残されている。第1の課題は，サンプルサイズが

第6章 私立大学における自発的な会計ディスクロージャーとシグナリング

2008年度から2013年度と限定的であり，サンプルを拡大させることにより本章の結果を補強する必要がある。第2の課題として，他に私立大学の会計ディスクロージャーに影響を与える要因を考慮することである[19]。最後に，第3の課題として，自らの好業績をシグナルするために自発的に開示された財務情報を受益者などの情報利用者が実際に用いているのか否かについて明らかにすることである。最後の課題については，私立大学における会計ディスクロージャーの経済的帰結の実証分析をおこなう次章で解決を試みる。

●注

1 前章までと同様に，本章においても私立大学を有する学校法人を「私立大学」と称する。
2 文部科学省は学校法人会計基準に準拠し作成された書類を「財務情報」と呼び，「財産目録，貸借対照表，収支計算書，事業報告書及び監査報告書」を意味する。本書では会計情報と一貫して称していることから，文部科学省の公文書上の文言を意図した場合は財務情報，それ以外は会計情報と記している。このうち，貸借対照表と収支計算書（資金収支計算書，消費収支計算書）が本章で主に用いる会計情報である。
3 これ以外に，学内掲示版に財務情報を掲載する場合も調査されている。
4 受託責任を果たすための事業報告書等を作成する基準として，1971年に学校法人会計基準が成立している。
5 ディスクロージャー制度の検討対象は財務情報だけではない。近年，私立大学は教育情報を開示することが義務づけられており，これは強制的な開示である。
6 学内掲示版等に掲載する法人はその割合が少なく，減少の傾向である。
7 教育研究経費と管理経費の区分は，1971年に文部科学省管理局長の通知（第118号）によって，主要7項目は厳格に管理経費とされ，それ以外は法人が任意で選択できることが定められている。また，1986年に日本公認会計士協会が定めた「教育研究経費と管理経費の区分に関するQ&A」（2014年改定）に基づきおこなわれている。具体的には，役員のおこなう業務執行のために要する経費および評議員会のために要する経費，総務・人事・財務・経理その他これに準ずる法人業務に要する経費，教職員の福利厚生のための経費，教育研究活動以外に使用する施設，設備の修繕，維持，保全に要する経費（減価償却費を含む），学生生徒等の募集のために要する経費，補助活動事業のうち食堂，売店のために要する経費，附属病院業務のうち教育研究業務以外の業務に要する経費を管理経費として区分することを求めている。
8 学校法人会計基準には基本金会計という特徴もある。基本金には維持すべき固定資産を示す第1号，将来取得する固定資産のための積立を示す第2号，基金として継続的に保持する第3号，恒常的に保持すべきものとして文部科学省に指定された金額である第4号という第1号から第4号まで4種類の基本金が存在する。

9　効率性と財務健全性についての詳細は本書第1章および第3章を参照されたい。
10　本章で推定されるモデルは営利企業における自発的な会計ディスクロージャーの決定要因を調査した須田編著 (2004) や内部統制の欠陥の決定要因を調査した Petrovits et al. (2011) を参考にして設定した。これらの文献の詳細は第2章および第3章において記載している。
11　サービス提供努力を示す変数として，これら以外に人件費比率が考えられる。しかし，人件費比率は教育研究経費比率，管理経費比率それぞれと強く相関しており，同時に用いるには問題がある。加えて，教員人件費と職員人件費の区分を公表する私立大学は毎年15%以下であり，追加的に分析しているものの結果の解釈が困難であった。
12　財務健全性としてその他に純資産比率がある。純資産比率を追加して分析した結果は本章の結果と同様であった。
13　大学の質として，附属病院を有している場合は1，それ以外は0のダミー変数である $MEDICAL$，短期大学法人である場合は1，それ以外は0のダミー変数である COLLEGE，設立から当該年度までの年数 AGE を設定した。また，社会経済的な要因として，東京に所在する場合は1，それ以外は0のダミー変数 $CITY$ を設定した。さらに，年度ダミーによって年度の影響をコントロールしている。
14　私立大学の規模を示す代理変数は，収入総額，教員数，学生数が考えられる（福井 2011）。わが国私立大学の場合，附属学校や病院を有することなど多様な影響を受けることから，教員数と学生数が必ずしも規模を代理しない。一般に多く用いられる総資産についても同じことが指摘できる。したがって，期首総資産が私立大学の規模を示す代理変数としてもっとも適しているものとして使用することとした。
15　非公表である過去の会計ディスクロージャーに関するデータも存在したことから，文部科学省高等教育局私学部に依頼をおこない，追加的に情報を入手した。
16　独立変数間の相関関係について多重共線性が懸念される変数が一部観察されたが，それらを除外した分析結果は本章の分析の結果と同様であったことから，独立変数すべてを含めた分析結果を以下では報告している。
17　外れ値処理は，外れ値の影響の大きさが懸念される DON について上1%を外れ値として除外した場合，$PROGRATIO$ について，上下1%を外れ値として除外した場合，従属変数および独立変数の連続変数すべてについて上下1%を外れ値として除外した場合，の3つのパターンについて追加的に検証した。
18　理事数および監事数は各私立大学の事業報告書から取得した。ただし，これらの情報を開示しない大学も存在することから，サンプルが (6. 1) 式で670，(6. 2) 式で471と減少した。VFD_t を従属変数にした場合，理事数および監事数の係数は10%水準でプラス有意に推定された。この点は，Saxton and Guo (2011) の結果と整合的である。
19　本章は，私立大学の消費収支計算書を用いた尺度により実証分析したが，今後貸借対照表に注目した尺度を用いること，またその結果を解釈することが課題である。

第7章 私立大学における自発的な会計ディスクロージャーの経済的帰結

　第4章から第6章では，公益法人，社会福祉法人，私立大学の自発的な会計ディスクロージャーを対象として，シグナリング仮説について実証分析した。実証分析の結果はシグナリング仮説を支持するものであり，好業績の非営利組織ほど自発的な会計ディスクロージャーをおこなうことを発見した。一方，会計ディスクロージャーによって公表された会計情報がシグナルとしての価値を有するかについては，会計ディスクロージャーがコストを伴う行動であることについて明らかにしなければならない。すなわち，会計ディスクロージャーをおこなう非営利組織はそうでない非営利組織よりもベネフィットを得られている状況を示すことが必要である。

　そこで，本章では，自発的な会計ディスクロージャーを新規でおこなった私立大学に焦点をあて，自発的な会計ディスクロージャーがどのような経済的帰結をもたらしているのかについて実証分析することを目的とする。私立大学を選択した理由は，2007年度から現在までの時系列データが入手可能であるため，会計情報の時系列データの入手が困難である他の法人形態よりも実証分析に適しているためである。具体的には，私立大学におけるウェブサイトを通した新規の会計ディスクロージャーが，文部科学省の想定する情報利用者としての学生・保護者に対して，どのような効果があるのかについて検証する。

　近年，私立大学の会計情報に対する社会的関心が高まっている。たとえば，『週刊東洋経済』や『週刊ダイヤモンド』など各誌が大学評価ランキングを掲載し，私立大学の財務状況を一般向けに公表している。また，朝日新聞社や読

売新聞社などの大学に関する調査においても,大学の財政面に注目したものが多く,旺文社等が出版する書籍にも経営指標として会計情報がたびたび掲載されている。これらは総じて,入学時およびそれ以降の学生・保護者の意思決定に何らかの影響をもたらす可能性がある[1]。私立大学は,私立学校法の目的によって,学生・保護者に対する社会的責任の大きさから,「教育研究活動の維持向上」を重視している点に特徴がある(学校法人会計基準の在り方に関する検討会 2013)。

しかし,私立大学における会計ディスクロージャーがどのような経済的帰結をもたらしたのかについては,これまで検証されていない。先行研究にもとづけば,ウェブサイトなどの新規の媒体を通した会計ディスクロージャーには,ガバナンスの程度や情報開示の能力などさまざまな要因が関連している (Gandia 2011;Saxton and Guo 2011;Saxton et al. 2012)。そして,このような会計情報の開示行動は,何らかの経済的帰結をもたらしている可能性がある (Weisbrod and Dominguez 1986;Tinkelman 1999;Trussel and Parsons 2008;Saxton, Neely and Guo 2014)。

本章の分析結果は,会計情報を新規に開示した私立大学は,好業績であるほど学生・保護者を惹きつけることができ,より多くの検定料および学生生徒等納付金を獲得できることを示している。この発見事項は,学生・保護者を対象とした私立大学における会計ディスクロージャーのシグナリング仮説を,私立大学が好業績であるという条件付きで支持するものである。

本章の先行研究に対する貢献は,次の2つである。第1は,営利企業を対象とした実証研究で証拠が蓄積されているシグナリング仮説が,私立大学の特殊性を考慮したうえでもなお,私立大学における会計ディスクロージャーに部分的に適用できることを明らかにした点である。Saxton et al. (2014) などの先行研究は非営利組織における会計ディスクロージャーがシグナルとなる可能性に言及しているが,シグナリングにもとづく検証と解釈がなされていない。本章の検証結果は,私立大学における新規の会計ディスクロージャーについてシグナリングにもとづく解釈ができる可能性を示している。第2は,私立大学における新規の会計ディスクロージャーをおこなう対象として,学生・保護者等との関係を考慮していることを示した点である。すなわち,私立大学を含む非営

利組織における受益者に会計ディスクロージャーが影響をおよぼす可能性とその重要性を示している。このような先行研究に対する2つの貢献は，私立大学の経営者などの実務家の経営的意思決定や規制主体の私立大学評価に資する基礎情報として活用されることが期待できる[2]。

本章の構成は，次のとおりである。第1節ではリサーチ・デザインを設定する。第2節では，サンプルを選択し，基本統計量を提示する。第3節では実証結果を提示し，第4節では，発見事項を要約し，残された課題を述べる。

第1節　リサーチ・デザイン

1.1　仮説の設定

本章では，これまでの章と同様に，シグナリング・モデルを参考とした「シグナリング仮説」を設定し，私立大学における会計ディスクロージャーの経済的帰結を分析する。非営利組織には株式市場，すなわち投資家が存在しないため，投資家以外の情報利用者を想定する必要がある。本章では，情報利用者について学生・保護者に注目する。わが国私立大学は，学生を獲得し教育することによって成立しているが，近年，学生獲得競争の様相は激化している（大場 2009）。実に45.8%の私立大学で定員充足率が100%を下回っており（日本私立学校振興・共済事業団 2014），私立大学で重んじられる「教育研究活動の維持向上」の程度に影響を与え始めている。

このような状況の中で，情報劣位の学生・保護者にとって，情報優位の私立大学への入学・進学は不確実性下の意思決定である。ここで，「教育研究活動の維持向上」を達成する能力が相対的に高く，好業績の私立大学は，会計ディスクロージャーのコストを低く抑えることができるため，積極的に会計情報を開示することが推察される[3]。その結果，情報の非対称性が緩和され，学生・保護者の期待が修正されることとなり，何らかの経済的帰結がもたらされると考えられる。

1.2 検証する仮説の設定

1.2.1 私立大学における会計情報の開示方法

　検証する仮説を設定するにあたり，私立大学における会計情報の開示方法について検討する。前章で述べたように，文部科学省は，私立大学を有する学校法人を対象として，毎年「学校法人の財務情報等の公開状況に関する調査」を実施している。そこでは，私立大学の会計ディスクロージャーの実態について，「インターネットのホームページに公開」，「広報物等の刊行物に掲載」，「学内掲示版に掲載」の3種類の調査結果を報告している[4]。とりわけ，2012年の調査結果では，97.5%の私立大学がウェブサイトを通して会計情報を開示していることが示されている[5]。このように，私立大学は，ウェブサイトを通した会計ディスクロージャーを重視している。

　私立大学におけるウェブサイトを通した会計ディスクロージャーは，強制化されたわけではないものの，規制主体（文部科学省）によって注目された重要な審議事項となっている。また，先進諸国における非営利組織を対象とした自発的会計ディスクロージャーの研究では，ウェブサイトを通した会計ディスクロージャーの経済的帰結が注目されている（Saxton and Guo 2011 ; Saxton et al. 2014）。そこで，本章では，私立大学の伝統や規模に対する信頼，教育研究の広告宣伝による効果を統制したうえでもなお，ウェブサイトを通した新規の会計ディスクロージャーが，情報の非対称性を緩和することによって，経済的影響をもたらしているのか否かについて検証する。

1.2.2 好業績の測定方法

　次に，私立大学が好業績であるか否かをどのように識別するかについて，前章までと同様に，効率性と財務健全性の尺度を用いる。すなわち，第1に，サービス提供努力を，消費収支計算書上の消費支出のうち，どの程度を教育研究経費として用いているかに着目する。とりわけ，この教育研究経費の変化が大きな私立大学ほど，教育研究の向上に尽力しているといえることから，好業績と判断する。第2に，財務健全性を「教育研究活動の維持」に関する尺度とし，帰属収入から消費支出を控除した帰属収支差額に着目する。帰属収支差額

が高い私立大学ほど，財務健全的に運営されていることから，好業績と判断する[6]。

1.2.3 仮説の提示

本章では，想定される情報利用者によって，2つの仮説を提示する。第1に，私立大学の新規の会計ディスクロージャーによる情報利用者として，受験生をあげることができる。受験生は，私立大学にとって，大学に入学する可能性のある潜在的な学生であり，検定料を支払うことで，希望する大学に受験することができる。検定料は，私立大学における潜在的学生の人気を示す測定尺度として用いることができる。もし私立大学における新規の会計ディスクロージャーが受験生との情報の非対称性を緩和し，好業績を示すシグナルとして伝達されるならば，検定料の変化とプラスの関係を有することが期待される。したがって，以下の仮説を提示する。

  仮説1（H1）　私立大学における新規の会計ディスクロージャーは，検定料の変化とプラスの関係がある。

第2に，私立大学の新規の会計ディスクロージャーによる情報利用者として，学生・保護者をあげることができる。ここでいう学生には，受験に合格し入学した学生と既存の在学生を含む。新規の会計ディスクロージャーが受験生に対して好業績を示すシグナルとして伝達されるならば，学生・保護者が支払う学生生徒等納付金の変化とプラスの関係を有することが期待される。したがって，以下の仮説を提示する。

  仮説2（H2）　私立大学における新規の会計ディスクロージャーは，学生生徒等納付金の変化とプラスの関係がある。

1.3　モデルの提示

本章では，非営利組織の内部統制欠陥の経済的帰結について実証分析したPetrovits, Shakespeare and Shih（2011）を参考にして，変化分モデル（7.1）式および（7.2）式を推定する。

$$\Delta EXAM_t = \alpha_0 + \alpha_1 \Delta PROGRATIO_{t-1} + \alpha_2 \Delta ROA_{t-1} + \alpha_3 NEWWEB_{t-1}$$
$$+ \alpha_4 \Delta PROGRATIO_{t-1} * NEWWEB_{t-1} + \alpha_5 \Delta ROA_{t-1} * NEWWEB_{t-1}$$
$$+ \alpha_6 PROGRATIO_{t-2} + \alpha_7 ROA_{t-2} + \alpha_8 EXAM_{t-1} + \sum_{k=1}^{6} \alpha_{9+k} CONTROL_k$$
$$+ \sum_{i=1}^{5} \alpha_{15+i} YEAR_i + \varepsilon_t \quad (7.1)$$

$$\Delta TUITION_t = \alpha_0 + \alpha_1 \Delta PROGRATIO_{t-1} + \alpha_2 \Delta ROA_{t-1} + \alpha_3 NEWWEB_{t-1}$$
$$+ \alpha_4 \Delta PROGRATIO_{t-1} * NEWWEB_{t-1} + \alpha_5 \Delta ROA_{t-1} * NEWWEB_{t-1}$$
$$+ \alpha_6 PROGRATIO_{t-2} + \alpha_7 ROA_{t-2} + \alpha_8 TUITION_{t-1}$$
$$+ \sum_{k=1}^{6} \alpha_{9+k} CONTROL_k + \sum_{i=1}^{5} \alpha_{15+i} YEAR_i + \varepsilon_t \quad (7.2)$$

ただし，変数の定義は**図表7-1**のとおりである。

まず従属変数は，H1に対応するものとしてt期の検定料（$EXAM_t$）を，H2に対応するものとしてt期の学生生徒等納付金（$TUITION_t$）を，それぞれ変化分で算定する[7]。次に，独立変数は，文部科学省「財務諸表の開示状況に関する調査」の結果を参照し，t−2期には会計情報を開示せずt−1年度にウェブサイトに新規に会計情報を開示している私立大学であれば1，それ以外を0とするダミー変数$NEWWEB_{t-1}$を設定する。H1およびH2が支持されるならば，$NEWWEB_{t-1}$の係数（α_3）の符号はプラスに推定されることが期待される。さらに，サービス提供努力や財務健全性と会計ディスクロージャーによる相互作用を示すことができるように，$PROGRATIO_{t-1}$やROA_{t-1}，さらにこれらの変化分と$NEWWEB_{t-1}$を乗じた変数を設定する。相互作用により追加的効果が存在するならば，交差項の係数（α_5からα_9）の符号はプラスに推定されることが期待される。

最後に，コントロール変数は，Weisbrod and Dominguez（1986）以降の研究において組織に対する信頼の程度の代理変数として用いられる組織の規模（$SIZE$）および年数（AGE）を，また，情報の非対称性を緩和する他の情報を代理する広報物による簡潔な会計ディスクロージャー（PR）や広告宣伝費（FR）を設定する。各大学の建学の精神やミッション，教育環境の充実度などの情報の非対称性と学生・保護者へのインパクトは，この広告宣伝費（FR）を

図表7-1　変数の計算方法

変数の名称	計算式
従属変数	
検定料（$EXAM$）	検定料
学生生徒等納付金（$TUITION$）	学生生徒等納付金
独立変数	
ウェブサイトによる新規の会計ディスクロージャー（$NEWWEB$）	前期に会計情報を開示せず当期に初めて会計情報を開示した場合は1，それ以外は0のダミー変数
教育研究経費比率（$PROGRATIO$）	教育研究経費経費／（消費支出－資産処分差額）
帰属収支差額（ROA）	帰属収入－消費支出
コントロール変数	
規模（$SIZE$）	前期の総資産の自然対数
設立年数（AGE）	設立されてから当該事業年度までの年数
広報物等の刊行物による会計ディスクロージャー（PR）	広報物等の刊行物により会計情報を開示している場合は1，それ以外は0のダミー変数
広告宣伝費（FR）	教育研究費および管理費中の広告宣伝費
短期大学（$COLLEGE$）	短期大学のみの法人の場合は1，それ以外は0のダミー変数
都市（$CITY$）	所在地が東京の場合は1，それ以外は0のダミー変数

(注)　本章の分析で用いる変化分の変数の設定にあたっては，当期から前期の値を引いた後，$PROGRATIO$ を除いて，すべて前期の総資産でデフレートしている。$PROGRATIO$，$SIZE$，AGE 以外の連続変数は期首の総資産でデフレートしている。

用いることで代理して測定する。さらに，Liu（2007）や福井（2011）を参考として，大学特有の特徴を考慮し，短期大学であれば1，それ以外は0とするダミー変数（$COLLEGE$）や立地環境に焦点を当てた東京所在か否かのダミー変数（$CITY$），年度ダミーを設定した[8]。

第2節　サンプル選択と基本統計量

2.1　サンプル選択

本章の分析に用いるサンプルは，次の3つの方法により収集した。

(1)　$NEWWEB_{t-1}$ は，2007年度から2010年における私立大学の会計情報

の公開状況について，文部科学省が公表する「学校法人の財務情報等の公開状況に関する調査結果」を参照し，収録されている学校法人名から情報開示の有無について確認した[9]。

(2) 『私立大学財政データ』(株式会社東洋経済新報社) から 2008 年 3 月期から 2011 年 3 月期までの私立大学の貸借対照表および消費収支計算書を抽出し，$EXAM$ や $TUITION$, $PROGRATIO$, ROA, $SIZE$ など，会計情報に関する主要な変数を設定した。ただし，広告宣伝費を示す FR など，本データベースに存在しない変数については，2011 年 9 月に全私立大学のウェブサイトを閲覧し，2007 年度から 2009 年度の財務諸表の原紙から 2011 年 10 月から 2012 年 3 月にかけて手作業で構築した。

(3) 私立大学のウェブサイトや事業報告書を閲覧し，AGE や $COLLEGE$, $CITY$ などのコントロール変数を手作業で収集し，設定した。

上記より構築したデータベースは 2009 年度および 2010 年度の 2 ヵ年で構成され，サンプルサイズが 1,376 となった。t 期を当期として設定し，病院を含む 58，独立変数およびコントロール変数の設定で必要な t − 1 期と t − 2 期の値が欠損している 191 を除外した。

ここでサンプルは，t − 2 期に会計情報がすでに開示されているサンプルと，非開示のサンプルに分類することができる。t − 2 期にすでに開示されたサンプルを含めた場合，継続的な会計ディスクロージャーの効果と情報内容の効果が実証結果に影響を与える可能性がある。そこで，t − 2 期に会計情報が非開示であるサンプルに限定することによって，非開示から新規開示した純粋な効果を検出する分析をおこなうため，t − 2 期にすでに会計情報を開示している 781 を除外した。最後に，各年の従属変数および独立変数において上下 0.5% の外れ値合計 30 を除外した。その結果，最終的なサンプルサイズは 316 となった。なお，参考までに，t − 2 期の開示を含めたすべてのサンプルを対象とした実証結果も合わせて提示することとする。その場合，先述と同様に各年度の上下 0.5% の外れ値 63 を除外し，最終的なサンプルサイズは 1,064 である。

2.2 基本統計量

図表7-2は本章で用いる各変数の平均値，標準偏差，最小値，中央値，最大値を示している。図表7-2によると，$\Delta EXAM_t$および$\Delta TUITION_t$の変化は平均的に小さいことがわかる。また，t-2期は非開示であったが，t-1期に初めて会計情報を開示した私立大学（$NEWWEB_{t-1}$）は32.0%である[10]。

図表7-2　基本統計量（n=316）

	平均値	標準偏差	最小値	中央値	最大値
$\Delta EXAM_t$	0.000	0.001	−0.002	0.000	0.006
$\Delta TUITION_t$	−0.000	0.011	−0.028	−0.001	0.103
$EXAM_t$	0.003	0.002	0.000	0.002	0.017
$TUITION_t$	0.136	0.068	0.000	0.125	0.455
$NEWWEB_{t-1}$	0.320	0.467	0.000	0.000	1.000
$\Delta PROGRATIO_{t-1}$	0.000	0.006	−0.015	−0.000	0.052
ΔROA_{t-1}	−0.004	0.054	−0.346	−0.002	0.298
$PROGRATIO_{t-2}$	0.057	0.029	0.004	0.052	0.254
ROA_{t-2}	−0.003	0.050	−0.386	−0.001	0.376
$SIZE_{t-1}$	9.471	0.990	6.303	9.448	12.295
FR_{t-1}	0.000	0.001	0.000	0.000	0.008
RR_{t-1}	0.421	0.494	0.000	0.000	1.000
AGE_{t-1}	71.987	33.131	6.000	72.000	182.000
$COLLEGE$	0.332	0.472	0.000	0.000	1.000
$CITY$	0.120	0.326	0.000	0.000	1.000

（注1）それぞれの変数について，平均値，標準偏差，最小値，中央値，最大値を示している。
（注2）変数の定義は次のとおり。**従属変数**：$EXAM$＝検定料；$TUITION$＝学生生徒等納付金。**独立変数**：$NEWWEB$＝前期に会計情報を開示せず当期に初めて会計情報を開示した場合は1，それ以外は0のダミー変数；$PROGRATIO$＝教育研究経費経費／（消費支出－資産処分差額）；ROA＝帰属収入－消費支出。**コントロール変数**：$SIZE$＝前期の総資産の自然対数；AGE＝設立されてから当該事業年度までの年数；FR＝教育研究費および管理費中の広告宣伝費；PR＝広報物等の刊行物により会計情報が開示している場合は1，それ以外は0のダミー変数；$COLLEGE$＝短期大学のみの法人の場合は1，それ以外は0のダミー変数；$CITY$＝所在地が東京の場合は1，それ以外は0のダミー変数。$PROGRATIO$, $SIZE$, AGE以外の連続変数は期首の総資産でデフレートしている。

第3節 実証結果

3.1 重回帰分析の結果

重回帰分析をおこなう前に，独立変数間の相関係数を確認する。**図表7-3**は，私立大学における会計ディスクロージャーの経済的帰結を検証する (7.1) 式および (7.2) 式で用いる独立変数間の相関係数を示している。図表7-3によると，$\mathit{\Delta EXAM}_t$ および $\mathit{\Delta TUITION}_t$ と独立変数間の相関関係の符号は概ね期待どおりである[11]。

図表7-4は，(7.1) 式および (7.2) 式を重回帰分析で推定した結果を示している。なお，分析結果は t−2 期が非開示のサンプルに限定した場合 ($WEB_{t-2}=0$) と，開示のサンプルを含めたすべてを対象とした場合 (Full Sample) の2つの結果を掲載している。図表7-4で得られたシグナリング仮説に関する検証結果は次のとおり要約することができる[12]。

(1) $WEB_{t-2}=0$ および Full Sample いずれの場合においても，(7.1) 式および (7.2) 式の推定結果は $\mathit{\Delta PROGRATIO}_{t-1}$，$\mathit{\Delta ROA}_{t-1}*NEWWEB_{t-1}$ の係数 (α_1 および α_5) がともに1%水準以下でプラス有意であった。また，(7.1) 式では $\mathit{\Delta ROA}_{t-1}$ の係数 (α_5) が，(7.2) 式では，$\mathit{\Delta PROGRATIO}_{t-1}*NEWWEB_{t-1}$ の係数 (α_4) がプラス有意に推定された。これらの結果は，教育研究の変化，あるいは帰属収支差額の変化がプラスに大きい，という好業績である私立大学が，新規の会計ディスクロージャーによって，追加的な受験生および学生を獲得できることを示している。

(2) また，会計ディスクロージャーの効果は，t−2 期に非開示であるサンプル間で検出されただけでなく，継続的に会計ディスクロージャーするサンプルを含めた Full Sample の検証結果においても，新規の会計ディスクロージャーが $\mathit{\Delta EXAM}_t$ および $\mathit{\Delta TUITION}_t$ に有意なプラスの影響をもたらしていることがわかった。

(3) ただし，(7.1) 式および (7.2) 式のいずれの検証結果についても，

第７章　私立大学における自発的な会計ディスクロージャーの経済的帰結

図表 7-3　相関係数 (n=316)

変数	(1)	(2)	(3)	(4)	(5)	(6)	(7)	(8)	(9)	(10)	(11)	(12)	(13)	(14)	(15)
(1) $\Delta EXAM_t$		-0.073	0.003	0.069	0.089	0.041	-0.021	0.082	0.069	-0.004	-0.022	0.024	0.008	-0.034	-0.029
(2) $\Delta TUITION_t$	0.186		0.294	0.072	0.144	0.115	0.072	0.156	-0.115	-0.073	0.053	-0.052	-0.107	0.034	-0.097
(3) $EXAM_{t-1}$	-0.100	0.261		0.532	-0.010	0.051	0.059	0.545	0.046	-0.282	0.253	-0.015	-0.008	0.112	-0.136
(4) $TUITION_{t-1}$	0.190	0.210	0.661		0.005	0.072	0.072	0.765	0.168	-0.305	0.221	-0.007	0.004	-0.051	-0.063
(5) $\Delta PROGRATIO_t$	0.402	0.296	0.007	0.172		-0.138	0.000	-0.077	0.216	0.060	0.016	-0.015	0.116	-0.097	0.071
(6) ΔROA_{t-1}	0.021	0.122	0.041	0.078	-0.096		-0.018	0.131	-0.444	-0.047	0.060	-0.092	-0.062	0.006	0.002
(7) $NEWWEB_{t-1}$	-0.031	0.098	0.043	0.038	-0.004	0.007		0.048	0.137	0.159	0.098	0.153	0.020	-0.152	0.080
(8) $PROGRATIO_{t-2}$	0.056	0.185	0.445	0.673	0.148	0.078	-0.013		-0.079	-0.211	0.164	-0.035	-0.006	-0.129	-0.132
(9) ROA_{t-2}	0.143	0.039	0.041	0.120	0.242	-0.618	0.146	0.014		0.068	-0.012	0.059	0.052	0.100	0.039
(10) $SIZE_{t-1}$	-0.069	-0.049	-0.294	-0.383	-0.108	0.000	0.142	-0.198	-0.014		-0.024	0.122	0.108	-0.592	0.314
(11) AGE_{t-1}	-0.048	0.073	0.156	0.200	-0.027	0.084	0.098	0.071	-0.119	-0.038		0.046	0.060	-0.061	0.045
(12) FR_{t-1}	-0.020	-0.012	-0.011	-0.016	-0.019	-0.111	0.147	-0.036	0.108	0.107	0.034		0.066	-0.115	0.074
(13) PR_{t-1}	-0.032	-0.111	-0.015	0.001	0.074	-0.122	0.020	0.017	0.054	0.135	0.040	0.052		-0.193	0.099
(14) $COLLEGE$	-0.085	-0.003	0.183	-0.023	-0.052	0.024	-0.152	-0.045	0.056	-0.547	-0.048	-0.101	-0.193		-0.240
(15) $CITY$	-0.007	-0.083	-0.095	-0.056	0.011	0.011	0.080	-0.130	0.034	0.305	0.018	0.021	0.099	-0.240	

(注1) 各変数間の値は、左斜め下がPearsonの相関係数を、右斜め上がSpearmanの順位相関係数を示している。
(注2) 変数の定義は次のとおり。従属変数：$\Delta EXAM$＝検定料：$TUITION$＝学生生徒等納付金。独立変数：$NEWWEB$＝前期に会計情報を開示せず当期に初めて会計情報を開示した場合は1、それ以外は0のダミー変数：$PROGRATIO$＝教育研究経費経費／(消費支出＋資産処分差額)：ROA＝帰属収入－消費支出。コントロール変数：$SIZE$＝前期の総資産の自然対数：AGE＝設立されてから当該事業年度までの年数：FR＝教育研究費および管理経費中の広告宣伝費：PR＝広報物等の刊行物により会計情報を開示している場合は1、それ以外は0のダミー変数：$COLLEGE$＝短期大学のみの法人の場合は1、それ以外は0のダミー変数：$CITY$＝所在地が東京都内の場合は1、それ以外は0のダミー変数。$PROGRATIO$、$SIZE$、AGE以外の連続変数は期首の総資産でデフレートしている。

図表7-4 重回帰分析の結果

係数	期待符号	従属変数：$\Delta EXAM_t$ (7.1)式		従属変数：$\Delta TUITION_t$ (7.2)式	
		$WEB_{t-2}=0$	Full Sample	$WEB_{t-2}=0$	Full Sample
Constant		0.001***	0.001***	−0.009	−0.002
		(2.710)	(3.724)	(−1.072)	(−0.682)
$\Delta PROGRATIO_{t-1}$	(+)	0.040***	0.019***	0.333***	0.297***
		(7.589)	(6.612)	(3.164)	(5.807)
ΔROA_{t-1}	(+)	0.001*	0.001	0.005	0.014*
		(1.676)	(1.295)	(0.368)	(1.922)
$NEWWEB_{t-1}$	(+)	−0.000	−0.000	0.002	0.001
		(−0.959)	(−1.080)	(1.346)	(1.197)
$\Delta PROGRATIO_{t-1}*NEWWEB_{t-1}$	(+)	−0.008	0.016*	0.585***	0.598***
		(−0.753)	(1.726)	(2.981)	(3.886)
$\Delta ROA_{t-1}*NEWWEB_{t-1}$	(+)	0.002*	0.002*	0.075***	0.072***
		(1.928)	(1.726)	(3.395)	(4.323)
CONTROL		YES	YES	YES	YES
YEAR		YES	YES	YES	YES
N		316	1064	316	1064
adj. R^2		0.262	0.097	0.221	0.154

＊：両側10％水準，＊＊：5％水準，＊＊＊：1％水準で有意であることを示している。

(注1) 本図表は（7.1）式および（7.2）式について重回帰分析をおこなった結果であり，分析結果について，上段は各独立変数の係数，下段（ ）内はt値を示している。なお，コントロール変数と年度ダミーの推定結果は紙幅の関係上省略した。

(注2) 変数の定義は次のとおり。**従属変数**：$EXAM$＝検定料；$TUITION$＝学生生徒等納付金。**独立変数**：$NEWWEB$＝前期に会計情報を開示せず当期に初めて会計情報を開示した場合は1，それ以外は0のダミー変数；$PROGRATIO$＝教育研究経費経費／（消費支出－資産処分差額）；ROA＝帰属収入－消費支出。$PROGRATIO$ 以外の連続変数は期首の総資産でデフレートしている。

$NEWWEB_{t-1}$ の係数は非有意であった。したがって，H1およびH2について，私立大学が好業績であるという条件付きで支持される。新規に会計情報を開示すれば受験生や学生が獲得できるというわけではなく，好業績であることが必要である。

3.2 ロバスト・チェックの結果

実証結果の頑健性を高めることを目的として，次の4つのロバスト・チェックをおこなった。

(1) 本章の検証で重要な尺度である財務健全性について先行研究で提示され

ている他の3つの財務指標(管理費比率,収入源の多様性,純資産の十分性)を帰属収支差額と代替して,あるいは(7.1)式および(7.2)式に追加的に用いて検証した。その結果,管理費比率および収入源の多様性については,各変数および$NEWWEB_{t-1}$の交差項の係数がともに非有意であった。一方,純資産の十分性を検証するために,基本金の部に消費収支超過額を加えた値を総資産あるいは帰属収入でデフレートし算定された変数を用いて分析した。その推定結果は,各変数および$NEWWEB_{t-1}$の交差項の係数がプラス有意であり,本章での結果と首尾一貫している[13]。

(2) 財務健全性に影響を与えるこの3つの変数以外を考慮するために,資産運用の失敗を考慮した分析をおこなった。具体的には,日本経済新聞,読売新聞,毎日新聞,朝日新聞で資産運用の失敗について報道された私立大学を1,それ以外を0とするダミー変数($shock$)を追加した分析をおこなった。その結果,$shock$の係数はマイナス非有意で推定され,主要な変数の符号および有意水準は主要な結果と同じであった。資産運用の失敗が財務健全性として検定料および学生生徒等納付金に与えた効果は小さいものと推察される[14]。

(3) 従属変数に影響を与えると考えられる他の要因について可能な限り考慮した分析として,Saxton and Guo(2011)で指摘される理事数や監事数などのガバナンスの要因を考慮した場合,私立大学特有の要因として補助金獲得の程度や偏差値,定員充足率,教員一人あたりの学生数,文系・理系の区分などの要因を考慮した場合などについて追加的に検証した。その結果は,$\Delta PROGRATIO_{t-1}$およびΔROA_{t-1}と,各変数と$NEWWEB_{t-1}$との交差項の係数の符号および有意水準に影響を与えるものではなかった[15]。

(4) 従属変数を変化分ではなく水準($EXAM_t$および$TUITION_t$)に変更した場合,また独立変数の交差項を変化分ではなく水準としたモデルによる検証をおこなったが,検証結果は本章の結果と同じであった。

第4節 小括

　本章の目的は，私立大学における新規の会計ディスクロージャーがどのような経済的帰結をもたらすのかについて明らかにすることであった。実証分析の結果，次の発見事項が得られた。

(1) 教育研究経費を増加させる私立大学ほど，検定料および学生生徒等納付金を追加的に獲得できていることを発見した。教育研究経費に費用を配分することによって新たな資源を獲得できる可能性があることが示唆された。
(2) 新規の会計ディスクロージャーと高い帰属収支差額比率との相互作用によって，検定料および学生生徒等納付金を追加的に獲得できることを発見した。この結果は，会計情報を開示した私立大学は，好業績であるほど学生・保護者を惹きつけることができ，より多くの検定料および学生生徒等納付金を獲得できることを示唆している。学生・保護者は，新規の会計ディスクロージャーに加えて，実際に好業績であるか否かを慎重に検討し，意思決定しているのかもしれない。

　ただし，本章にも残された課題がある。第1の課題として，会計ディスクロージャーがおこなわれた会計情報を学生・保護者が直接使用しているのではなく，週刊誌や書籍など，情報の媒介的な機能を有する何らかのメディアが機能している可能性がある。また，第2の課題として，本章は可能な限り私立大学特有の事情を考慮したが，更に考慮することが必要な要因が隠されている可能性がある点に留意すべきであるかもしれない[16]。

●注

1 前章までと同様に，本章では，私立大学を有する学校法人を「私立大学」と称する。
2 近年，私立大学における会計情報の理解が困難であるという問題提起がなされ（学校法人会計基準の在り方に関する検討会 2013），2013 年に学校法人会計基準が一部改正された。本章の実証結果は，私立大学における会計ディスクロージャーが情報利用者の意思決定に影響をおよぼす可能性を示唆していることから，改正の方向性と合致するものである。
3 好業績の会計情報を開示することは，学生・保護者に安心感を与え，先述した各雑誌などによって評判の低下がもたらされる可能性を下げることによって，総じてコストが低くなることが予想される。反対に，業績の低い会計情報を開示することは，学生・保護者に不安感を抱かせ，各雑誌などによって大学としての評判を下げることによって，総じてコストが高くなると考えられる。
4 「インターネットのホームページに公開」について，本章では「ウェブサイトを通した会計ディスクロージャー」と称する。
5 2012 年調査結果では，広報物等の刊行物への掲載，学内掲示版への掲載はそれぞれ，53.4%，14.6% である。
6 ロバスト・チェックにおいて，先行研究が示す財務健全性の他の3つの財務指標を用いた検証をおこなっている。
7 Weisbrod and Dominguez (1986) を参考とする多くのモデルは，規模の影響をコントロールしていない問題を有しており，本章では，一部の変数を除いて前期の総資産を規模の代理変数としてデフレートしている。
8 なお，PROGRATIO と ROA の独立変数は変化分としたが，従属変数はこれらの変化に加えて水準の影響を受ける可能性もあることから，$t-2$ 期の PROGRATIO と ROA の水準を独立変数に加えている。
9 文部科学省の調査結果では，ウェブサイトに公表・非公表の私立大学について，学校法人名が掲載されている。ただし，学校法人名が非公表である年度も一部存在したことから，文部科学省高等教育局私学部から協力を得て，追加的に情報を入手した。
10 $NEWWEB_{t-1}$ が 0 か 1 かによってサンプルを 2 つに区分し，$\Delta EXAM_t$ および $\Delta TUITION_t$ の平均値の差検定および中央値の差検定をおこなっている。その結果，$\Delta TUITION_t$ は平均値および中央値について有意な差が検出されたが，$\Delta EXAM_t$ はいずれも有意な差が検出されなかった。
11 独立変数間の相関関係について多重共線性が懸念される変数が一部観察されたが，それらを除外した分析結果は本章の分析の結果と同様であったことから，独立変数すべてを含めた分析結果を以下では報告している。
12 本章は主要な分析結果以外を省略したが，コントロール変数の主要な推定結果は次のとおりである。
 (1) (7.2) 式の Full Sample の場合，広告宣伝費（FR）の係数がプラス有意に推定された。この結果は，私立大学が広告宣伝費の水準が高ければ高いほど，学生生徒等納付金が増加するという直観に合致した結果である。
 (2) 広告宣伝費（FR）における(1)以外の推定結果は，係数が非有意あるいは期待符号と反対であった。広告宣伝費の水準あるいは広報物等の刊行物による会計ディスクロージャー

は受験生に対して直接的に関連していない可能性がある。
  (3) $PROGRATIO_{t-2}$ および ROA_{t-2} の係数は，いずれも概ねプラス有意に推定された。すなわち，t−2期に教育研究経費の水準が高く，帰属収支差額の水準が高い私立大学ほど，検定料および学生生徒等納付金による収入が増加している。
  (4) 短期大学（$COLLEGE$）の係数は，いずれも概ねマイナス有意に推定された。この結果は，短期大学ほど検定料および学生生徒等納付金が減少していることを示しており，短期大学の厳しい経営状況をみることができる。
  (5) 上記以外のコントロール変数の推定結果はほとんどが非有意であった。
13　ただし，先述したように，私立大学における純資産の部に該当する基本金の部に消費収支超過額を加えた値は客観性に問題がある可能性があるため，ロバスト・チェックで確認し，検証結果を報告することに留めている。
14　学校法人会計基準上の「資産運用」に関連する勘定科目では十分にリーマン・ショックの影響を測定することができないため，本章のロバスト・チェックでは各新聞社の報道に注目した。実際に，資産運用を積極的におこなう私立大学は，運用可能資産を保有している必要があるため，規模が大きい特徴がある。この結果は，このような私立大学がたとえ資産運用に失敗したとしても，学生・保護者に与える影響が小さいことを示しているのかもしれない。
15　理事数および監事数は各私立大学の事業報告書から，偏差値や定員充足率，文系・理系に関する情報は読売新聞教育部『大学の実力』から取得し，いずれも手作業で収集した。ただし，これらの情報を開示しない大学も存在することから，サンプルが減少したため，これらの変数を除外した結果を本章は提示している。
16　本来，経済的帰結とは「会計報告が企業，政府，労働組合，投資家，および債権者における意思決定に影響をおよぼした結果としてもたらされる帰結」（Zeff 1978）を意味する。本章では，私立大学における会計ディスクロージャーの結果，学生・保護者の期待の修正によってもたらされる経済的影響に着目しているが，経済的帰結の本来の定義に依拠し，今後，会計基準の設定や変更が利害関係者にもたらす影響について実証分析することも課題である。

第2部の結論　シグナリング仮説の実証結果

　第2部では，公益法人（第4章），社会福祉法人（第5章），私立大学（第6章および第7章）における会計ディスクロージャーを対象としてシグナリング仮説が支持されるか否かについて実証分析した。これらの実証結果を要約し，シグナリング仮説について次のとおり結論づける。

(1) 公益法人，社会福祉法人，私立大学のいずれの場合においても会計ディスクロージャーの決定要因としてシグナリング仮説が支持された。すなわち，会計情報を用いて算定された事業費比率（管理費比率）が相対的に高い（低い）場合，非営利組織の経営者は自発的に会計ディスクロージャーをおこなう動機を持つことが明らかになった。非営利組織の経営者は自身の組織が好業績であるか否かを慎重に検討し，自発的な会計ディスクロージャーをおこなっているといえる。

(2) 自発的な会計ディスクロージャーの判断根拠となる会計情報は法人ごとに異なることも明らかになった。たとえば公益法人は事業費比率，社会福祉法人は事務費比率，私立大学は教育研究経費比率などの財務指標と自発的な会計ディスクロージャーに関連性がみられたが，利益率に関しては私立大学を除き非有意であった。公益法人における正味財産増減比率や社会福祉法人における事業活動収支差額比率は自発的な会計ディスクロージャーとの関連性がみられなかった。コスト情報はいずれの法人においても重要性がみられたが，利益に関する財務指標の重要性は法人ごとに違いがあるといえる。

(3) 第7章の実証結果で示されたように，自発的な会計ディスクロージャーは，好業績であることとの相互作用によって，受益者に対して何らかの経済的帰結をもたらす可能性がある。すなわち，会計ディスクロージャーをおこなうだけでは経済的帰結がもたらされることはなく，好業績として裏付けのある会計ディスクロージャーが経済的影響をもたらすことが示唆される。

以上で整理したように，非営利組織における自発的な会計ディスクロージャーについて，シグナリング仮説が適用できると本書は結論づける。そこで，第3部では，経営者および利害関係者が観察する財務指標に焦点をあて，これらの財務指標の有用性を高めることを目的として，重要な財務指標がどのような要因によって決まるのかについて実証分析する。

【第3部】

非営利組織における財務指標の有用性に関する実証分析

第8章 公益法人における公益目的事業比率の決定要因

第9章 社会福祉法人における実在内部留保の決定要因

第10章 私立大学における教育研究経費削減の予測——収支差額情報の有用性

第8章 公益法人における公益目的事業比率の決定要因

　第2部第4章から第6章では非営利組織における自発的な会計ディスクロージャーに対してシグナリング仮説を検証し、好業績の非営利組織の経営者が自身の好業績をシグナルするために会計ディスクロージャーをおこなっていることを発見した。さらに、第7章では受益者である学生・保護者は好業績であるか否かを識別したうえで意思決定をおこなっていることが示唆された。第3部ではこれらの結果にもとづき、非営利組織における財務指標が情報利用者にとってどのように利用できるのかについて検討する。

　本章では、公益法人における公益目的事業比率に着目し、公益目的事業比率がどのような要因によって決まるのかについて実証分析する。2008年の公益法人制度改革三法施行以降、一般社団・財団法人が公益認定を受ける場合、公益目的事業比率が50％を超えることが条件となった。公益目的事業比率は、公益目的事業費を総費用で除して求められる割合である。公益認定後も公益目的事業費の実績値が総費用のうち50％を超えることが必要であるため、公益目的事業費と管理費の区分が公益法人にとってきわめて重要な意味を持っている。

　公益目的事業比率の要因を実証分析によって明らかにすることは、官公庁やそれ以外の情報利用者、そして学術的な側面でも有益な知見を提供するものである。公益認定を受ける以前の特例民法法人による自発的な会計ディスクロージャーで好業績と識別されていた尺度の1つに事業費比率が存在するという第4章の発見事項と本章は関連しており、さらに、米国においても事業費比率は

寄附者の意思決定に用いられるという証拠が蓄積されていることからも（第1章第5節参照），わが国で公益法人会計基準および公益認定基準として明示される公益目的事業比率は社会的にも重要な尺度である。

本章では，事業費比率の要因分析をおこなった Tinkelman（1999）や，理事会による事業費への影響を実証分析した Aggarwal et al.（2012）のリサーチ・デザインを参考として，公益目的事業比率の決定要因について実証分析した。実証分析の結果，理事数が少なく，寄附者に依存しているほど，公益目的事業比率が高められることを発見した。また，会計基準や公益認定上の争点でもあるが，遊休財産の割合が高く，規模が大きく，収益事業を実施していない場合，公益目的事業比率が有意に高いことを発見した。すなわち，遊休財産を有しているほど公益目的事業に費用を投下していることが読み取れる一方，小規模事業者ほど公益目的事業比率を維持することが難しいことが示唆された。

これらの結果は公益法人における会計情報，とりわけ公益目的事業比率を情報利用者が確認する場合，比較可能性を担保するために，遊休財産の状況や収益事業に関する費用を考慮して事業費比率を確認する必要性を示している。公益目的事業比率は公益認定の基準として機能しているが，遊休財産や収益事業を考慮することによって，公益法人における会計情報の利用者にとっても有益な情報となることが期待される。また，公益目的事業費と管理費の区分は公益法人会計基準上の主な論点であり，本章の実証結果は今後の会計基準設定に対して知見を提供するものである。

本章の構成は次のとおりである。本節に続く第1節では，公益目的事業比率の検討状況について整理し，関連する研究をレビューすることで仮説を提示する。第2節では，リサーチ・デザインを設定する。第3節では，サンプルを選択し，基本統計量を提示し，第4節では実証分析の結果を提示する。最後に，第5節において本章で得られた発見事項を要約し，残された課題を述べる。

第1節 公益目的事業比率に関する仮説の設定

1.1 公益目的事業比率に関する検討状況

　公益認定を受ける公益法人が総費用のうち50%以上を占めることを要件として公益目的事業比率は運用されており，その算定方法は内閣府公益認定等委員会（2008）のガイドラインによって定められている[1]。ここで事業費とは当該法人の事業の目的のために要する費用のことであり，管理費とは法人の事業を管理するため，毎年度経常的に要する費用である。事業費と管理費に直課される内容や，建物や土地などの配賦の計算例など，公益目的事業比率のあり方をめぐってはさまざまな検討がおこなわれており，精緻化が進んできた。

　公益目的事業費の発想は，少なからず米国の費用構造の影響を受けたものであると考えられる。第1章で述べたように，IRSは事業費，資金調達費，管理費という3区分による報告を非営利組織に要求しており，事業費の総費用に占める割合としての事業費比率という明確な財務指標が用いられている。その前提として，事業費比率が高いほどサービス提供する努力水準が高いことがあり，事業費比率が寄附者の意思決定に有用であることが重要である（たとえば，Weisbrod and Dominguez 1986；Tinkelman 1999；Parsons 2003）[2]。

　わが国公益法人では，2008年の公益法人改革三法の施行から5年間の移行措置期間があった。その移行措置期間を終えた2013年に公益法人の会計に関する研究会が公益認定等委員会に改めて設置され，公益認定等委員会や日本公認会計士協会，さらに2013年に内閣府が実施したアンケート調査によって要望のあった事案について検討がおこなわれた[3]。

　公益法人の会計に関する研究会で設置当初から優先順位の高かった検討項目は小規模法人への負担軽減策や公益法人会計基準の適用のあり方についてであった。一方，公益目的事業比率の検討は最優先事項ではなかったが，内閣府が実施したアンケート調査結果によって公益目的事業比率に対する改善要望が強くあったのではないかと推察される。実際に，研究会報告書において，小規模法人への負担軽減の1つとして公益目的事業費算定の簡素化について検討

されている（公益認定等委員会公益法人の会計に関する研究会 2014）。

1.2 先行研究と仮説

諸外国の非営利組織では事業費比率を高めることでより多くの寄附金が集まる可能性がある。事業費比率を裁量的に高めるその他の要因として，事業費比率に対する報酬感度も存在する（Baber et al. 2002）。しかし，事業費比率の程度や寄附金にもとづいて役員報酬が決定されることはわが国では考えられないため，報酬契約による事業費比率への影響を検討することは難しい[4]。

一方，最近では，経営者報酬を直接的に検証するのではなく，非営利組織のセグメント数が理事会の規模の拡大をもたらし，その結果として非営利組織の業績が高まることを示唆する証拠が提示されている（Aggarwal et al. 2012）[5]。理事会の規模が大きくなることによって，個人の私的便益によるインセンティブが抑制されるからである。このように事業費比率は理事会の規模や構成によって影響を受ける可能性がある。特に外部理事割合が高まることによって，外部者に会計情報を出す可能性が高まることから，事業費比率に対する注目度が高まると考えられる（Saxton and Guo 2011）。そこで，理事会の規模に関する仮説（H1-1），および非常勤理事割合に関する仮説（H1-2）を提示する。

> **仮説1-1（H1-1）** 公益法人における理事数が多いほど，公益目的事業比率は高まる。
> **仮説1-2（H1-2）** 公益法人における外部理事割合が高いほど，公益目的事業比率は高まる。

また，非営利組織の経営者が寄附市場を意識することによって事業費比率を恣意的に高めるという証拠が蓄積されている（たとえば，Jones and Roberts 2006；Krishnan et al. 2006；Keating et al. 2008；Yetman and Yetman 2013）。非営利組織への寄附者からの関心が高い場合，非営利組織の経営者は事業費比率を高めることが考えられる。そこで，寄附依存度に関する仮説（H2）を提示する。

> **仮説2（H2）** 寄附金依存度の高い公益法人ほど，公益目的事業比率は高まる。

最後に，公益認定上の論点になっている項目について検討する。非営利組織の公益目的事業費の算定や区分にあたって，規模の大小や収益事業による影響

が懸念されている。規模が小さい場合は管理費の割合が相対的に増えることが予想され，また収益事業はその分の費用が総費用に計上されるため，公益目的事業比率を下げる可能性がある。非営利組織の規模や収益事業によって公益目的事業比率に何らかの影響がある場合，さらに詳細に会計基準について検討していくことが望ましいことになる。したがって，規模に関する仮説（H3），および収益事業の有無による仮説（H4）を提示する。

仮説3（H3） 規模の小さな公益法人ほど，公益目的事業比率は低くなる。
仮説4（H4） 収益事業をおこなう公益法人ほど，公益目的事業比率は低くなる。

第2節 リサーチ・デザイン

本章では前節で述べた Tinkelman（1999）や Aggarwal et al.（2012）を参考として次の水準モデル（8.1）式および変化分モデル（8.2）式を推定する。変数の定義は**図表8-1**のとおりである。

$$PROGRATIO_t = \alpha_0 + \alpha_1 LnBoard_{t-1} + \alpha_2 OutBoard_{t-1} + \alpha_3 DON_{t-1} + \alpha_4 SIZE_{t-1} \\ + \alpha_5 REV\_d_t + Control + Year + \varepsilon_t \quad (8.1)$$

$$\Delta PROGRATIO_t = \alpha_0 + \alpha_1 LnBoard_{t-1} + \alpha_2 OutBoard_{t-1} + \alpha_3 \Delta DON_t + \alpha_4 DON_{t-1} \\ + \alpha_5 SIZE_{t-1} + \alpha_6 REV\_d_t + Control + Year + \varepsilon_t \quad (8.2)$$

t期の公益法人に対して，従属変数は公益法人が公表する公益目的事業比率（$PROGRATIO_t$）である。独立変数は，理事数の自然対数である $LnTrust_{t-1}$，外部理事の割合を示す $OutTrust_{t-1}$，寄附金割合を示す DON_{t-1}，期首の総資産の自然対数である $SIZE_{t-1}$，収益事業の有無を示す REV_d_{t-1} の5つを設定した。仮説が支持されるならば，REV_d_{t-1} 以外の係数（α_1 から α_5）の符号はプラス有意に，REV_d_{t-1} の係数（α_6）の符号はマイナス有意に推定されるはずである。

コントロール変数は，公益法人の属性を示すものを変数化した。遊休財産の程度を示す $RETAIN_{t-1}$，社団法人であることを示す $SHADAN$，移行法人であることを示す $IKOU$，内閣府が所轄することを示す $CENTRAL$，23の事業

図表 8-1　変数の定義

変数の名称	計算式
従属変数	
事業費比率（$PROGRATIO$）	公益目的事業費／総費用
独立変数	
理事数（$LnTrust$）	理事数の自然対数
外部理事割合（$OutTrust$）	非常勤理事数／理事数
寄附金（DON）	帰属収支差額／期首総資産
規模（$SIZE$）	期首の総資産の自然対数
収益事業の有無（REV_d）	収益事業を実施している場合は1，それ例外は0のダミー変数
コントロール変数	
遊休財産（$RETAIN$）	遊休財産／期首の総資産
社団法人（$SHADAN$）	社団法人の場合は1，それ以外は0のダミー変数
公益認定（$IKOU$）	移行認定である場合は1，それ以外は0のダミー変数
内閣府（$CENTRAL$）	内閣府所轄の場合は1，それ以外は0のダミー変数
事業領域（$INDUSTRY$）	23事業領域ごとに設定されたダミー変数

（注）（8.1）式および（8.2）式で用いられる変数の算定方法を示している。なお，変化分に関する変数は，分子の変数について，当期の値から前期の値を控除し，そこで得られた値を規模で除することで計算する。

領域（$INDUSTRY$）ごとにダミー変数を設定した。遊休財産が多く，財団法人に比べると多くの社員・関係者に対する説明責任を負っているほど，公益目的事業に投下する割合は高まることが予想される。一方，一般社団・財団法人からの公益認定手続きは主務官庁が管轄してきた移行法人と比べた場合，歴史が浅い法人が多いことになる。したがって，移行法人であるか否かについて公益法人の属性としてコントロールすることとした。

第3節　サンプル選択と基本統計量

3.1　サンプル選択

本章では，内閣府がおこなった2013年度から2015年度（平成25年度から平成27年度）の「公益法人に関する概況」および「公益法人の概況および公益認定等委員会の活動報告」の集計データを使用することで実証分析する。各年度の集計に用いられた値は前年12月1日時点のデータであるため，財務・会計に関する項目は前年度（t−1期）の決算報告の値である。また，独立変数の設

第 8 章　公益法人における公益目的事業比率の決定要因　183

図表 8-2　サンプル選択

サンプル	法人・年
内閣府 2013-2015 年度「公益法人に関する概況」「公益法人の概況および公益認定等委員会の活動報告」の集計データ	18,697
除外	
財務データや理事データの欠損	-1,129
2 ヵ年連続したデータの欠損	-3,882
(8.1) 式の最終サンプル	13,686
前年度の財務データの欠損	-19
(8.2) 式の最終サンプル	13,667

(注) 13,686 のサンプルを対象として，会計情報を用いた変数は上下 1% で winsorize 処理をおこなっている。

定において前々期（$t-2$ 期）のデータを取得するためには 2 ヵ年連続したデータが必要になる[6]。

年次報告の集計データは合計 18,697 法人・年である。そこから財務データや理事データが不足する 1,129 法人・年を除外した。さらに，2 ヵ年連続して変数の設定に必要なデータが存在しない 3,882 サンプルを除外し，最終サンプルは 13,686 法人・年となった。また，財務データで変化分を用いる (8.2) 式の場合は欠損値の影響によって 13,667 法人・年が対象となる（**図表 8-2** 参照）。

3.2　基本統計量

図表 8-3 は，本章で用いる従属変数と独立変数について，平均値，標準偏差，最小値，最大値，そして四分位（Q1，中央値，Q3）の基本統計量を示している。図表 8-3 から，従属変数である $PROGRATIO$ は 49.5% から 99.8% のあいだにあり，50% を下回っている値を報告している公益法人が存在していることがわかる[7]。また，公益目的事業比率の平均値は 84.3% であることから，公益目的事業比率を重視した経営がおこなわれていることが示唆される。

基本統計量のなかで注目すべきは $OutTrust_{t-1}$ の平均値が 90% を超えていることである。すなわち，公益法人における理事は大半が非常勤理事であることが読み取れる[8]。また，収益事業をおこなう公益法人の割合（REV_d_{t-1}）は

図表8-3 基本統計量

	平均値	標準偏差	最小値	Q1	中央値	Q3	最大値
$PROGRATIO_t$	0.843	0.132	0.495	0.752	0.878	0.961	0.998
$\Delta PROGRATIO_t$	0.040	0.283	−0.836	−0.013	0.001	0.038	1.763
$LnTrust_{t-1}$	2.448	0.606	1.099	2.079	2.398	2.773	5.024
$OutTrust_{t-1}$	0.902	0.131	0.000	0.857	0.929	1.000	1.000
DON_{t-1}	0.047	0.166	0.000	0.000	0.000	0.011	1.222
ΔDON_t	0.004	0.066	−0.291	0.000	0.000	0.000	0.450
$SIZE_{t-1}$	19.194	2.043	14.609	17.702	19.124	20.602	24.373
REV_d_t	0.460	0.498	0.000	0.000	0.000	1.000	1.000
$RETAIN_{t-1}$	0.244	0.258	0.000	0.021	0.140	0.429	0.979
$SHADAN$	0.438	0.496	0.000	0.000	0.000	1.000	1.000
$IKOU$	0.966	0.181	0.000	1.000	1.000	1.000	1.000
$CENTRAL$	0.266	0.442	0.000	0.000	0.000	1.000	1.000

(注1) (8.1) 式および (8.2) 式で用いる従属変数と独立変数について，平均値，標準偏差，最小値，最大値，そして四分位（Q1，中央値，Q3）を示している。

(注2) 変数の定義は次のとおりである。**従属変数**：$PROGRATIO$ ＝公益目的事業費／総費用，**独立変数**：$LnTrust$ ＝理事数の自然対数，$OutTrust$ ＝非常勤理事数／理事数，DON＝寄附金／期首の総資産，$SIZE$ ＝期首の総資産の自然対数，Rev_d ＝収益事業を実施している場合は1，それ以外は0のダミー変数，**コントロール変数**：$RETAIN$ ＝遊休財産／期首の総資産，$SHADAN$ ＝社団法人の場合は1，それ以外は0のダミー変数，$IKOU$ ＝移行認定である場合は1，それ以外は0のダミー変数，$CENTRAL$ ＝内閣府所轄の場合は1，それ以外は0のダミー変数。

(注3) サンプルサイズは13,686法人・年（変化分の変数は13,667法人・年）である。

46.0%であり，半数弱の公益法人が収益事業を実施していることがわかる。コントロール変数では，遊休財産（$RETAIN_{t-1}$）の平均値が24.4%であることから，法人が所有する資産のなかで一定金額を遊休財産として保有しているといえる。また，現在の公益法人はそのほとんどが特例民法法人からの移行法人であること（$IKOU$ が96.6%）であることが示唆された。最後に，社団法人は全体の43.8%を占め，内閣府所轄の公益法人は全体の26.6%である。

第4節　実証結果

本節では，公益法人における公益目的事業比率の決定要因分析の結果について，水準モデル（8.1）式および変化分モデル（8.2）式の推定結果を示す。

4.1 相関係数

図表8-4は,(8.1)式および(8.2)式で用いる変数間の相関係数の結果を示している。$PROGRATIO_t$および$\Delta PROGRATIO_t$と独立変数間の相関係数の符号は概ね期待どおりである[9]。

多重共線性が懸念される変数として,$SHADAN$と各変数との相関係数の値がやや高いことから,これを除いた結果も合わせて以下では分析する。

4.2 重回帰分析の結果

図表8-5は,(8.1)式および(8.2)式について重回帰分析をおこなった推定結果を示している。従属変数$PROGRATIO_t$は(8.1)式の推定結果を,従属変数$\Delta PROGRATIO_t$は(8.2)式の推定結果を示している。多重共線性の可能性を考慮し,$SHADAN$をコントロール変数として設定する場合((a)と(c))と設定しない場合((b)と(d))に分けて推定している。

まず,図表8-5について,コントロール変数の推定結果は,次のとおり要約することができる。

(1) 従属変数を$PROGRATIO_t$とした場合,$RETAIN_{t-1}$の係数が1%水準以下でプラス有意に推定された。この結果は,遊休財産をより多く有している公益法人ほど,公益目的事業比率が高まることを示している。ただし,従属変数を$\Delta PROGRATIO_t$とした場合は有意ではないため,遊休財産があることによって公益目的事業比率の水準は高まるが,必ずしも即座に公益目的事業費をプラスに変化させるものではないといえる。

(2) 従属変数が$PROGRATIO_t$である場合,内閣府所轄の公益法人($CENTRAL$)の係数はマイナス有意であった。この結果は,公益法人が内閣府所轄である場合,公益目的事業比率の水準が相対的に低いことを示している。この要因については,内閣府の監督による特性に依るものであるのか,事業者の属性に依るものであるのかについて慎重に検討する必要がある。

(3) それ以外のコントロール変数の推定結果は,非有意であるか,(8.1)式および(8.2)式で異なっていることから解釈が困難である。

図表 8-4 相関係数

	(1)	(2)	(3)	(4)	(5)	(6)	(7)	(8)	(9)	(11)	(12)	(13)
(1) $PROGRATIO_t$		0.110	−0.156	−0.171	−0.102	−0.028	0.064	−0.481	0.125	0.006	−0.009	−0.078
(2) $APROGRATIO_t$	0.089		0.000	−0.020	−0.020	0.092	−0.053	−0.014	0.063	0.027	−0.046	−0.025
(3) $LnTrust_{t-1}$	−0.281	−0.011		0.295	−0.021	0.008	−0.249	0.223	0.397	0.563	0.134	−0.019
(4) $OutTrust_{t-1}$	−0.129	−0.009	0.322		0.020	0.015	−0.312	0.033	0.066	0.247	−0.002	−0.062
(5) DON_t	0.008	0.016	−0.056	0.009		−0.178	0.009	−0.045	−0.107	−0.198	−0.175	0.311
(6) $ADON_t$	−0.007	0.207	−0.012	−0.004	−0.112		−0.047	0.026	0.008	0.028	−0.029	0.002
(7) $SIZE_{t-1}$	0.136	−0.129	−0.207	−0.312	−0.194	−0.089		0.006	−0.523	−0.547	0.154	0.244
(8) REV_d_t	−0.483	−0.029	0.265	0.018	−0.084	0.000	−0.004		0.030	0.082	0.077	−0.131
(9) $RETAIN_{t-1}$	0.079	0.075	0.290	0.110	0.095	0.021	−0.524	0.030		0.568	0.025	−0.142
(11) $SHADAN$	−0.075	0.074	0.527	0.248	−0.008	0.023	−0.522	0.082	0.557		−0.010	−0.139
(12) $IKOU$	−0.016	−0.129	0.149	0.047	−0.386	−0.111	0.164	0.077	−0.012	−0.010		−0.132
(13) $CENTRAL$	−0.019	−0.008	−0.037	−0.095	0.164	0.032	0.238	−0.131	−0.146	−0.139	−0.132	

(注1) 左斜下は Pearson 相関係数,右斜上は Spearman 順位相関係数を示している。
(注2) 変数の定義は次のとおりである。従属変数:$PROGRATIO=$公益目的事業費/総費用,独立変数:$LnTrust=$理事数の自然対数,$OutTrust=$非常勤理事数/理事数,$DON=$寄附金/期首の総資産,$SIZE=$期首の総資産の自然対数,$Rev\_d=$収益事業を実施している場合は1,それ以外は0のダミー変数,コントロール変数:$RETAIN=$遊休財産/期首の総資産,$SHADAN=$社団法人の場合は1,それ以外は0のダミー変数,$IKOU=$移行認定である場合は1,それ以外は0のダミー変数,$CENTRAL=$内閣府所轄の場合は1,それ以外は0のダミー変数。
(注3) サンプルサイズは 13,686 法人・年(変化分の変数は 13,667 法人・年)である。

図表 8-5　重回帰分析の結果

	期待符号	従属変数：$PROGRATIO_t$		従属変数：$\Delta PROGRATIO_t$	
		(a)	(b)	(c)	(d)
定数項		0.641***	0.630***	0.503***	0.518***
		(32.391)	(31.951)	(8.064)	(8.005)
$LnTrust_{t-1}$	(+)	−0.018***	−0.022***	0.005	0.009*
		(−6.643)	(−8.618)	(0.840)	(1.952)
$OutTrust_{t-1}$	(+)	−0.011	−0.012	−0.083***	−0.081***
		(−1.067)	(−1.214)	(−3.505)	(−3.458)
DON_{t-1}	(+)	0.029***	0.030***	−0.035	−0.037
		(3.857)	(4.113)	(−1.095)	(−1.176)
ΔDON_t	(+)			0.788***	0.787***
				(9.072)	(9.058)
$SIZE_{t-1}$	(+)	0.015***	0.016***	−0.014***	−0.015***
		(20.120)	(22.163)	(−7.770)	(−7.755)
REV_d_t	(−)	−0.094***	−0.094***	−0.007	−0.006
		(−33.717)	(−34.060)	(−1.427)	(−1.276)
$PROGRATIO_{t-1}$				−0.000***	−0.000***
				(−11.714)	(−12.019)
$RETAIN_{t-1}$	(+)	0.078***	0.073***	0.004	0.010
		(13.403)	(13.138)	(0.214)	(0.585)
$SHADAN$	(+)	−0.013***		0.017**	
		(−3.329)		(2.075)	
$IKOU$	(?)	−0.009	−0.007	−0.150***	−0.153***
		(−1.209)	(−0.968)	(−5.278)	(−5.348)
$CENTRAL$	(?)	−0.015***	−0.016***	0.003	0.004
		(−4.863)	(−5.164)	(0.561)	(0.770)
Year		Yes	Yes	Yes	Yes
N		13,686	13,686	13,667	13,667
adj. R^2		0.425	0.424	0.071	0.070

*：両側 10% 水準，**：5% 水準，***：1% 水準で有意であることを示している。

（注1）従属変数 $PROGRATIO_t$ は (8.1) 式の推定結果を，従属変数 $\Delta PROGRATIO_t$ は (8.2) 式の推定結果を示している。各独立変数の上段は係数を，下段（　）内は t 値を示している。

（注2）変数の定義は次のとおりである。**従属変数**：$PROGRATIO$＝公益目的事業費／総費用，**独立変数**：$LnTrust$＝理事数の自然対数，$OutTrust$＝非常勤理事数／理事数，DON＝寄附金／期首の総資産，$SIZE$＝期首の総資産の自然対数，Rev_d＝収益事業を実施している場合は1，それ以外は0のダミー変数，**コントロール変数**：$RETAIN$＝遊休財産／期首の総資産，$SHADAN$＝社団法人の場合は1，それ以外は0のダミー変数，$IKOU$＝移行認定である場合は1，それ以外は0のダミー変数，$CENTRAL$＝内閣府所轄の場合は1，それ以外は0のダミー変数。

（注3）サンプルサイズは 13,686 法人・年（変化分の変数は 13,667 法人・年）である。

これらのコントロール変数の結果を所与としてもなお，仮説は支持されるのであろうか。以下では独立変数の推定結果について要約する。

(1) H1-1 および H1-2 は不支持である。従属変数を $PROGRATIO_t$ とした場合，予想に反して $LnTrust_{t-1}$ の係数（α_1）は1%水準以下でマイナス有意に推定されている（$\alpha_1 = -0.018, -0.022$）。加えて，従属変数を $\Delta PROGRATIO_t$ とした場合においても，予想に反して $OutTrust_{t-1}$ の係数（α_2）は1%水準でマイナス有意である（$\alpha_2 = -0.083, -0.081$）。この結果は，理事数が少ないほど，あるいは常勤の内部理事が多いほど，公益目的事業比率が高まることを示唆している[10]。理事数が多いことが良いことではなく，外部理事が多すぎることにその要因があるのかもしれない。

(2) H2 は支持された。$PROGRATIO_t$ や $\Delta PROGRATIO_t$ のいずれを従属変数とした場合でも，DON_{t-1} および ΔDON_t の係数（α_3 と α_4）はどちらかがプラス有意に推定されている。この結果は，寄附金をより多く受領する公益法人ほど，公益目的事業比率が高まることを示唆している[11]。

(3) H3 は解釈が難しい。すなわち，$PROGRATIO_t$ と $\Delta PROGRATIO_t$ を従属変数とした場合，$SIZE_{t-1}$ の係数（α_5）の符号は異なるためである。前者の場合，係数は予想どおりプラス有意に推定されているが（$\alpha_5 = 0.015, 0.016$），後者の場合はマイナス有意である（$\alpha_5 = -0.014, -0.015$）。規模が大きいほど公益目的事業比率は大きくなる一方で，規模が小さいほど公益目的事業比率は増加する傾向があるといえる。

(4) H4 は支持された。$PROGRATIO_t$ を従属変数とした場合でも，Rev_d_{t-1} の係数（α_6）はマイナス有意に推定された（$\alpha_6 = -0.094, -0.094$)）。この結果は，収益事業を実施する公益法人ほど，システマティックに公益目的事業比率が低くなる可能性を示している。

以上の結果は，わが国では理事会が公益目的事業比率に対してマイナスに影響をおよぼす可能性や収益事業による計算構造上の問題を示しているといえる。

4.3 ロバスト・チェック

　本章で得られた結果をより頑健にすることを目的として，本節では，(1)すべての連続変数について wisorize 処理から外れ値処理に変更して実施した場合，(2)コントロール変数のいくつかを代替した場合，の2つについて追加的に検証した。検証結果は本章の分析結果と同じであった。

第5節　小括

　本章は公益法人における公益目的事業比率の有用性を高めることをめざして，その理解を促進させるために，公益目的事業比率がどのような要因によって決まるのか，決定要因分析をおこなうことを目的とした。第4章において，特例民法法人による自発的な会計ディスクロージャーで好業績と識別されていた尺度の1つに事業費比率が存在したという実証結果にもとづき，事業費比率の要因分析をおこなった Tinkelman (1999) や，理事会による事業費への影響を実証分析した Aggarwal et al. (2012) のリサーチ・デザインを参考として分析した。実証分析の結果，次の発見事項を得た。

(1) 理事数が少なく，非常勤理事割合が小さいほど，公益目的事業比率が高まる傾向があることを発見した。本章の実証結果からすぐに結論づけることは難しいが，非常勤理事の割合が大きな公益法人の理事会は非効率であるといえるのかもしれない。公益法人の理事会の有する機能について見直していく必要性が示唆された。

(2) 遊休財産の割合が高く，収益事業を実施していない場合，公益目的事業比率が有意に高いことを発見した。また，小規模法人ほど公益目的事業比率が高まる傾向にあることが明らかとなった。これらの結果にもとづけば，遊休財産を有しているほど公益目的事業に費用を投下していることが読み取れる。

　本章は公益法人における公益目的事業比率に注目し，その有用性を高めるた

めに実証分析した。その結果をふまえ，理事会や規模に対する会計基準や法制度上の考慮の必要性について言及した。しかし，第3章で述べたように，法人形態ごとに実証課題は異なる。次章では，社会福祉法人において特有な実証課題に焦点をあて，検討する。

●注

1　公益目的事業費は公益法人制度改革のなかで生まれた財務指標である。
2　詳しくは本書第2章を参照されたい。
3　アンケート調査は2013年7月に内閣府が全公益法人を対象に「公益法人会計基準適用についてのアンケート」として実施され，一部の法人が不都合を指摘している。
4　実際に，報酬額については多くの法人で内規などの公文書によって定められており，寄附金獲得の程度や事業費比率の高低によって報酬が決定されることはない。
5　ここでの業績とは事業費や総収益で測定されている（Aggawal et al. 2012：479）。
6　年次報告は12月1日時点でおこなわれており，報告を受けた財務諸表は前年度決算のものである。
7　公益目的事業比率についてさらに低い値の法人も存在したが，winsorize処理によって49.5%が最小値となっている。50%を下回る法人について除外した分析もおこなったが，本章の結果と同じであった。
8　この結果は他国の非営利組織にはない興味深い特徴を示しているといえる。わが国公益法人は非常勤理事によってコントロールされており，この構造が少なからずさまざまな公益法人の行動に影響をおよぼしているといえる。
9　$PROGRATIO_t$とのあいだの相関係数は，DON_{t-1}，$SIZE_{t-1}$，$RETAIN_{t-1}$はプラス，REV_d_tはマイナスである。また，$\Delta PROGRATIO_t$とのあいだでは，DON_{t-1}，ΔDON_t，$RETAIN_{t-1}$はプラスである。一方，予想に反して，2つの変数と$LnTrust_{t-1}$および$OutTrust_{t-1}$とのあいだの相関係数はいずれもマイナスである。理事に関する変数の結果の解釈は多変量解析のあとに論じる。
10　この結果はAggarwal et al.（2012）とは異なる結果である。
11　これはTinkelman（1999）の実証結果と同様である。

第9章 社会福祉法人における実在内部留保の決定要因

　社会福祉法人に関する内部留保とその要因に対して社会的関心が高まっている。特別養護老人ホームを運営する社会福祉法人に平均して3億円の内部留保が存在する調査結果が報告され（明治安田生活福祉研究所 2013），財務省は介護報酬改定に向けて社会福祉法人における内部留保の過多を問題視している（日本経済新聞 2014 年 10 月 7 日付）。また，社会保障審議会介護給付費分科会や同審議会福祉部会においても社会福祉法人における内部留保の過多について積極的に議論がなされている。具体的な議論として，社会福祉法人は内部留保に対する説明責任が不十分であることや，介護職員の不足という問題があるにもかかわらず内部留保を人件費にあてていないこと，などが指摘されている。

　ところで，このような社会福祉法人における内部留保に関する検討は，わが国特有のものではない。内部留保をどのように判断するかについては非営利組織に内在する難しい研究課題であり，諸外国の先行研究でもさまざまに検証されてきた。そのような先行研究は貸方に表示される利益の累積額としての内部留保だけに注目しておらず，借方に表示される流動資産，現預金および現金等価物など，実際に運用可能な財産としての基本財産（endowments）を保有する要因について分析している。その要因として検証される仮説は，非営利組織の経営者による財務的困窮に対する予備的動機，あるいは経営者とステイクホルダーとのあいだのエージェンシー問題の顕在化，の2つであり，役員報酬がエージェンシー問題の顕在化を示す代理変数として用いられている（Hansmann 1990；Fisman and Hubbard 2003；Core et al. 2006；Gore 2009；Ramirez 2010）。

一方，わが国の制度改革にあたり注目されているような，内部留保の要因として常勤職員や非常勤職員の人的支出に注目した研究は少ない[1]。そこで，本章では，わが国社会福祉法人において特有の論点である人的支出と内部留保の関連性に着目し，社会福祉法人において内部留保が相対的に過大となる要因について実証分析することを目的とする。社会福祉法人における人件費は社会福祉法人会計基準に準拠した場合，役員報酬，職員俸給，職員諸手当，非常勤職員俸給などの小科目で表示されている[2]。これらの小科目と，非営利組織における内部留保の尺度として，現金等価物を示す基本財産に加えて，社会福祉法人における内部留保を調査した明治安田生活福祉研究所（2013）で示される実在内部留保，発生源内部留保，の3つの内部留保とのあいだの関連性を検証する。

本章には次の2つの意義がある。第1に，先行研究ではエージェンシー問題の顕在化として役員報酬に注目してきたが，本章の分析結果は役員報酬以外の固定費としての人的支出にも注目する必要性を示している。第2に，社会福祉法人を対象とした制度改革にあたり，社会福祉法人における人的支出と内部留保については慎重に検討することが必要である。とりわけ3年に1度生じる介護報酬の改定では，介護従事者を増加させる必要に迫られるなかで社会福祉法人における人的支出と内部留保の実態に即した議論が不可欠であろう。

本章は5節で構成されている。第1節では，非営利組織における内部留保に関する文献をレビューする。第2節では，本章のリサーチ・デザインを説明し，サンプル選択をおこなう。第3節ではサンプル選択と基本統計量を示し，第4節でリサーチ・デザインにもとづき推定した実証結果を提示する。最後の第5節において，本章の結論と，残された課題を論じる。

第1節　非営利組織における内部留保の論点と仮説

1.1　非営利組織における内部留保の要因と効果

内部留保とは，経済活動を通して獲得した利益のうち，組織の内部へ保留され蓄積された部分である。非分配制約を有する非営利組織は，配当などにより利益を分配することができないことから，会計期間での利益は内部留保となる。

ただし，非営利組織には利益を残すというインセンティブがないため，非営利組織の社会的目標の実現に直結する事業サービスへの支出を最大化することに用いられることになる（Hansmann 1980）。

しかし，非営利組織が財務的に困窮な状況に陥った場合において，即座に事業サービス支出を低下させずに対応するために一定の利益や純資産が必要である（Tuckman and Chang 1991）。相対的に高い利益を有し，純資産が大きな非営利組織ほど，より多くの寄附金を獲得していることも明らかになっている（Parsons 2003；Trussel and Parsons 2008）[3]。このような理由から，非営利組織であっても利益がマイナスであることが良いわけではなく，一定の金額を内部留保として保有することは経営的に必要であろう。

一方，非営利組織には明確な残余請求権者が存在しないことから，非営利組織には経営者のモラル・ハザードについての懸念がある（Fama and Jensen 1983b）[4]。非営利組織の経営者によるモラル・ハザードが懸念される場合，非営利組織における内部留保の過多はエージェンシー問題の顕在化を示す可能性がある。Core et al.（2006）は，非営利組織が運用可能な資産として保有する基本財産の超過した保有について(1)成長機会, (2)モニタリング, (3)エージェンシー問題，という3つの仮説を検証している。その結果，役員報酬や事務局長報酬が過大な基本財産とプラスの関連があることを発見し，基本財産は非営利組織におけるエージェンシー問題と関連していると結論づけている。また，米国の地方自治体における現金保有の要因をCore et al.（2006）と同様の方法で調査したGore（2009）は，地方自治体における現金保有がエージェンシー問題を示す可能性が高いことを発見している。一方，Ramirez（2010）は，非営利組織の現金保有が土地，建物，設備に対する投資とプラスに関連していることを報告しており，非営利組織が投資を目的として現金を保有していることを主張している。このように，先行研究による検証結果は，非営利組織における内部留保がエージェンシー問題の顕在化であるという仮説がやや支持されているものの，首尾一貫した結論が得られていない状況にある。

1.2 社会福祉法人における内部留保の検討

社会福祉法人をめぐる事業環境は，2000年前後より，大きく変化している。

1997年に社会福祉基礎構造改革が実施され，介護保険法が制定されると同時に社会福祉サービスの利用者と提供者の関係性について抜本的な改革がおこなわれた。この改革以前において，社会福祉サービスは利用者が行政に社会福祉の必要性について申請することにより，行政が適切な社会福祉施設を指定するという流れで提供されたが（措置・委託制度），改革以降においては利用者が施設を選択できるようになり（契約制度），利用者の意思決定が重視されるに至っている[5]。

このような措置・委託制度から契約制度への変化は社会福祉法人の財政状態に変化をもたらした。行政からの措置・委託事業の領域では資金が他事業に流出することが制度によって阻止されており，一定額以上の内部留保を蓄積することが困難であった。しかし，介護保険制度を活用した介護保険事業を実施することによって，社会福祉法人においても内部に資金を蓄積することができるようになったのである[6]。

しかし，昨今では，特別養護老人ホームを運営する社会福祉法人における内部留保の過多が指摘され（日本経済新聞2011年7月7日付），社会福祉法人における内部留保の概念整理や実態調査がおこなわれた。明治安田生活福祉研究所（2013）の調査結果や，財務省による調査結果では，特別養護老人ホームが平均して約3億円という多額の内部留保を保有していることが報告されている。このような状況から，社会保障審議会介護給付費分科会や同審議会福祉部会における介護報酬改定に向けた議論の中で，社会福祉法人における内部留保が，人的支出や利用者への支出，施設設備等への投資や修繕，社会貢献などに対して十分に充てられていないことが示されている。

一方，社会福祉法人における内部留保の要因については，いまだ十分に検証されたとはいえない。介護報酬は3年に1度改定され，近年ではマイナス改定が多く実施されていることからも，社会福祉法人は不確実性の高い状況で事業運営をおこなっている。そのため，固定費としての人的支出を維持することや，将来の投資機会を得ることを目的として，社会福祉法人は意図的に内部留保をおこなっていると考えられる[7]。

第2節 リサーチ・デザイン

本章は、Core et al.（2006）および Ramirez（2010）の回帰モデルを参考として、社会福祉法人における内部留保と人的支出の関連性を検証する（9. 1）式、社会福祉法人における内部留保が相対的に過大となる要因を検証する（9. 2）式を推定する。ただし、変数の定義は**図表9-1**のとおりである。

$$END_t = \alpha_0 + \sum_{i}^{3} \alpha_{0+i} \ HUMAN_{t-1} + \alpha_4 \ ROS_{t-1} + \alpha_5 \ SIZE_{t-1} + \alpha_6 \ FR_{t-1}$$
$$+ \alpha_7 \ DOMAIN_t + \alpha_8 \ CITY_t + \sum_{k}^{5} \alpha_{8+k} \ INDUSTRY_k + \varepsilon_t \quad (9.1)$$

$$ov\_END_t = \alpha_0 + \sum_{i}^{3} \alpha_{0+i} \ HUMAN_{t-1} + \alpha_4 \ ROS_{t-1} + \alpha_5 \ SIZE_{t-1} + \alpha_6 \ FR_{t-1}$$
$$+ \alpha_7 \ DOMAIN_t + \alpha_8 \ CITY_t + \sum_{k}^{5} \alpha_{8+k} \ INDUSTRY_k + \varepsilon_t \quad (9.2)$$

従属変数の END_t は社会福祉法人における内部留保を示す変数である。具体的には、Core et al.（2006）や Ramirez（2010）、明治安田生活福祉研究所（2013）を参考に設定している。

基本財産とは、Hansmann（1990）で示される endowments を意味しており、「社会福祉法人が現在および将来の費用に用いることができる現預金・現預金相当額」を示すものである。また、実在内部留保および発生源内部留保の算定方法は、明治安田生活福祉研究所（2013）に依拠している[8]。分析にあたっては、上記3つについて、事業活動支出総額を除した割合を用いる。すなわち、算定結果は、1年間に事業活動で支出する金額のうち、どの程度基本財産、実在内部留保、発生源内部留保として社会福祉法人に保有されているかを示す尺度となる。また、内部留保が相対的に過大となることを識別するために、Core et al.（2006）を参考にして、各事業領域において内部留保が上位25%のサンプルを1、それ以外は0とするダミー変数 ov_END_t をそれぞれ設定した。

一方、独立変数には、人件費比率（$HUMAN_{t-1}$）の構成要素として、常勤職員に該当するもの（FULLTIME）、非常勤職員に該当するもの（$PARTTIME_{t-1}$）、

図表9-1 変数の定義

変数の名称	計算式
従属変数	
基本財産（$END(1)$）	［現預金・現預金相当額（現金＋預金＋貸付金＋有価証券）］／事業活動支出
実在内部留保（$END(2)$）	［現預金・現預金相当額－（流動負債＋退職給与引当金）］／事業活動支出
発生源内部留保（$END(3)$）	［次期繰越活動収支差額＋その他積立金］／事業活動支出
独立変数（$HUMAN$）	
常勤職員（$FULLTIME$）	常勤職員人件費／事業活動支出
非常勤職員（$PRATTIME$）	非常勤職員人件費／事業活動支出
役員報酬（$EXECUTIVE$）	役員報酬／事業活動支出
コントロール変数	
事業活動収支差額（ROS）	事業活動収支差額／事業活動支出
規模（$SIZE$）	事業活動支出の自然対数
広告宣伝費（FR）	広告宣伝費／事業活動支出
都市（$CITY$）	所在地が大阪市であれば1，それ以外は0のダミー変数
事業領域（$INDUSTRY$）	介護保険分野（$NURCING$），高齢者福祉分野（$ELDERY$），児童福祉分野（$CHILD$），保育園（$NURSERY$），就労支援分野（$WORK$），障がい者福祉分野（$HANDI$），生活保護分野（$ASIST$）がそれぞれあれば1，それ以外は0のダミー変数

役員に該当するもの（$EXECUTIVE_{t-1}$）の3つを用いて分析する[9]。本章では，これら3つの人的支出の係数の符号（a_1）がプラスであることを期待する。すなわち，固定費としての人的支出の割合が高い社会福祉法人に内部留保が多く蓄積されているならば，高い人的支出を維持することを目的として意図的に内部留保が蓄積されていることが考えられる。反対に，制度設計者が想定するように，人的支出が少ない社会福祉法人に内部留保が多く蓄積されているならば，内部留保を積極的に拠出する方策が必要となる。

コントロール変数は，業績（ROS_{t-1}）としての事業活動収支差額，規模（$SIZE_{t-1}$）としての事業活動支出の自然対数，情報の非対称性の程度を示す広告宣伝費比率（FR_{t-1}），不確実性への対応の容易さを示す事業領域の数（$DOMAIN_{t-1}$），都市圏の特性を示す大阪市に所在すれば1，それ以外はゼロのダミー変数（$CITY$）を含めている[10]。さらに，事業活動領域をコントロールする目的で，50％以上の収入をあげる主な事業をダミー変数（$INDUSTRY$）で設

定した。介護保険事業（*NURCING*），保育事業（*NURSERY*），障がい者福祉事業（*HANDI*），高齢者福祉事業（*ELDERY*），児童福祉事業（*CHILD*）の5つを設定している[11]。

第3節 サンプル選択と基本統計量

　本章の分析に用いるサンプルは，大阪府下の2013年7月時点の1,154社会福祉法人のうち，公文書請求によって2010年度をt期とした現況報告書が入手可能であった842法人を対象として手作業で構築したものである。その内訳は，大阪府が436法人，大阪市が244法人，堺市が99法人，中核市が63法人である[12]。

　データベース化する中で，会計上の問題や項目不足である82サンプル，および本章で用いる検証にあたってデータ不足の113サンプルを除外した。また，社会福祉協議会や病院が中心である社会福祉法人は明らかに財務状況が異なることから，37サンプルを除外した。さらに，外れ値処理として連続変数を対象として上下1%のサンプルを除外した，577法人・年が最終サンプルとなった（**図表9-2**参照）。

図表9-2 サンプル選択

	サンプルサイズ
社会福祉法人財務データベース（2010年）	842
貸借不一致等の財務諸表上問題あるサンプル	-82
データ不足・項目不足のサンプル	-113
社会福祉協議会・病院	-37
外れ値処理	-33
本分析で用いるサンプル	577

　図表9-3は，実証分析で用いる変数の基本統計量の結果について，それぞれ平均値，標準偏差，最小値，四分位（Q1，中央値，Q3），最大値を示している。図表9-3からわかるように，基本財産，実在内部留保，発生源内部留保を事業活動支出で除した値は平均値（中央値）でそれぞれ37.3%（26.1%），23.0%（16.2%），74.0%（57.0%）である。社会福祉法人は，基本財産で約3ヵ月

図表 9-3　基本統計量（n＝577）

	平均値	標準偏差	最小値	Q1	中央値	Q3	最大値
$END(1)_t$	0.373	0.392	0.000	0.145	0.261	0.449	4.325
$END(2)_t$	0.230	0.396	−1.491	0.038	0.162	0.314	3.986
$END(3)_t$	0.740	0.817	−0.656	0.280	0.570	0.970	9.629
$FULLTIME_{t-1}$	0.546	0.131	0.000	0.480	0.553	0.632	0.846
$PARTTIME_{t-1}$	0.094	0.085	0.000	0.014	0.088	0.146	0.638
$EXECUTIVE_{t-1}$	0.002	0.008	0.000	0.000	0.000	0.000	0.111
$SIZE_{t-1}$	19.114	1.314	10.897	18.482	19.189	19.913	22.713
ROS_{t-1}	0.109	0.386	−0.433	0.014	0.061	0.122	6.397
FR_{t-1}	0.001	0.003	0.000	0.000	0.000	0.001	0.056
$DOMAIN_{t-1}$	1.152	0.704	0.000	1.000	1.000	1.000	5.000
$CITY$	0.186	0.390					
$NURCING$	0.354	0.479					
$NURSERY$	0.299	0.458					
$HANDI$	0.120	0.325					
$ELDERLY$	0.017	0.129					
$CHILD$	0.015	0.123					

（注 1 ）図表中はそれぞれの変数に対して，平均値，標準偏差，最小値，四分位（Q1，中央値，Q3），最大値を示している。

（注 2 ）変数の定義は次のとおり。**従属変数**：$END(1)$＝［現預金・現預金相当額（現金＋預金＋貸付金＋有価証券）］；$END(2)$＝［現預金・現預金相当額－（流動負債＋退職給与引当金）］；$END(3)$＝［次期繰越活動収支差額＋その他積立金］。従属変数はすべて事業活動支出でデフレートしている。**独立変数**：$FULLTIME$＝常勤職員人件費／事業活動支出，$PARTTIME$＝非常勤職員人件費／事業活動支出，$EXECUTIVE$＝役員報酬／事業活動支出；**コントロール変数**：ROS＝事業活動収支差額／事業活動支出，$SIZE$＝事業活動支出の自然対数，FR＝広告宣伝費／事業活動支出，$CITY$＝大阪市に所在すれば 1 ，それ以外は 0 のダミー変数；$INDUSTRY$＝50％以上の収入をあげる主な事業をダミー変数（介護保険事業（$NURCING$），保育事業（$NURSERY$），障がい者福祉事業（$HANDI$），高齢者福祉事業（$ELDERY$），児童福祉事業（$CHILD$））。

から 5 ヵ月，実在内部留保で約 2 ヵ月から 3 ヵ月，発生源内部留保で約 7 ヵ月から 10 ヵ月程度を保有していることがわかる。

第 4 節　実証結果

4.1　人的支出と内部留保の関連性の検証結果

回帰分析をおこなうに先立ち，本章で用いる変数間の相関係数について確認した（**図表 9-4 参照**）[13]。独立変数間で $FULLTIME_{t-1}$ と $PARTTIME_{t-1}$ の

第9章 社会福祉法人における実在内部留保の決定要因

図表 9-4 相関係数 (n＝577)

	(1)	(2)	(3)	(4)	(5)	(6)	(7)	(8)	(9)	(10)	(11)
(1) $END(1)_t$		0.848	0.596	−0.083	−0.028	0.141	0.101	0.353	0.087	0.119	−0.016
(2) $END(2)_t$	0.862		0.545	−0.039	−0.039	0.106	−0.026	0.345	0.072	0.016	−0.010
(3) $END(3)_t$	0.668	0.613		−0.015	0.040	0.100	0.233	0.468	0.070	0.201	0.023
(4) $FULLTIME_{t-1}$	−0.054	−0.050	−0.010		−0.559	−0.184	−0.037	−0.132	−0.240	−0.004	−0.015
(5) $PARTTIME_{t-1}$	−0.025	−0.009	0.036	−0.576		0.116	−0.031	0.066	0.269	0.039	−0.036
(6) $EXECUTIVE_{t-1}$	0.060	0.019	−0.006	−0.159	0.047		0.216	0.077	0.148	0.112	−0.036
(7) $SIZE_{t-1}$	0.125	0.041	0.191	0.043	−0.074	−0.016		0.062	0.214	0.525	0.120
(8) $MARGIN_{t-1}$	0.118	0.123	0.127	−0.210	0.035	0.023	−0.114		0.068	0.104	−0.042
(9) FR_{t-1}	0.061	0.082	0.018	−0.154	0.035	−0.021	−0.058	0.388		0.139	0.182
(10) $DOMEIN_{t-1}$	0.142	0.065	0.199	0.025	0.022	0.034	0.526	−0.034	−0.073		0.041
(11) $CITY$	−0.025	−0.028	0.013	0.004	−0.029	−0.020	0.113	0.043	0.050	0.031	

(注1) 各変数間の値は、左斜め下がPearsonの相関係数を、右斜め上がSpearmanの順位相関係数を示している。
(注2) 変数の定義は次のとおり。従属変数：$END(1)$＝[現預金・現預金相当額（現金＋預金＋有価証券）]；$END(2)$＝[現預金・現預金相当額−（流動負債＋退職給与引当金）]；$END(3)$＝[次期繰越活動収支差額＋その他積立金]。従属変数はすべて事業活動支出でデフレートしている。独立変数：$FULLTIME$＝常勤職員人件費／事業活動支出，$PARTTIME$＝非常勤職員人件費／事業活動支出，$EXECUTIVE$＝役員報酬／事業活動支出。コントロール変数：ROS＝事業活動収支差額／事業活動支出，$SIZE$＝事業活動支出の自然対数，FR＝広告宣伝費／事業活動支出，$DOMEIN$＝ダミー変数：なお，産業ダミーは省略した。$CITY$＝大阪市に所在すれば1，それ以外は0のダミー変数。

図表9-5　重回帰分析の結果

	期待符号	従属変数：$END(1)_t$		従属変数：$END(2)_t$		従属変数：$END(3)_t$	
		係数	t値	係数	t値	係数	t値
Constant		0.284	0.895	0.264	0.811	−1.013	−1.487
$FULLTIME_{t-1}$	(+)	0.336	1.830*	0.408	2.166**	0.649	1.667*
$PARTTIME_{t-1}$	(+)	0.072	0.322	0.292	1.266	0.908	1.903*
$EXECUTIVE_{t-1}$	(+)	0.791	0.404	−0.831	−0.414	−2.412	−0.583
$SIZE_{t-1}$	(+)	−0.011	−0.649	−0.020	−1.091	0.055	1.469
ROS_{t-1}	(+)	0.097	2.100**	0.125	2.633***	0.228	2.216**
FR_{t-1}	(+)	6.453	1.356	5.035	1.032	1.155	0.114
$DOMAIN_{t-1}$	(−)	0.045	1.633	0.012	0.418	0.121	2.079**
CITY	(+)	−0.067	−1.626	−0.056	−1.335	−0.051	−0.593
NURCING	(+)	0.215	4.222***	0.229	4.385***	0.289	2.676***
NURSERY	(−)	−0.095	−1.839*	−0.079	−1.485	−0.035	−0.321
HANDI	(−)	0.053	0.885	0.064	1.033	0.073	0.572
ELDERLY	(−)	−0.077	−0.610	−0.044	−0.346	0.038	0.143
CHILD	(−)	−0.048	−0.366	−0.026	−0.193	0.028	0.101
N		577		577		577	
adj R^2		0.100		0.077		0.060	

***：1％水準，**：5％水準，*：10％水準で有意であることを示している。
（注1）（9.1）式の推定結果を示している。
（注2）変数の定義は次のとおり。従属変数：END (1) ＝［現預金・現預金相当額（現金＋預金＋貸付金＋有価証券）］；END (2) ＝［現預金・現預金相当額－（流動負債＋退職給与引当金）］；END (3) ＝［次期繰越活動収支差額＋その他積立金］。従属変数はすべて事業活動支出でデフレートしている。独立変数：FULLTIME ＝常勤職員人件費／事業活動支出；PARTTIME ＝非常勤職員人件費／事業活動支出，EXECUTIVE ＝役員報酬／事業活動支出；コントロール変数：ROS ＝事業活動収支差額／事業活動支出，SIZE ＝事業活動支出の自然対数，FR ＝広告宣伝費／事業活動支出，CITY ＝大阪市に所在すれば1，それ以外は0のダミー変数；なお，産業ダミーは省略した。

相関係数がやや高いためロバスト・チェックでは別々に推定した結果について確認している。それ以外の独立変数間では多重共線性が懸念されるような相関係数の高い変数は観察されなかった。

　図表9-5は，社会福祉法人における人的支出と内部留保の関連性を検証する（9.1）式について重回帰分析をおこなった結果である。実証結果は次のとおり要約することができる。

（1）　いずれの内部留保を従属変数として用いた場合でも，常勤職員（FULL-

$TIME_{t-1}$）の係数は少なくとも 10% 水準以下でプラス有意に関連していることを示している。この結果は，固定費としての常勤職員の人的支出を維持するために，内部留保が蓄積されている可能性を示唆している[14]。

(2) いずれの式の推定値においても，非常勤職員（$PARTTIME_{t-1}$）の係数はプラスであったが，非有意であった。また，役員報酬（$EXECUTIVE_{t-1}$）においては，End (2) および End (3) を従属変数とした場合，係数がマイナスであり，非有意であった。この結果は，非常勤職員や役員への人的支出が内部留保と関連していないといえる。

4.2 内部留保が過大となる要因の検証結果

図表9-6は社会福祉法人における人的支出が相対的に過大となる要因を検

図表9-6 ロジット回帰分析の結果

	期待符号	従属変数：$ov\_END(1)_t$		従属変数：$ov\_END(2)_t$		従属変数：$ov\_END(3)_t$	
		係数	z 値	係数	z 値	係数	z 値
Constant		−3.165	−1.473	0.098	0.049	−5.764	−2.701***
$FULLTIME_{t-1}$	(＋)	3.189	2.411**	2.380	1.963**	1.098	0.854
$PARTTIME_{t-1}$	(＋)	2.374	1.554	0.941	0.643	1.337	0.887
$EXECUTIVE_{t-1}$	(＋)	−13.518	−0.804	0.456	0.036	−22.969	−1.163
$SIZE_{t-1}$	(＋)	−0.015	−0.134	−0.152	−1.389	0.194	1.719*
$MARGIN_{t-1}$	(＋)	0.723	2.398**	0.517	1.793*	0.548	1.919*
FR_{t-1}	(＋)	4.390	1.535	3.511	1.366	−3.125	−0.095
$DOMEIN_{t-1}$	(−)	0.148	0.866	0.041	0.230	0.248	1.503
CITY	(＋)	−0.416	−1.494	−0.211	−0.789	−0.264	−0.981
INDUSTRY		YES		YES		YES	
N		577		577		577	
McFadden R		0.027		0.018		0.026	

***：1% 水準，**：5% 水準，*：10% 水準で有意であることを示している。
（注1）（9.2）式の推定結果を示している。
（注2）変数の定義は次のとおり。**従属変数**：END (1)＝［現預金・現預金相当額（現金＋預金＋貸付金＋有価証券）］；END (2)＝［現預金・現預金相当額−（流動負債＋退職給与引当金）］；END (3)＝［次期繰越活動収支差額＋その他積立金］。従属変数はすべて事業活動支出でデフレートしている。**独立変数**：FULLTIME＝常勤職員人件費 / 事業活動支出；PARTTIME＝非常勤職員人件費 / 事業活動支出，EXECUTIVE＝役員報酬 / 事業活動支出；**コントロール変数**：ROS＝事業活動収支差額 / 事業活動支出，SIZE＝事業活動支出の自然対数，FR ＝ 広告宣伝費 / 事業活動支出，CITY＝大阪市に所在すれば1，それ以外は0のダミー変数；なお，産業ダミーは省略した。

証する (9.2) 式についてロジット回帰分析をおこなった結果である。

実証結果は，先述の重回帰分析の結果と同様に，常勤職員（*FULLTIME*）の人的支出と2つの内部留保（基本財産および実在内部留保）が5%水準以下でプラス有意に関連していることを示している。この結果は，社会福祉法人における内部留保が相対的に高い常勤職員の人的支出を維持するためにもたらされたものである可能性を示唆している。一方，いずれの式の推定値においても，非常勤職員（*PARTTIME*）および役員報酬（*EXECUTIVE*）の係数は非有意であった。この結果は，非常勤職員や役員への人的支出は内部留保が相対的に過大となることと関連していないことを示している。

4.3 ロバスト・チェック

推定結果の頑健性を高めることを目的として，次の2つのロバスト・チェックをおこなった。

(1) 外れ値の処理基準を上下1%から上下0.5%，上下2%の基準に変更した分析をおこなった。その結果は，前項までの分析結果と首尾一貫するものであった。
(2) 社会保障審議会などで議論の対象となる介護保険事業を実施する社会福祉法人と，実施しない法人とでサンプルを区分した分析をおこなった。その結果，2つのサンプルでは同様に人的支出と内部留保のプラスの関連性が検出されたが，とりわけ介護保険事業を実施する社会福祉法人のみを対象としたサンプルの方が人的支出の係数がプラスに大きな値で推定された。この結果は，政府の措置・委託としての事業よりもサービス事業に対する人的支出は内部留保に与える影響が強いということを示唆している。

第5節　小括

本章は，わが国社会福祉法人において特有の論点である人的支出と内部留保の関連性に着目し，社会福祉法人において内部留保が相対的に過大となる要因について検証することを目的とした。本章の実証結果は次のとおり要約するこ

とができる。

(1) 社会福祉法人における人的支出を，常勤職員への支出，非常勤職員への支出，役員報酬の3区分を変数として設定し，これらと，非営利組織における内部留保の尺度として，基本財産を表す現金等価物，明治安田生活福祉研究所（2013）で示された実在内部留保，発生源内部留保の3つとの関連性を検証した。その結果，社会福祉法人における人的支出，とりわけ常勤職員への人件費と3つの内部留保とのプラス有意な関連性を発見した。すなわち，人的支出が相対的に高く，人に手厚い社会福祉法人ほど固定費である人件費を維持するために内部に資金を留保するインセンティブを持つ可能性がある。

(2) 非常勤職員給与や役員報酬と内部留保と有意な関連性は検出されなかった。これらの結果は，エージェンシー問題の代理変数としてみなされる役員報酬と内部留保の関連性が検出されないが，その分が常勤職員への人的支出に拠出されている可能性があり，明確な人件費区分の必要性を示唆している。

本章には課題が残されている。まず，非営利組織において，常勤職員に対する報酬が，エージェンシー問題を示しているのか，事業サービスに必要なものとして維持すべきものであるのか，いずれの仮説が正しいかについて検証していく必要がある。次に，社会福祉法人に維持された内部留保がどのように用いられるのかについて解明することも課題である。最後に，分析結果から得られた実証的証拠にもとづき，介護報酬改定や社会福祉制度に対して慎重にフィードバックを考察していくことも必要である。

●注

1 数少ない先行研究として，Core et al.（2006）は非営利組織における内部留保の要因について，従業員数を独立変数とした分析をおこなっている。分析の結果，従業員数の係数はマイナス有意であり，従業員が少ないほど内部留保が大きいという結果である。
2 なお，社会福祉法人会計基準は2012年に改正されたが，本章で用いるサンプルは2009

年から 2010 年のものであるため,旧基準の区分で表示されている。人的支出とは,旧基準における事業活動収支計算書上の人件費支出であり,小科目は役員報酬,職員俸給,職員賞与,非常勤職員給与,退職金,退職共済謝金,法定福利費で構成される。後述するが,役員報酬,非常勤職員給与以外を常勤従業員の給与として算定している。

3 過大な利益報告が寄附者の減少や規制コストを発生させることも指摘されており(Leone and Van Horn 2005),利益の適正な水準を測定することは解決困難な研究課題である。

4 実際に,役員報酬が業績に連動して決定される可能性の高い非営利組織は,事業費比率を経営者が有利になるように調整することが先行研究によって実証的に明らかにされている(Baber et al. 2002)。

5 詳しくは向山・黒木 (2013) を参照してほしい。

6 契約制度は介護保険法などによって実現されているが,措置・委託制度下と同様に,行政の補助金で運営される社会福祉サービスも多く残されている点に注意されたい。

7 Core et al. (2006) や Ramirez (2010) では,非営利組織における内部留保が将来の投資機会に用いられているか否かを検証しているが,この検証をおこなうためには数ヵ年先のサンプルが必要である。本章で用いるサンプルを用いることによって,社会福祉法人における内部留保が次期の投資性向へどのような影響をおよぼしているか,については分析可能であるが,本章の論旨と異なるため,別稿を設けたい。

8 ただし,発生源内部留保に関して,4号基本金を厳格に区分する法人は少数であったことから,本章の分析では除外している。

9 具体的には,注2でもあげたように,事業活動収支計算書の人件費に該当する項目について,非常勤職員俸給を $PARTTIME$,役員報酬を $EXECUTIVE$,それ以外を $FULLTIME$ として算定している。

10 業績は事業活動収支差額で示しており,ROS と変数名を定義しているが,正確には事業活動支出で除していることから,ROS とは異なる。事業活動支出を分母とする場合の名称について他に容易に定義することが難しいことから,本章では便宜的に ROS と定義している点に注意されたい。

11 社会福祉法人における主な事業領域と内部留保の関連性については,介護保険事業を主に実施する社会福祉法人ほど,より巨額の内部留保を有することが黒木 (2014b) で報告されている。

12 ただし,2012 年度には各市および広域連合に管轄権限が分権化された状態にあったことから,各市および広域連合へ移管中の 312 法人の財務諸表を入手することができなかった。

13 すべての内部留保の変数と $FULLTIME_{t-1}$ の相関係数はプラスである。それ以外の人件費は内部留保の設定によって相関係数の符号が異なるため解釈が難しい。

14 (8. 1) 式および (8. 2) 式のいずれの分析結果においても,コントロール変数では,$NURCING$(介護保険事業)のダミー変数の係数がプラス有意に推定されている。この結果は,介護保険事業を主に実施する社会福祉法人と内部留保がプラスに関連していることを示しており,黒木 (2014b) の結果と首尾一貫している。介護保険は実際に報酬が確定するまでに数ヵ月必要であり,また他の事業に比べて内部留保を蓄積しやすいことがその要因として考えられる。また,介護保険事業を実施する社会福祉法人のみのサンプルを用いた結果について,ロバスト・チェックで検証している。

第10章 私立大学における教育研究経費削減の予測──収支差額情報の有用性

　私立大学の財務状況が悪化している。18歳人口が2018年から大きく減少するなかで，現状でも4割の私立大学で定員充足していない状況である（日本私立学校振興・共済事業団 2017）。財務状況が悪化する私立大学に対して危惧すべきことは，教育研究に必要なコストとしての教育研究経費が削減されることである。もし私立大学が教育研究経費を連続して削減しているならば，大学生の教育環境や教員の研究環境に悪影響をもたらすため，私立大学の存在意義に関わる問題となるであろう。

　このような非営利組織の存在意義に関わる問題は，先行研究で絶えず議論がなされてきた。第1章で述べたように，非営利組織が財務的な打撃を受けた場合においてサービス提供努力の水準が低下することを財務脆弱性，あるいは財務健全性と定義される（Tuckman and Chang 1991；Parsons 2003）。重要であることは，財務脆弱的な組織を会計情報によって予測する実証分析が繰り返しおこなわれていることである。しかし，先行研究では，いずれの会計情報が財務脆弱な組織をもっとも説明するのかについては明確に結論づけられていない（Greenlee and Trussel 2000；Hager 2001；Trussel 2002；Trussel and Greenlee 2004）。

　これらの研究とは異なる文脈であるが，近年，非営利組織の経営者は何らかのインセンティブによって損失報告を回避することが明らかになっている。経営者および利害関係者にとって利益情報が重要な情報内容を有する可能性が示唆されている（Leone and Van Horn 2005；Eldenburg et al. 2011）[1]。そこで，本

章はサービス提供努力の低下に対して利益情報の予測能力がもっとも高いことを予想する。第2部で明らかにしたように，サービス提供努力としての事業費比率は非営利組織の経営者および受益者にとって重要な財務指標となっており，この低下の要因を明らかにすることは，学術的に意義を有するだけでなく，非営利組織の利害関係者にとっても重要な意味を持つ[2]。

本章は，財務脆弱性を検証する先行研究を参考として，わが国私立大学において将来3期連続して教育研究経費を削減する要因について明らかにする。具体的には，先行研究が指摘する他の諸要因をすべてコントロールしたうえで，私立大学の「帰属収支差額」が将来の教育研究経費の削減にもっとも予測能力を有することを期待する。実際に，文部科学省や日本私立学校振興・共済事業団は私立大学の健全性や収益性を示す尺度の1つとして帰属収支差額を用いている。また，帰属収支差額がマイナスの場合，文部科学省等による調査員派遣の可能性が高まることとなる。したがって，帰属収支差額は私立大学経営にとって鍵となる尺度であるといえる[3]。

本章は非営利組織であっても収支差額情報が重要であること，そして，その有用性を示している点で意義がある。実証結果は非営利組織のサービス提供努力の削減を予測するうえで収支差額情報が情報内容を有することを示している。この結果にもとづいた場合，私立大学の収支差額の水準が低い場合，寄附者や学生・保護者等の情報利用者は，私立大学の収支差額情報を注意深く観察し，意思決定していく必要性が示唆される。

本章の構成は，次のとおりである。第1節では私立大学における教育研究経費の位置づけを確認し，仮説を設定する。第2節ではリサーチ・デザインを設定する。第3節では，サンプルを選択し，基本統計量を提示する。第4節では単一変量分析および多変量分析の実証結果を提示する。第5節で，発見事項を要約し，残された課題を述べる。

第1節 私立大学の教育研究経費の削減と仮説

1.1 私立大学の教育研究経費の削減

本章は私立大学の教育研究経費の削減に注目して実証分析する。非営利組織は受益者に対してサービス提供をおこなうことによって、自身の存在意義を高めることができる。サービス提供は努力すること、すなわち費用を費やすことが重要であり、非営利組織がどの程度事業費に用いているかによって測定される。このサービス提供努力を示す事業費は、営利企業の費用とは異なり、短期的に大幅に削減することが難しい。したがって、財務脆弱的状況は、3期連続で事業費を削減することとしてとらえることができる(Greenlee and Trussel 2000；Trussel 2002；Trussel and Greenlee 2004)[4]。

図表10-1は、私立大学財政データ(株式会社東洋経済新報社)に財務データが存在する全648私立大学の中で、2009年3月期を開始期間とし、教育研究経費が2ヵ年先、3ヵ年先、4ヵ年先まで連続で減少しているサンプルの個数を整理したものである。注目すべきは、3ヵ年連続で教育研究経費を低下させるサンプルは全体の9.877%であり、4ヵ年連続で低下させるサンプルに至っては4.784%である。このことからも、私立大学が教育研究経費の削減を可能な限り回避していることがわかる。

図表10-1 教育研究経費の削減の実態

	2ヵ年連続減少	3ヵ年連続減少	4ヵ年連続減少	私立大学数
N	119	64	31	648
割合	18.364%	9.877%	4.784%	100.000%

(注) 私立大学財政データ(株式会社東洋経済新報社)から私立大学の会計情報を取得し、全648私立大学のなかで、2009年度3月期を開始期間として設定し、2ヵ年先、3ヵ年先、4ヵ年先まで連続で「教育研究経費」を削減するサンプルを特定している。

1.2 仮説の設定

第1章で示したように,非営利組織の財務脆弱性の予測は,利益,収入源の多様性,純資産の程度,管理費という4つの財務指標を用いておこなう(Tuckman and Chang 1991)。従来から利益水準が高い場合や取り崩すことが可能な純資産が蓄積されている場合,多様な収入源を有する場合,そして,管理費の水準が高い場合は,何らかの財務的打撃を受けた場合であっても,必要なサービス提供努力を維持できるためである。

しかし,私立大学では基本金会計が導入されており,その恣意性の問題が古くから指摘されている(醍醐 1981;細田 1985)。一方,収益源は学生生徒等納付金に過度に依存しており,容易にその他の収益源を集めることが難しい(日本私立学校振興・共済事業団 2014)。加えて,管理費は平均的にその割合が小さく,削減することが容易ではない[5]。

このような理由から,サービス提供努力にもっとも影響を与える要因として「利益」に注目する。私立大学の会計情報でこれに該当する尺度は「帰属収支差額」であり,帰属収入から消費支出を引いて計算される。帰属収支差額は文部科学省や日本私立学校振興・共済事業団が私立大学の安全性を評価するために用いられている。本章では帰属収支差額が3期先の教育研究経費の削減に対して予測能力を有することを予想し,仮説1を設定する。

仮説1(H1) 帰属収支差額が高い(低い)私立大学ほど,3期先まで連続した教育研究経費削減の可能性が低くなる(高まる)。

仮説1に加えて,Leone and Van Horn(2005)は理事会による経営者交代の圧力や負債コストの増加を避けるために,非営利組織が損失回避をおこなうことを発見している[6]。利益情報,とりわけ損失を避ける重要性の示唆と整合するように,文部科学省や私立学校振興・共済事業団は調査対象を設定するうえで帰属収支差額がマイナスであるか否かが重要な財務指標となっている。帰属収支差額で損失を報告した場合,私立大学の健全な発展が見込まれないため,調査員による調査の可能性が増すことが考えられる[7]。

これらのことをふまえ,本章では,帰属収支差額がマイナスであれば,財務

困窮的な状況を改善するために，3期先まで連続で教育研究経費を削減する可能性が高まることを予想する。このような理由から，帰属収支差額の符号に注目した以下の仮説2を設定する。

仮説2（H2） 帰属収支差額で損失を報告する私立大学ほど，3期先まで連続した教育研究経費削減の可能性が高くなる。

第2節 リサーチ・デザイン

本章では，Greenlee and Trussel（2000）を参考にして，私立大学の将来の教育研究経費の低下を予測するモデル（10.1）式をロジット回帰分析によって推定する。変数の定義は**図表10-2**のとおりである。

$$PREDICT_t = \alpha_0 + \beta_1 ROA_t + \beta_2 LOSS_t + \beta_3 NETASSET_t + \beta_4 CONCEN_t \\ + \beta_5 ADMRATIO_t + \beta_6 SIZE_{t-1} + \beta_7 COLLEGE + \beta_8 CITY \\ + \sum_{l}^{4} \beta_{8+l} YEAR_l + \varepsilon_t \qquad (10.1)$$

まず従属変数（$PREDICT_t$）は，教育研究水準低下の代理変数であり，t期の値を基準として，t+1期からt+3期まで前年度よりも教育研究経費を連続で削減している場合を1，それ以外を0とするダミー変数である。次に，独立変数は，H1の検証として，帰属収支差額を前期末の総資産でデフレートした値（ROA_t）を用いる。帰属収支差額が将来の教育研究水準の低下に対して予測能力を有するならば，ROA_tの係数（β_1）の符号はマイナスであることが期待される。また，H2の検証として，帰属収支差額が0未満の場合は1，それ以外は0とするダミー変数（$LOSS_t$）を設定する。帰属収支差額がマイナスであることが将来の教育研究水準の低下をより強くシグナルするならば，$LOSS_t$の係数（β_2）の符号はプラスであることが期待される。

上記以外の変数はコントロール変数である。Tuckman and Chang（1991）以降の先行研究で検証された純資産の十分性（$NETASSET_t$），収益源の集中度（$CONCEN_t$），管理費の水準（$ADMRATIO_t$）を設定する。純資産が十分でなく，

図表 10-2　変数の計算方法

変数の名称	計算式
従属変数	
教育研究提供水準の低下（PREDICT）	t期の値を基準として，t+1期からt+3期まで前年度よりも教育研究経費を連続で削減している場合を1，それ以外を0とするダミー変数
独立変数	
帰属収支差額（ROA）	（帰属収入－消費支出）/ 期首の総資産
損失計上（LOSS）	帰属収支差額が0未満の場合を1，それ以外を0とするダミー変数
コントロール変数	
純資産の十分性（NETASSET）	（基本金の部＋消費収支累計額）/ 期首の総資産
収入源の集中度（CONCEN）	（学生生徒等納付金 / 帰属収入）^{2}＋（経常費補助金 / 帰属収入）^{2}＋（寄附金 / 帰属収入）^{2}＋（資産運用収入 / 帰属収入）^{2}＋（その他収入 / 帰属収入）^{2}
管理比の水準（ADMRATIO）	管理経費 / 総資産
規模（SIZE）	期首の総資産の自然対数
短期大学（COLLEGE）	短期大学のみの法人の場合は1，それ以外は0のダミー変数
都市（CITY）	所在地が東京都内の場合は1，それ以外は0のダミー変数

　収入源が偏っており，管理費が低い場合，将来のサービス提供水準が低下することが先行研究によって示されている（Greenlee and Trussel 2000）。これらの研究にもとづき，$NETASSET_t$ および $ADMRATIO_t$ の係数の符号はマイナス，$CONCEN_t$ の係数の符号はプラスであることが期待される。さらに，規模をコントロールするために，前期末の総資産の自然対数（$SIZE_{t-1}$）を用いて測定する。規模が大きい私立大学ほど，教育研究経費以外のコストを削減できる可能性が高いと考えられることから，$SIZE_{t-1}$ の係数の符号はマイナスであることを予想する。最後に，Liu（2006）を参考にして，私立大学の属性をコントロールするために，短期大学のみである場合は1，それ以外は0のダミー変数（COLLEGE）および地域間の経済性をコントロールするために，東京都内に所在する場合は1，それ以外は0のダミー変数（CITY）を設定した。

第3節 | サンプル選択と基本統計量

本章の分析に用いるサンプルは，次の4つの手続きにより収集した。

(1) 『私立大学財務データ』（株式会社東洋経済新報社）から2008年3月期から2014年3月期までの貸借対照表および消費収支計算書から会計情報を取得し，ROA, $LOSS$, $NETASSET$, $CONCEN$, $ADMRATIO$, $SIZE$ の各変数を算定した[8]。
(2) 各私立大学のウェブサイトから事業報告書を閲覧し，$COLLEGE$ および $CITY$ のダミー変数を設定した。また，病院および医学部を有する私立大学をサンプルから除いた[9]。
(3) 上記から得たサンプルについて，以下の手続きによって財務脆弱的な私立大学（FV：financial vulnerability）サンプルとコントロール（NFV：non financial vulnerability）サンプルを設定した[10]。
  ① 教育研究経費を t 期から3ヵ年連続で削減している私立大学を FV として抽出した。なお，t 期以前から削減している私立大学は FV から除いている[11]。
  ② 年度別，また四年制大学・短期大学の法人を区分したうえで，FV と総資産がもっとも近いサンプルをコントロール（NFV）サンプルとして抽出した。

  上記の結果，コントロールサンプルを含めたサンプルサイズは438となった。

第4節 | 実証結果

4.1 単一変量分析の結果

図表10-3 Panel Aは (10.1) 式で用いる独立変数の記述統計を，Panel Bは $PREDICT_i$ が1である場合，0である場合，サンプル全体の合計ごとに，

図表 10-3 記述統計と各変数の差の検定結果（n=438）

Panel A：記述統計

	平均値	標準偏差	最小値	Q1	中央値	Q3	最大値
ROA_t	−0.003	0.028	−0.092	−0.018	0.001	0.015	0.097
$LOSS_t$	0.471	0.500	0.000	0.000	0.000	1.000	1.000
$NETASSET_t$	0.856	0.092	0.397	0.813	0.879	0.919	1.005
$CONCEN_t$	0.539	0.108	0.225	0.463	0.537	0.618	0.821
$ADMRATIO_t$	0.019	0.011	0.005	0.012	0.017	0.024	0.080
$SIZE_{t-1}$	9.784	0.911	7.419	9.130	9.953	10.344	11.680
$COLLEGE$	0.183	0.387	0.000	0.000	0.000	0.000	1.000
$CITY$	0.178	0.383	0.000	0.000	0.000	0.000	1.000

Panel B：差の検定結果

	$PREDICT_t=1$		$PREDICT_t=0$		$PREDICT_t$ が 1 と 0 の差の検定			
	平均値	中央値	平均値	中央値	平均値の差	t 値	中央値の差	z 値
ROA_t	−0.012	−0.006	0.006	0.006	−0.018	−3.681***	−0.012	−4.818***
$LOSS_t$	0.573	1.000	0.370	0.000	0.204	4.343***	1.000	4.257***
$NETASSET_t$	0.843	0.865	0.869	0.888	−0.026	−2.905***	−0.023	−2.698***
$CONCEN_t$	0.537	0.530	0.541	0.540	−0.004	−0.384	−0.010	−0.561
$ADMRATIO_t$	0.021	0.018	0.020	0.017	0.001	0.535	0.001	0.435
$SIZE_{t-1}$	9.778	9.928	9.790	9.955	−0.011	−0.131	−0.027	−0.149
$COLLEGE$	0.183	0.000	0.183	0.000	0.001	0.023	0.000	0.023
$CITY$	0.142	0.000	0.215	0.000	−0.072	−1.980**	0.000	−1.974**

（注1）Panel A は記述統計を，Panel B は PREDICT が 1 と 0 のサンプルにおける独立変数の平均値および中央値の差について，t 検定および Mann-Whitney の U 検定をおこなった結果である。

（注2）変数の定義は次のとおり。PREDICT=t 期の値を基準として，t+1 期から t+3 期まで前年度よりも教育研究経費を連続で削減している場合を1，それ以外を0とするダミー変数；ROA＝（帰属収入－消費支出）／期首の総資産；LOSS＝帰属収支差額が0未満の場合を1，それ以外を0とするダミー変数；NETASSET＝（基本金の部＋消費収支差計額）／期首の総資産；CONCEN＝（学生生徒等納付金／帰属収入）^{2}＋（経常費補助金／帰属収入）^{2}＋（寄附金／帰属収入）^{2}＋（資産運用収入／帰属収入）^{2}＋（その他収入／帰属収入）^{2}；ADMRATIO＝管理経費／総資産；SIZE＝期首の総資産の自然対数；COLLEGE＝短期大学のみの法人の場合は1，それ以外は0のダミー変数；CITY＝所在地が東京都内の場合は1，それ以外は0のダミー変数。

(10.1) 式の各変数の平均値および中央値を示している[12]。また，$PREDICT_t$ が1である場合と0である場合のそれぞれの変数について，平均値および中央値の差の検定をおこなった結果を掲載している。

図表10-3 Panel B の平均値および中央値の差の検定結果では，ROA_t および $NETASSET_t$ は平均値および中央値ともに1％水準以下でマイナス有意な

差が検出され，$LOSS_t$ は平均値および中央値ともに 1% 水準以下でプラス有意な差が検出された。また，$CITY$ は平均値および中央値ともに 5% 水準でマイナス有意な差が検出されている。すなわち，3 期連続で教育研究経費を削減する私立大学は，帰属収支差額が低く，損失を計上しており，純資産が小さく，東京都内ではない場所に所在しているという特徴がある。これは，H1 および H2 を支持する結果である。

ここで，本章の仮説として設定した ROA に焦点をあて，より詳しく年度ごとの変化についてみていきたい。**図表 10-4** は，FV サンプルとコントロールサンプル（NFV サンプル）について，t-1 期から 3 期先（t+3 期）までの平均値（mean）：左図と中央値（med）：右図の推移を示している。図表 10-4 の結果から，FV サンプルは t 期に平均値および中央値ともに著しく減少しており，それが引き金となって t+3 期までに回復させようとするため，教育研究経費が削減される傾向があることがわかる。大学運営の健全さは確保されるかもしれないが，第 7 章で明らかにしたように，教育研究経費が削減されることはディスクロージャーを通じて私立大学の利害関係者である寄附者や学生・保護者の意思決定にネガティブに影響することが懸念される。

図表 10-4 *FV と NFV の帰属収支差額（ROA）の差*

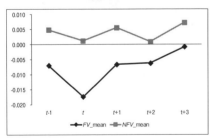 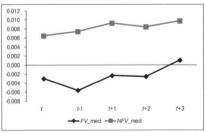

（注）t-1 期から t+3 期までの FV サンプルと NFV サンプルにおける帰属収支差額の平均値：左図（mean）と中央値：右図（med）を示している。

4.2 ロジスティック回帰分析の結果

図表 10-5 は（10.1）式で用いる変数間の相関係数を示している。図表 10-5 によると，$PREDICT_t$ と独立変数間の相関関係の符号は，ROA_t と CON-

図表 10-5　相関係数 (n=438)

	(1)	(2)	(3)	(4)	(5)	(6)	(7)	(8)	(9)
(1) $PREDICT_t$		-0.231	0.204	-0.129	-0.027	0.021	-0.007	0.001	-0.095
(2) ROA_t	-0.174		-0.865	0.249	0.254	-0.114	0.173	-0.041	0.156
(3) $LOSS_t$	0.204	-0.464		-0.226	-0.283	0.094	-0.214	0.075	-0.141
(4) $NETASSET_t$	-0.138	0.380	-0.230		0.038	-0.471	0.230	0.008	0.088
(5) $CONCEN_t$	-0.018	0.089	-0.265	0.076		0.044	0.370	-0.367	0.233
(6) $ADMRATIO_t$	0.026	-0.245	0.101	-0.400	-0.001		-0.296	0.000	-0.070
(7) $SIZE_{t-1}$	-0.006	-0.002	-0.185	0.213	0.341	-0.087		-0.520	0.371
(8) $COLLEGE$	0.001	0.036	0.075	-0.030	-0.322	-0.039	-0.545		-0.221
(9) $CITY$	-0.095	0.035	-0.141	0.080	0.224	0.072	0.348	-0.221	

(注1) 各変数間の値は，左斜め下がPearsonの相関係数を，右斜め上がSpearmanの順位相関係数を示している。

(注2) 変数の定義は次のとおり。$PREDICT = t$期の値を基準として，$t+1$期から$t+3$期まで前年度よりも教育研究経費を連続で削減している場合を1，それ以外を0とするダミー変数；$ROA =$（帰属収入−消費支出）／期首の総資産；$LOSS =$帰属収支差額が0未満の場合を1，それ以外を0とするダミー変数；$NETASSET =$（基本金の部＋消費収支計額）／期首の総資産；$CONCEN =$（学生生徒等納付金／帰属収入）^{2}＋（経常費補助金／帰属収入）^{2}＋（寄附金／帰属収入）^{2}＋（資産運用収入／帰属収入）^{2}＋（その他収入／帰属収入）^{2}；$ADMRATIO =$管理経費／総資産；$SIZE =$期首の総資産の自然対数；$COLLEGE =$短期大学のみの法人の場合は1，それ以外は0のダミー変数；$CITY =$所在地が東京都内の場合は1，それ以外は0のダミー変数。

CEN_t以外は期待どおりである。また，独立変数間の相関関係について多重共線性が懸念される変数が一部観察されたが，それらを除外した分析結果は本章の分析の結果と同じであったことから，独立変数すべてを含めた分析結果を以下では報告している。

図表10-6は，(10.1)式をロジスティック回帰分析で推定した結果を示している。なお，(10.1)式の推定結果(c)に加えて，H1とH2の検証を考え，ROA_tと$LOSS_t$の独立変数を別々に推定した結果((a)および(b))を合わせて示している。

図表10-6で得られたコントロール変数の結果は，純資産（$NETASSET_t$）の係数および東京都内に所在地を置く変数（$CITY$）の係数がマイナス有意に推定された。これらの結果は，純資産が小さく，東京に所在しない私立大学ほど，教育研究経費を将来にわたり削減する傾向を示しており，Tuckman and Chang (1991)などの一連の先行研究の実証結果と同じである[13]。これらの結果を所与としてもなお，帰属収支差額と損失は将来の教育研究経費の削減を説

図表10-6 ロジスティック回帰分析の結果

	期待符号	従属変数：$PREDICT_t$		
		(a)	(b)	(c)
Constant		0.686	−0.271	−0.157
		(0.410)	(−0.157)	(−0.090)
ROA_t	(−)	−14.030***		−7.832*
		(−3.487)		(−1.695)
$LOSS_t$	(+)		0.815***	0.500*
			(3.827)	(1.755)
$NETASSET_t$	(−)	−2.313*	−2.808**	−2.290*
		(−1.754)	(−2.230)	(−1.747)
$CONCEN_t$	(+)	0.480	0.774	0.772
		(0.473)	(0.752)	(0.748)
$ADMRATIO_t$	(−)	−9.366	−2.650	−6.260
		(−1.555)	(−0.514)	(−1.046)
$SIZE_{t-1}$	(−)	0.116	0.195	0.155
		(0.804)	(1.352)	(1.055)
COLLEGE	(−)	0.050	0.125	0.097
		(0.158)	(0.398)	(0.305)
CITY	(−)	−0.477*	−0.509*	−0.485*
		(−1.691)	(−1.799)	(−1.710)
YEAR		YES	YES	YES
N		438	438	438
Pseudo R		0.048	0.047	0.053

*：両側10％水準，**：両側5％水準，***：両側1％水準で有意であることを示している。
（注1）本図表は（10.1）式についてロジスティック回帰分析の結果であり，上段は各独立変数の係数，下段（ ）内はz値を示している。
（注2）変数の定義は次のとおり。**従属変数**：$PREDICT$＝t期の値を基準として，t＋1期からt＋3期まで前年度よりも教育研究経費を連続で削減している場合を1，それ以外を0とするダミー変数。**独立変数**：ROA＝（帰属収入－消費支出）／期首の総資産；$LOSS$＝帰属収支差額が0未満の場合を1，それ以外を0とするダミー変数。**コントロール変数**：$NETASSET$＝（基本金の部＋消費収支累計額）／期首の総資産；$CONCEN$＝（学生生徒等納付金／帰属収入）²＋（経常費補助金／帰属収入）²＋（寄附金／帰属収入）²＋（資産運用収入／帰属収入）²＋（その他収入／帰属収入）²；$ADMRATIO$＝管理経費／総資産；$SIZE$＝期首の総資産の自然対数；$COLLEGE$＝短期大学のみの法人の場合は1，それ以外は0のダミー変数；$CITY$＝所在地が東京都内の場合は1，それ以外は0のダミー変数。

明するのであろうか。分析結果は次のとおり要約でき，単一変量分析の結果と首尾一貫している。

(1) (a)および(c)の推定結果は，ROA_tの係数の符号がマイナス有意に推

定された。この結果は，帰属収支差額の水準が低い私立大学ほど，将来3ヵ年にわたり教育研究経費を削減する可能性が高いことを示している。したがって，H1 は支持される。

(2) 同様に，(b) および (c) の推定結果は，$LOSS_t$ の係数の符号がプラス有意に推定された。この結果は，帰属収支差額がマイナスである私立大学ほど，将来3ヵ年にわたり教育研究経費を削減する可能性が高いことを示している。したがって，H1 と同様に H2 も支持される[14]。

4.3 ロバスト・チェック

推定結果の頑健性を高めることを目的として，次のロバスト・チェックをおこなった。第1に，財務データを用いた独立変数について，t 期におけるそれぞれの変化が連続した教育研究経費の削減に影響をおよぼしていることが考えられる。そこで，それぞれの独立変数について当期から前期の変化分を期首の総資産でデフレートした変数を追加した (10. 2) 式をロジスティック回帰分析によって推定する。また，教育研究経費の増減の大きさも重要であるという認識から，従属変数について k 期の値から t 期の値を引いた教育研究経費の変化額 ($\Delta PROGRATIO_k$) を算定し設定した (10. 3) 式を重回帰分析によって推定する。なお，k は t + 1 期から t + 3 期である。

$$PREDICT_t = \alpha_0 + \beta_1 ROA_{t-1} + \beta_2 LOSS_{t-1} + \beta_3 NETASSET_{t-1} + \beta_4 CONCEN_{t-1}$$
$$+ \beta_5 ADMRATIO_{t-1} + \gamma_1 \Delta ROA_t + \gamma_2 \Delta LOSS_t + \gamma_3 \Delta NETASSET_t$$
$$+ \gamma_4 \Delta CONCEN_t + \gamma_5 \Delta ADMRATIO_t + \beta_6 SIZE_{t-1} + \beta_7 COLLEGE$$
$$+ \beta_8 CITY + \sum_{l}^{4} \beta_{8+l} YEAR_l + \varepsilon_t \quad (10.\ 2)$$

$$\Delta PROGRATIO_k = \alpha_0 + \beta_1 ROA_{t-1} + \beta_2 LOSS_{t-1} + \beta_3 NETASSET_{t-1}$$
$$+ \beta_4 CONCEN_{t-1} + \beta_5 ADMRATIO_{t-1} + \gamma_1 \Delta ROA_t + \gamma_2 \Delta LOSS_t$$
$$+ \gamma_3 \Delta NETASSET_t + \gamma_4 \Delta CONCEN_t + \gamma_5 \Delta ADMRATIO_t$$
$$+ \beta_6 SIZE_{t-1} + \beta_7 COLLEGE + \beta_8 CITY + \sum_{l}^{4} \beta_{8+l} YEAR_l + \varepsilon_t$$
$$(10.\ 3)$$

図表10-7の推定結果によると，変化分を考慮してもなお，H1 および H2

第10章　私立大学における教育研究経費削減の予測——収支差額情報の有用性

図表 10-7　ロバスト・チェックの分析結果

独立変数＼従属変数	ロジスティック回帰分析 (9.2) 式 $PREDICT_t$	重回帰分析 (9.3) 式 $\Delta PROGRATIO_{t+1}$	重回帰分析 (9.3) 式 $\Delta PROGRATIO_{t+2}$	重回帰分析 (9.3) 式 $\Delta PROGRATIO_{t+3}$
Constant	0.541	−0.001	−0.014**	−0.010
	(0.271)	(−0.235)	(−1.992)	(−0.835)
ROA_{t-1}	−16.268***	0.053***	−0.015	−0.072
	(−2.956)	(2.780)	(−0.561)	(−1.536)
$LOSS_{t-1}$	0.451*	0.000	−0.004**	−0.008***
	(1.669)	(0.083)	(−2.462)	(−3.641)
$NETASSET_{t-1}$	−3.516**	0.000	0.009*	0.012
	(−2.455)	(0.067)	(1.760)	(1.362)
$CONCEN_{t-1}$	1.695	0.000	0.001	0.005
	(1.526)	(0.036)	(0.324)	(0.690)
$ADMRATIO_{t-1}$	−20.509*	0.019	0.045	−0.101
	(−1.649)	(0.373)	(0.834)	(−1.013)
ΔROA_t	−7.307*	0.011	0.015	−0.007
	(−1.743)	(0.700)	(0.990)	(−0.313)
$\Delta NETASSET_t$	3.758	−0.034	−0.019	−0.066**
	(0.756)	(−1.565)	(−0.882)	(−2.322)
$\Delta CONCEN_t$	1.071	−0.015*	0.009	0.034*
	(0.441)	(−1.710)	(0.814)	(1.655)
$\Delta ADMRATIO_t$	−7.503	−0.012	0.004	−0.179*
	(−0.439)	(−0.279)	(0.068)	(−1.724)
CONTROL	YES	YES	YES	YES
YEAR	YES	YES	YES	YES
N	438	438	438	438
pseudo R or Adj-R^2	0.069	0.079	0.033	0.110

*：両側10％水準，**：両側5％水準，***：両側1％水準で有意であることを示している。

(注1) 本図表は (10.2) 式についてロジスティック回帰分析を，(10.3) 式について重回帰分析をおこなった結果であり，上段は各独立変数の係数，下段（　）内は z 値および t 値を示している。

(注2) 変数の定義は次のとおり。**従属変数**：PREDICT＝t 期の値を基準として，t＋1 期から t＋3 期まで前年度よりも教育研究経費を連続で削減している場合を1，それ以外を0とするダミー変数。**独立変数**：ROA＝(帰属収入−消費支出)／期首の総資産；LOSS＝帰属収支差額が0未満の場合を1，それ以外を0とするダミー変数。**コントロール変数**：NETASSET＝(基本金の部＋消費収支計額)／期首の総資産；CONCEN＝(学生生徒等納付金／帰属収入)²＋(経常費補助金／帰属収入)²＋(寄附金／帰属収入)²＋(資産運用収入／帰属収入)²＋(その他収入／帰属収入)²；ADMRATIO＝管理経費／総資産；SIZE＝期首の総資産の自然対数；COLLEGE＝短期大学のみの法人の場合は1，それ以外は0のダミー変数；CITY＝所在地が東京都内の場合は1，それ以外は0のダミー変数。変化分は当期から当該期間のあいだの純額の差について前期の総資産でデフレートしたものである。

が支持されることがわかる。(10. 2) 式の推定結果では ROA_{t-1} の係数はプラス有意であり,(10. 3) 式の推定結果では,t+1期までの累積額に対して ROA_{t-1} の係数がプラス有意に推定されている。加えて,t+2期およびt+3期では,$LOSS_{t-1}$ の係数はマイナス有意に推定されている。すなわち,帰属収支差額の水準が小さい私立大学ほど,将来教育研究経費が削減される可能性が高い。また,帰属収支差額の水準が小さい場合は次期に改善しようとするが,マイナスである場合はt+2期,t+3期というように,長期間にわたり影響をおよぼすことがわかる。

第2に,教育研究経費を前年度から5%,10%,20%を削減するサンプルを従属変数として抽出して検証し,本章と同じ結果を得た[15]。第3に,利益を代理する他の尺度の可能性を考慮するために,帰属収支差額以外に消費収支差額,資金収支の増減額を用いた検証をおこなったが,これらの係数はすべて非有意あるいは符号が異なる結果であった。第4に,コントロール変数のすべておよび一部を除いた分析をおこなったが,主要な変数の結果は同じであった。第5に,教育研究経費の削減に影響を与える他の要因について可能な限り考慮した分析をおこなったが,主要な変数の符号および有意水準に影響を与えなかった[16]。第6に,コントロールサンプルではなくフルサンプルを対象にした検証結果は,H1およびH2を支持するものであった。

第5節 小括

本章の目的は,わが国私立大学において将来にわたり教育研究経費を削減する要因について明らかにすることにあった。実証結果は次のとおり結論づけることができる。

(1) 先行研究が指摘する他の諸要因をすべてコントロールしたうえで,私立大学の「帰属収支差額」が将来の教育研究経費の削減にもっとも予測能力を有することを予想し,検証した結果,帰属収支差額の水準が低い私立大学は,そうでない私立大学に比べて,3期先まで連続で教育研究経費を削減する可能性が高いことが示唆された。

(2) 加えて，帰属収支差額がマイナスである場合，教育研究経費の削減がもたらされる可能性が高まることが示唆された。本章の分析結果にもとづけば，情報利用者にとって，帰属収支差額は私立大学の将来の教育研究経費削減に対する予測に有用であることを示唆している。

ただし，本章には残された課題がある。第1の課題として，純資産の部を構成する基本金会計を考慮した分析を更に進める必要である。また，第2の課題として，本章の分析結果は疑似決定係数が低く，正解率をより高めるような他の要因が隠されている可能性があり，さらに検証を進めていくことである。最後に，第3の課題として，帰属収支差額は利害関係者との契約交渉を有利に進めるために私立大学の経営者に調整されている可能性があり，この裁量的な調整の程度を明らかにしたうえで分析していくことも興味深い研究課題である。

●注

1　Leone and Van Horn (2005) および Eldenburg et al. (2011) は，会計的および実体的な調整によって，非営利組織が過大な利益報告を抑制し，また損失回避をおこなうことをゼロ利益仮説として示している。私立大学においてこのような調整行動が存在するのか否かについては本章の趣旨とは異なる研究課題であるが，私立大学の経営者においても官公庁などの利害関係者からの厳しい監督を避けるために，損失は避けたいと考えているように思われる。
2　これらの研究では，非営利組織の代表的な情報利用者として寄附者が想定され，寄附金の獲得とサービス提供努力とのあいだにプラスの関係があることを報告している。本章が対象とする私立大学においては，学生・保護者等の受益者を重要な情報利用者として想定している。
3　非営利組織においては，収益から費用を引いたものを利益や剰余金と呼ぶなど複数の名称がある。本章では，非営利組織として一般化した場合，これを利益と称する。一方，わが国私立大学を意図する場合は収支差額と称し，とりわけ予測に用いるものを帰属収支差額とする。
4　Tuckman and Chang (1991) は倒産する非営利組織が少数であることを示し，財務脆弱性を測定する重要性を示している。ただし，財務脆弱性をとらえる初期の研究は，次期の事業費や純資産を20%以上削減することを財務脆弱性としてとらえていた。一方，初期以降の研究では連続して事業費を削減することに注目している。財務脆弱性に関する実証結果は Parsons (2003) でレビューされている。
5　実際に，私立大学の収入の77%を学生生徒等納付金収入が占めており，他の非営利組織

と比べてもサービスについて受益者が負担する割合が著しく高い（Salamon and Anheier 1996）。経常費補助金は学生の定員数等の基準によって配分額が一定に定まっており、資産運用による収入や寄附金収入の割合も小さく、これらの他の財源を伸ばすには限度がある。したがって、収入源の多様性に関する尺度もサービス提供努力の低下を予測することは難しい。

6 わが国私立大学では、経営者交代の圧力や負債コストは相対的に重要でないかもしれないが、文部科学省等による規制や調査員派遣に帰属収支差額が参考として用いられていたため、情報として意味があると考えられる。

7 学校法人運営調査委員制度があり、学校法人の管理運営の組織やその活動状況、財務状況等について実態を調査するとともに、必要な指導、助言をおこなうものである。

8 2014年度から私立大学において改正された学校法人会計基準が適用されていることから、本章の実証分析では2013年度までのデータを用いている。

9 医学部あるいは附属病院は医業収益の割合が高く、資産も巨額に保有しているため、その他の大学とは異なる特徴がある。本章ではこれらの特殊性を排除するために医学部あるいは附属病院を有する大学はサンプルから除外している。

10 本章の検証では、従属変数を予測する場合に生じる測定誤差を可能な限り小さくするためにコントロールサンプルを設定した。なお、フルサンプルを対象とした結果はロバスト・チェックで掲載している。

11 当期以前からすでに連続して削減する私立大学の影響を避けるためである。

12 Panel A の記述統計を確認すると、各変数の最小値および最大値は極端に大きな値や小さい値が見当たらなかった。そのため、本章の分析では外れ値処理をおこなっていないが、追加的分析で各変数の前後1%について winsorize 処理をおこなった結果は本章の結果と同じであった。

13 この結果は興味深いものであり、帰属収支差額だけでなく、基本金会計も将来の教育研究経費削減に対して予測能力を有することを示唆している。基本金会計は会計基準によって裁量度の高い組み入れが認められており、実務が複雑化していることから、ここで安易に結論づけることはできず、興味深い今後の検証課題であるといえる。

14 本章の推定結果から正解率を求めたところ、61.56%であり、基準値である50%を超えていた。疑似決定係数0.047から0.053と低いという改善の余地が残されるものの、予測について有用性があるのではないかと考えられる。なお、コントロールサンプルだけでなく、フルサンプルで検証した推定結果から算定した正解率は88.99%であり、基準値を僅かに超えている。

15 同様の結果を得たものの、サンプルが非常に減少したため結果を割愛した。

16 サンプルサイズが著しく減少するが、ここでは Saxton et al. (2014) で指摘される理事数や監事数などのガバナンスの要因を考慮した場合、私立大学特有の要因として偏差値や定員充足率、教員一人あたりの学生数、文系・理系の区分などの要因を考慮した場合などについて追加的に検証した。興味深いことに、教育研究経費の削減に対して、定員充足率や偏差値の係数がプラス有意に推定された。一方、ガバナンスや学問分野は関連性が検出されなかった。この結果から、教育研究経費削減の予測には、定員充足率や偏差値等の尺度も有用であることがわかる。

本書の結論と今後の展望

第1節 発見事項の要約

　近年，わが国非営利組織への信頼は揺らいでいる。不祥事，詐欺，不正経理，多額の内部留保，提供されたサービスの安全性の揺らぎ，過度な市場競争，などの問題が生じている。これらの問題は，非営利組織と外部者が有する情報に差が生じている状態を意味する情報の非対称性の程度と関係していることが想定された。わが国非営利組織への揺らぐ信頼の回復を図るためには，情報の非対称性を緩和させなければならない。そして，2000年以降，情報の非対称性の緩和をめざす方策として，ディスクロージャー制度のあり方がわが国非営利組織すべてにわたり検討されている状況にあった。

　非営利組織会計においても，2000年以降，新たな会計基準の設定や改正が実施された。非営利組織会計は官公庁向けの報告目的に設定されたものが多いが，これらの会計基準の設定や改正では，官公庁以外に向けたわかりやすい財務書類の作成をめざすことが共通の趣旨となっていた。このように，非営利組織を対象とした会計基準では官公庁以外の情報提供目的が追加されたが，わが国では非営利組織に対するディスクロージャー制度について検討が追いついていない状況にあると考えられた。具体的には，情報利用者に会計情報の何を，いつ，どのように伝えるのかについて整備が遅れており，非営利組織会計の目的と合致しておらず，ディスクロージャー制度は中途半端なものとなっている。

一方，このようなディスクロージャー制度の検討がなされる以前から，非営利組織は広報物等による利害関係者への会計情報の直接的な伝達や，ウェブサイトを通した自発的な会計ディスクロージャーをおこなっていた。本書が注目したのはこの自発的な会計ディスクロージャーであった。非営利組織の経営者は単純な規範的アカウンタビリティの意識によって会計ディスクロージャーをおこなっているだけではなく，その背景には何らかの意図が隠されている。このような会計ディスクロージャーに対して実証分析するために，情報の経済学の1つであるシグナリング・モデルを参考とし，「好業績の非営利組織の経営者は受益者などの情報利用者に対して自発的に会計ディスクロージャーをおこなう」ことをシグナリング仮説として設定した。シグナリング仮説を実証分析することによって，会計ディスクロージャーの決定要因を明らかにすることだけでなく，経営者と利害関係者が好業績として判断する財務指標を明らかにすることをそのねらいとした。

　このシグナリング仮説を実証分析する意義を明確にし，リサーチ・デザインを精緻化することを目的として，本書は3部，10章の構成とした。第1部は本書の実証分析の準備としての位置づけであり，非営利組織の存在理由と活動内容に対する理論を整理し，非営利組織を定義づけたうえで，ディスクロージャー制度の概観を確認した第1章，リサーチ・デザインの設定に参考とすべき先行研究をSRとNRの組み合わせによって統合した第2章，わが国非営利組織会計に追加された情報提供機能からシグナリング仮説を提示した第3章で構成した。第2部は会計ディスクロージャーのシグナリング仮説の中核をなす研究課題としてわが国非営利組織の自発的な会計ディスクロージャーをシグナリングの観点を実証分析することを目的とした第4章から第6章，そして，非営利組織の会計ディスクロージャーの経済的帰結を明らかにすることを目的とした第7章で構成した。第3部はシグナリング仮説が支持されたことをふまえ，非営利組織の「好業績」をより有用なものとして判断するために，わが国非営利組織の財務指標の決定要因と有用性を探究した第8章，第9章，第10章で構成した。

　このように構成した本書の他の先行研究にはない特徴は次のとおりである。第1に，非営利組織におけるディスクロージャー制度の検討に貢献するものと

終章 本書の結論と今後の展望 | 223

して、わが国非営利組織会計を対象とした実証的証拠をはじめて体系的に提供したことである。わが国では、非営利組織を対象としたディスクロージャー制度は外部者に開示されるべきものとして、実務・研究両面から規範的な議論がおこなわれてきた。しかし、なぜ会計ディスクロージャーがおこなわれるのか、その理由について実証的に考察した研究は少ない。規範的な議論は社会のあり方を決めるうえできわめて重要であるが、ディスクロージャー制度がおよぼす社会的・経済的影響の大きさを鑑みると、実証的証拠にもとづき慎重に検討を重ねる必要がある。

第2に、非営利組織のうち、公益法人、社会福祉法人、私立大学という多様で経済的規模が大きく、公益性の高い法人形態を実証分析の対象としたことである。多様な事業をおこなう法人が混在する公益法人に加えて、教育、福祉、医療などのサービス提供主体である社会福祉法人や私立大学の自発的な会計ディスクロージャーと財務指標の有用性について本書は実証分析した。3つの法人形態を対象とした実証分析を通して、会計情報に好業績を示すシグナルとしての機能があるのか、また財務指標の有用性を高めるために、それぞれの財務指標の決定要因と有用性について明らかにした。

以下では、上記の特徴をふまえて、本書で得られた発見事項を要約する。

1.1 非営利組織会計の分析枠組みの構築

非営利組織会計を対象として説明力を持つ単一の理論体系は著者が知る限り存在しない。したがって、第1部では、第1章、第2章および第3章において、非営利組織会計の機能とディスクロージャー制度の重要性を理論的に整理するとともに、先行研究レビューによって到達点と展望を確認した。これらにもとづき、わが国非営利組織会計を対象とした特有の実証課題と仮説を検討した。

第1章では、非営利組織を「剰余金の分配を禁ずる非分配制約を有する民間組織」と定義した。非営利組織は非分配制約を有することを宣言することで剰余金を分配する機会主義的行動が抑制され、受益者や寄附者などから信頼を得ることができる。しかし、非分配制約を有したとしても、非営利組織が利己的な動機を持つことで、機会主義的に行動する場合がある。このような機会主義的行動に対処すべく、FASBは非営利組織を対象とした会計基準にも情報利用

者の有用性の視点から意思決定有用性アプローチを適用した。FASBが設定したSFACは主要な情報利用者の代表として資源提供者，とりわけ寄附者をあげ，サービス提供努力を示すコスト情報の有用性を主張している。米国では非営利組織へのディスクロージャー制度によって，だれもがいつどこでもウェブサイトを通して非営利組織の運営状況を確認することができるようになっている。非営利組織における会計情報の意思決定有用性は実証研究で得られた証拠によって，効率的な資源配分に貢献していると結論づけることができることを示した。

第2章では，非営利組織を対象とした会計研究は，非営利組織の経営者による機会主義的行動とその動機や抑制する要因，経済的帰結を実証分析によって明らかにすることに多くの関心があることを示した。会計情報の寄附者に対する有用性はすでに前提となっており，経営者による機会主義的行動が非営利組織においても首尾一貫して観察されている。特に営利企業の分析枠組みを積極的に援用していくこと，機会主義的行動とそれ以外の代替仮説との検証を進めるという展望を示した。

第3章では，わが国の非営利組織の根拠法としての特別法は受益者保護を主な目的としていることを提示した。一方，官公庁が設定した会計基準には，近年，官公庁以外の外部者に向けた情報提供機能が追加されているが，情報利用者の存在や，情報利用者による会計情報を用いた意思決定の想定を抜きに会計ディスクロージャーが実施されていることも示唆された。そこで，本書では，わが国非営利組織の自発的な会計ディスクロージャーに着目することで，シグナリング・モデルを参考にした「好業績である非営利組織ほど受益者などの情報利用者に対して自発的に会計ディスクロージャーをおこなう」というシグナリング仮説について検証することを示した。検証結果が支持されるならば，非営利組織の経営者や情報利用者が会計情報を介して何らかの意思決定がおこなわれている可能性を指摘することができる。

1.2 シグナリング仮説の実証分析

第4章，第5章，第6章では，なぜ非営利組織が自発的に会計ディスクロージャーをおこなうのかについて，シグナリング仮説を実証分析した。具体的に設定された仮説は，好業績を測定する効率性と財務健全性という2つの尺度に

もとづいた，効率性仮説と財務健全性仮説の2つである。

第4章では，特例民法法人のウェブサイトを通した自発的な会計ディスクロージャーがどのような要因でおこなわれるのかについて明らかにすることを目的とした。特例民法法人がウェブサイトを通して，①事業報告書，②収支計算書，③正味財産増減計算書，④貸借対照表，⑤財産目録，⑥事業計画書，⑦収支予算書を当期から新規に開示されているか否かの決定要因についてシグナリング仮説を設定し，実証分析した。その結果，事業費比率が高く，収益源が分散する特例民法法人ほど，自発的にすべての項目について会計ディスクロージャーをおこなうことを明らかにした。すなわち，好業績の特例民法法人ほど，ウェブサイトを通した自発的な会計ディスクロージャーを積極的におこなうというシグナリング仮説が支持された。一方，正味財産増減や内部留保の程度はウェブサイトを通した自発的な会計ディスクロージャーに影響を与えないという実証結果は正味財産増減計算書の主旨とは異なる点で興味深い。

第5章では，公益法人以外の業種においても同様の傾向がみられるかどうかを明らかにすることを目的として，社会福祉法人のウェブサイトを通した自発的な会計ディスクロージャーに焦点をあてた。大阪府に所在する社会福祉法人を対象におこなった実証分析の結果，管理費比率が低く，規模が大きく，寄附金比率が高い社会福祉法人ほど，ウェブサイトを通した会計ディスクロージャーをおこなうことが明らかになった。これらの結果は，社会福祉法人においても，会計ディスクロージャーのシグナリング仮説が部分的に支持されることを示している。

第6章では，広報物等の刊行物を通して会計ディスクロージャーをおこなう私立大学に焦点をあて，私立大学の自発的な会計ディスクロージャーに対してシグナリング仮説を実証分析した。その結果，教育研究経費比率が高く，帰属収支差額比率が高い私立大学ほど，広報物等の刊行物を通して会計情報を積極的に開示するという結果を得た。この結果は，私立大学が会計情報を積極的に開示する動機として，好業績を示すシグナルとして会計情報を用いているという会計ディスクロージャーのシグナリング仮説が支持されたことを示している。

これらの実証結果は，わが国非営利組織による自発的な会計ディスクロージャー，あるいは会計情報に好業績シグナルとしての機能が備わっていること

を首尾一貫して支持するものである。一方,シグナリング仮説が支持されるためには,自発的な会計ディスクロージャーが実際にベネフィットをもたらすこと,すなわちより良い経済的帰結を生むことについて明らかにすることが必要である。

そこで,第7章では,会計情報が私立大学からウェブサイトを通して新規に開示されることによって,情報利用者に好業績を示すシグナルとして有用であるのかについて検証をおこなった。具体的には,会計情報と会計ディスクロージャーが受益者としての学生・保護者にどのような影響をおよぼしているのかについて,会計情報と会計ディスクロージャーの相互作用を考慮した変化分モデルを推定した。その結果,ウェブサイトによる会計ディスクロージャーと好業績の相互作用がシグナルとして検定料や学生生徒等納付金の追加的獲得をもたらすことが明らかになった。この結果は,効率的な,あるいは財務健全的な会計情報が学生・保護者に対してシグナルとしての情報内容を有する可能性を示唆している。以上の第4章から第7章における実証結果から,本書で設定したシグナリング仮説が首尾一貫して支持されたと結論づけた。

1.3 非営利組織における財務指標の決定要因と有用性

非営利組織における会計ディスクロージャーに対してシグナリング仮説が支持された。好業績を示す財務指標が非営利組織の経営者および受益者などの利害関係者に有用である可能性が示唆されたが,わが国非営利組織について財務指標に焦点をあてた実証分析は著者が知る限り非常に少ない。そこで,第8章,第9章,第10章で構成される第3部では,わが国非営利組織における法人形態特有の財務指標から実証課題を検討し,それぞれがどのように解釈でき,有用に活用できるのかについて検討した。

第8章では,公益法人における公益目的事業比率の決定要因について実証分析した。具体的には,公益目的事業比率の理解を促進させるために,当該比率がどのような要因によって決まるのか,決定要因分析をおこなうことを目的とした。実証分析の結果,理事数が少なく,外部理事割合が小さいほど,公益目的事業比率が低下することを発見し,現状の公益法人は理事会が非効率である可能性が示唆された。また,遊休財産の割合が高く,収益事業を実施していな

い場合,公益目的事業比率が有意に高いことを発見し,小規模法人ほど公益目的事業比率が大きくなる傾向を発見した。

第9章では,わが国社会福祉法人において特有の論点である人的支出と内部留保の関連性に着目し,社会福祉法人において内部留保が相対的に過大となる要因について検証することを目的とした。実証分析の結果,社会福祉法人における人的支出,とりわけ常勤職員への人件費と3つの内部留保とのプラス有意な関連性を発見した。すなわち,人的支出が相対的に高く,人に手厚い社会福祉法人ほど,固定費である人件費を維持するために内部に資金を留保するインセンティブを持つ可能性がある。また,非常勤職員給与や役員報酬と内部留保と有意な関連性は検出されなかった。これらの結果は,エージェンシー問題の代理変数としてみなされる役員報酬と内部留保の関連性が検出されないが,その分が常勤職員への人的支出に拠出されている可能性があり,人件費区分を慎重に検討する必要性が示唆された。

第10章では,わが国私立大学において将来にわたり教育研究経費を削減する要因について明らかにすることを目的として,私立大学の「帰属収支差額」が将来の教育研究経費の削減にもっとも予測能力を有することを予想し,検証をおこなった。実証分析の結果は,帰属収支差額の水準が低い私立大学は,そうでない私立大学に比べて,3期先まで連続で教育研究経費を削減する可能性が高いことを示している。さらに,帰属収支差額がマイナスである場合,教育研究経費の削減がもたらされる可能性が高まることを示している。すなわち,情報利用者にとって,帰属収支差額は私立大学の将来の教育研究経費削減に対する予測に有用であることが示唆された。

第2節　インプリケーションの提示

2.1　非営利組織におけるディスクロージャー制度の重要性

本書の実証分析の結果は,非営利組織が経済的な動機にもとづき,好業績シグナルとして意図的に会計ディスクロージャーをおこなうという仮説を支持するものであった。また,私立大学における検証として限定されるが,会計ディ

スクロージャーを積極的におこなう私立大学ほど，学生生徒等納付金収入や検定料収入を追加的に獲得することができ，より良い便益を享受していることを発見した。

このような結果から，非営利組織にとっての会計ディスクロージャーの重要性を指摘することができるであろう。非営利組織は事業費への追加的配分や財務健全性の向上などの積極的な経営をおこなったとき，会計ディスクロージャーを積極的におこなうことによって，追加的な便益を得ることができる可能性があり，ディスクロージャー制度は機能しているといえる。さらに，本書の実証結果にしたがえば，ディスクロージャー制度のもとにある非営利組織の経営者は事業費や管理費の使途について戦略的に考える必要があり，その結果をいかに報告するかについて慎重に検討すべきであろう。

2.2 非営利組織会計に関する実証的証拠の提供

非営利組織の経済規模が急速に拡大している諸外国において，近年，非営利組織会計を対象とした実証研究が積極的におこなわれている。しかし，わが国では非営利組織会計に関連して実証分析がおこなわれた例は少ない。わが国非営利組織において中心的課題となっている会計ディスクロージャーをめぐっては，実証分析で得られた知見を活かすことができると考えられる。

わが国非営利組織会計を対象とした実証分析がこれまでなされなかった原因は，①データに制約があることに加えて，②分析枠組みを構築するにあたって明確な理論が存在しないことにある。前者の問題は，実証分析に必要な会計情報の収集が困難であり，また会計情報を用いたデータベースの構築にも多大な時間を要することを原因とする。一方，後者の問題は，実証分析するにさいしても，どのようなリサーチ・デザインおよび仮説を設定するかについて明確な理論が存在しないことから，さまざまな要因を考慮する必要があることに起因している。

本書はこれらの2つの課題を克服することに挑戦した。第1の課題は非営利組織の財務諸表をホームページから，あるいは閲覧申請という手段を通じて収集し，手作業でデータベースを構築することによって解決した。また，第2の課題はこれまで蓄積された先行研究をレビューするとともに，非営利組織の会

計ディスクロージャーのシグナリング仮説という新しい視角を提示することによって克服した。さらに，本書で得られた結果は営利企業を対象として適用されるシグナリング理論が非営利組織にも適用可能であることを示している点で重要である。

これまで非営利組織を対象とした会計研究は非営利組織が外部者に会計情報を開示すべきものとして言及されたものが多い。このような規範的な見識は，本来，非営利組織の会計ディスクロージャーに関して明らかにされた事実にもとづき主張されなければならないように思われる。本書は，先述のとおり，経験的なデータを用いることで，非営利組織の会計ディスクロージャーをシグナリング仮説の観点から，会計ディスクロージャーの決定要因と経済的帰結について解明した。本書が提示する実証的証拠によって非営利組織を対象とした会計研究がわずかでも進展することを期待している。

2.3 会計基準の設定・改正に関する示唆

非営利組織会計の情報提供機能が有効であるためには，非営利組織の開示する会計情報が好業績を示すシグナルとして受益者や寄附者に影響をおよぼすことが必要であると考えられる。本書の実証分析で得られた結果は会計ディスクロージャーのシグナリング仮説を支持するものであった。すなわち，非営利組織が開示する会計情報が好業績を示すシグナルとして，少なからず経営者は開示の有無を判断しており，また受益者などの意思決定に影響をおよぼしていることが示唆された。

このような結果は非営利組織会計に情報提供機能を追加した近年の動向に合致しているといえる。すなわち，非営利組織が会計情報を開示することによって，受益者などが影響を受ける可能性があるならば，よりわかりやすい会計基準を作成することは会計情報が受益者などに用いられる可能性を高めることに貢献することができるのかもしれない。

加えて，すべての法人においてコスト情報の重要性が示唆されたことは法人形態ごとに設定された会計基準に対して重要な知見を提供している。すなわち，非営利組織を対象とした会計基準に追加された情報提供機能は純資産の区分やその増減に注目するよりむしろ，コスト情報の伝達にその目的を収斂させるこ

とによって，法人形態ごとに存在する会計基準を統一化させる方向に進めることができるのかもしれない。効率的な資源配分の実現をめざして，情報利用者にとって有用である適切なコスト情報の算定に対して非営利組織会計の基準設定主体や実務家，研究者は関心を向けるべきである。本書の実証的証拠はコスト情報を中心としてディスクロージャー制度のあり方を検討することは会計情報の有用性を高めるために必須であることを示唆している。

第3節　今後の展望

3.1　シグナリング以外の仮説の検証

　本書は，なぜ非営利組織は会計情報を開示するのか，という課題に対して，会計ディスクロージャーのシグナリング仮説を設定した。シグナリングは情報の経済学の一分野であり，営利企業の情報開示を説明する際の有力な理論体系である。本書の実証分析の結果は，非営利組織の会計ディスクロージャーのシグナリング仮説を支持するものであった。

　しかし，シグナリング仮説以外にも，他の仮説を考えることができる。具体的には，プリンシパル・エージェントの観点からのエージェンシー理論からの援用である。すなわち，利害関係者から負うエージェンシー・コストを低減させるために非営利組織が自発的に会計情報を開示する，という仮説である。エージェンシー・コストに関しては，第2章で示したように，Baber et al. (2002) の提示した報酬仮説が検証されている。また，Aggarwal et al. (2012) などが検証しているように，非営利組織の理事の構成などのガバナンスの観点にも注目が集まっている。今後，非営利組織の役員の報酬や，理事構成などの要因を考慮することが必要である。

　また，正統性仮説も考えられる（古賀 2012）。正統性仮説とは，「規範，価値，信条，および定義に関する幾つかの社会的に構築されたシステムのなかでの，実体の行動が必要とされるか，正確であるか，もしくは適切であるという一般化された知覚または仮定である」(Suchman 1995) として定義される正統性の概念から情報開示に関する仮説を設定したものである。具体的には，非営利組織

の正統性が毀損される可能性の高い状況において自発的に会計情報を開示する，とする仮説である。たとえば，2008年度にデリバティブ損失を計上した私立大学が散見される。このような私立大学がどのように行動するかについて実証分析することはサンプルが限定されているため困難であるが，まずはケース・スタディとして研究していくことが適切であるように思われる。

　加えて，本書では考えられうるすべての要因についてダミー変数を設定することでコントロールすることを試みたが，依然として考慮すべき要因について本書はすべて考慮できたわけではないことをここで記しておきたい。今後，推定するモデルをさらに精緻化することによって，非営利組織を対象とした会計研究の更なる進展が期待される。

3.2　データの拡大および代替的な方法論による頑健な理論の形成

　本書はデータの制約から手作業で収集した財務諸表を用いてデータベースを構築することにより，実証分析した。本書で用いたデータベースは，公益法人は内閣府が公表済みの3ヵ年のデータベース，私立大学は東洋経済新報社が提供する6ヵ年のデータベースを用いたが，社会福祉法人は大阪府内の地方公共団体に公文書請求することによって得た2009年度から2010年度のみの会計情報を用いた。

　本書で用いたサンプルは，企業会計と比較した場合，その対象期間とサンプルサイズに限界がある。現在では会計情報の強制開示化によって，データを活用することができつつある。今後，大量データを用いて実証分析によって，分析結果を補強しなければならない。大量データを用いた実証分析により得られた結果は，より頑健な理論の形成に向けた一助になると考えられる。

　また，本書は一貫して実証分析の有用性と得られる証拠の重要性を主張したが，規範研究をはじめ，数理モデルを用いた分析的研究や実験研究などの他の代替的な方法論を排除するものではない。理論研究や実験研究によって，また実証研究との相互補完によって，実証研究だけでは得ることのできない新たな発見事項や理論の形成が期待できるであろう。これらを統合して展開することによって，会計基準の設定や改正に対してフィードバックを与え，より良い制度の構築に向けたさらなる助けとなることが期待できる。

3.3 会計ディスクロージャーの強制化による影響に関する実証分析

　本書の実証分析の対象は，公益法人，社会福祉法人，そして私立大学を対象として，あくまで自発的な会計ディスクロージャーに焦点をあてた。自発的な会計ディスクロージャーに着目することによって，経営者と利害関係者の会計情報をめぐる動向を直接的に観察できることがその理由であった。しかし，現在は会計ディスクロージャーの強制化が進んでいる。

　会計情報の強制開示化は非営利組織の経営者および利害関係者としての受益者や寄附者に2つの影響をもたらすことが考えられる。第1は，強制開示された会計情報が受益者や寄附者にとって有用であるのか，という点である。本書は自発的な会計ディスクロージャーが会計情報との相互作用によって好業績シグナルとして情報内容を有することを提示しているが，強制開示となった場合でも会計情報に情報内容が存在するのかについては実証課題であるといえる。欧米の先行研究で得られている実証的証拠（Parsons 2003；Wong and Ortmann 2016）と同様に，強制開示された会計情報の有用性を実証分析することは興味深い研究課題である。ただし，第3章で示したように，わが国では寄附者の意思決定に会計情報が用いられていると安易に想定することが難しい。Steinberg (2010) が指摘するように，研究蓄積の少ない消費者や顧客に焦点をあてることがわが国を対象とした実証分析のなかで有意義である。

　第2に，会計情報が外部者に開示されることによって，非営利組織の経営者に何らかの新たな動機が生まれる可能性がある。具体的には，非営利組織の経営者は外部からのプレッシャーが強くなることによって，ゼロ利益をめざした利益調整（earnings management）や会計的調整，実体的調整を積極的におこなう可能性が考えられる（Leone and Van Horn 2005；Eldenburg et al. 2011）。今後，強制開示された会計情報が利害関係者に対して何らかの経済的帰結をもたらす可能性がある。したがって，多様な法人形態を対象として会計情報と経営者や利害関係者をめぐる動向を調査することは，わが国から世界に発信することが可能な新しい学術研究を展開することができよう。

参考文献

日本語文献

會田一雄（1984）「非営利組織体の財務諸表のあり方——公益法人会計基準等の見直しに関連して」『企業会計』第 36 巻第 3 号，348-357 頁。

會田一雄（1985）「学校法人会計基準の計算構造」『産業経理』第 45 巻第 1 号，36-45 頁。

浅野信博（2015）「わが国の会計学研究におけるメタ・アナリシスの適用可能性」『経営研究』第 66 巻第 1 号，25-43 頁。

雨宮孝子（2000）「NPO の法と政策 - 米国税制のパブリック・サポート・テストと悪用防止の中間的制裁制度」『三田学会雑誌』第 92 巻第 4 号，91-111 頁。

雨宮孝子・中村昌美・石村耕治・藤田祥子（2000）『全訳 カリフォルニア非営利公益法人法』信山社出版。

池田享誉（2007）『非営利組織会計概念形成論』森山書店。

石川博行（2007）『配当政策の実証分析』中央経済社。

石川博行（2010）『株価を動かす配当政策——コロボレーション効果の実証分析』中央経済社。

医療経営の非営利性等に関する検討会（2005）『報告書』。

伊勢田哲治（2003）『疑似科学と科学の哲学』名古屋大学出版会。

石村耕治（1992）『日米の公益法人課税法の構造』成文堂。

岩田陽子（2004）「アメリカの NPO 税制」『レファレンス』第 54 巻第 9 号，30-42 頁。

内野里美（2005a）「自発的な情報開示に対する資本市場の評価」『商学研究科紀要』第 60 号，87-100 頁。

内野里美（2005b）「自発的な情報開示が自己資本コストに与える影響」『現代ディスクロージャー研究』第 6 号，15-25 頁。

大石桂一（2000）『アメリカ会計規制論』白桃書房。

大石桂一（2015）『会計規制の研究』白桃書房。

大場淳（2009）「日本における高等教育の市場化」『教育学研究』第 76 巻第 2 号，185-196 頁。

大日方隆（2008）「実証会計学の継承と展望」『會計』第 175 巻第 1 号，34-46 頁。

学校法人会計基準の在り方に関する検討会（2004）『今後の学校法人会計基準の在り方について（検討のまとめ）』。

学校法人会計基準の諸課題に関する検討会（2012）『学校法人会計基準の諸課題に関する検討について（課題の整理）』。

学校法人会計基準の在り方に関する検討会（2013）『学校法人会計基準の在り方について』。

川村義則（2005）「非営利法人会計における業績報告——新公益法人会計基準等を中心に」『龍谷大学経営学論集』第 45 巻第 3 号，225-234 頁。

黒木淳（2012）「社会福祉法人に関する情報開示制度の有効性—— 6 法人へのインタビュー調査から」『社会関連会計研究』第 24 号，25-39 頁。

黒木淳（2013a）「非営利組織会計の現状と課題——会計の基本目的を中心に」『経営研究』第 63 巻第 4 号，149-171 頁。

黒木淳（2013b）「非営利組織の財務分析――高等教育機関を事例として」『年報経営分析研究』第29号，47-57頁。
黒木淳（2013c）「非営利組織会計の実証研究の展開――先行研究サーベイを中心に」『経営研究』第64巻第2号，67-93頁。
黒木淳（2013d）「社会福祉法人の財務情報開示の要因分析――アンケート調査結果から」『社会関連会計研究』第25号，29-43頁。
黒木淳（2014a）「私立大学の会計情報開示の決定要因――シグナリング仮説の検証」『OCU-GSB Working Paper Series No.201407』大阪市立大学経営学会。
黒木淳（2014b）「社会福祉法人における内部留保の実態分析――規模と事業領域の観点から」『経営研究』第65巻第3号，165-178頁。
黒木淳（2014c）「非営利組織の税制と財務報告――米国の事例を参考に」『経営研究』第65巻第4号，57-72頁。
黒木淳（2015a）「私立大学における裁量行動の分析――利益分布アプローチによる検証」『YCU Discussion Paper Series No.15-M-01』横浜市立大学学術研究会。
黒木淳（2015b）「社会福祉法人における人的支出と内部留保の関連性」『社会関連会計研究』第27号，32-41頁。
黒木淳（2015c）「私立大学における会計情報開示の経済的帰結――シグナリング仮説の検証」『会計プログレス』第16号，30-44頁。
黒木淳（2016）「私立大学における教育研究経費削減の予測――収支差額情報の有用性」『会計プログレス』第17号，55-69頁。
黒木淳・尻無濱芳崇（2016）「病院・介護施設における管理会計システムの特徴とその比較――大阪府を対象としたサーベイ調査から」『病院』第75巻第9号，700-707頁。
黒木淳（2017）「非営利法人の自発的な会計ディスクロージャーとシグナリング――特例民法法人を対象とした実証分析」『横浜市立大学論集社会科学系列』第68巻第2号，1-19頁。
黒木淳・廣瀬喜貴・本川勝啓（2017）「行政コストと成果情報の予算設定への影響――地方公会計を対象とした質問紙実験」『YCU-Discusstion Paper Series M17-02』横浜市立大学学術研究会。
経済企画庁（1999）『海外におけるNPO法人制度・租税制度と運用実態調査』大蔵省印刷局。
厚生労働省（1998）『社会福祉基礎構造改革について（中間まとめ）』。
厚生労働省児童家庭局長通知（2000）『保育所運営費の経理等について』。
厚生労働省社会・援護局長通知（2001）『福祉サービスの第三者評価事業の実施要領について』。
厚生労働省（2009）『社会福祉法人の新会計基準（素案）について』。
厚生労働省（2010）『平成22年社会福祉施設等調査』。
厚生労働省（2013）『財務諸表の公開状況（第18回規制改革会議資料）』。
古賀智敏（2012）「非財務情報開示の理論的枠組み――シグナリング理論と正当性理論の相互関係とその適用」『會計』第182巻第1号，1-14頁。
国立大学財務・経営センター（2002）『国立大学経営ハンドブック（第1版）』。
小藤康夫（2009）『大学経営の本質と財務分析』八千代出版。
これからの医療経営の在り方に関する検討会（2003）『最終報告書』。
斎藤静樹（1999）『企業会計とディスクロージャー』東京大学出版会。

斎藤静樹（2010）『会計基準の研究』中央経済社．
齋藤真哉（2011）「非営利組織体会計の現状と課題」『會計』第179巻第4号，1-14頁．
桜井久勝編著（2010）『企業価値評価の実証分析——モデルと会計情報の有用性検証』中央経済社．
産業構造審議会NPO部会中間とりまとめ（2002）『「新しい公益」の実現に向けて』．
椎葉淳・髙尾裕二・上枝正幸（2010）『会計ディスクロージャーの経済分析』同文舘出版．
私学高等教育研究所（2010）『私学高等教育研究叢書 私学高等教育データブック2010』．
白田佳子（1999）『企業倒産予知情報の形成』中央経済社．
社会保障国民会議サービス保障（医療・介護・福祉）分科会（2008）『社会保障国民会議における検討に資するためにおこなう 医療・介護費用のシミュレーション』．
社会保障審議会福祉部会（2004）『社会保障審議会福祉部会意見書（社会福祉法人制度の見直しについて）』．
社会福祉法人経営研究会（2006）『社会福祉法人経営の現状と課題』．
社会福祉法人の経営に関する検討会（1999）『社会福祉法人会計の在り方（基本方針）について』．
社会福祉法人の経営に関する検討会（1999）『社会福祉法人の経営に関する検討会報告書』．
「障害」の表記に関する作業チーム（2010）『「障害」の表記に関する検討結果について』内閣府．
杉原実（1978）「学校法人会計基準の問題点」『西南学院大学商学論集』第25巻第2号，1-23頁．
杉山学・鈴木豊（2003）『非営利組織体の会計』中央経済社．
鈴木純（2004）「高齢者対象市場における情報の諸問題と組織」『国民経済雑誌』第190巻第2号，61-76頁．
須田一幸（2000）『財務会計の機能——理論と実証』白桃書房．
須田一幸（2003）「アメリカにおける実証会計学の展開」『神戸学院経済学論集』第34巻第4号，23-57頁．
須田一幸編著（2004）『ディスクロージャーの戦略と効果』森山書店．
須田一幸（2008）「実証会計学の潮流」『企業会計』第60巻第7号，18-26頁．
須田一幸・花枝英樹（2008）「日本企業の財務報告——サーベイ調査による分析」『証券アナリストジャーナル』第46巻第5号，51-69頁．
全国社会福祉施設経営者協議会経営対策委員会（2011）『財務情報調査（平成21年度決算）報告書』．
醍醐聰（1981）『公企業会計の研究』国元書房．
田尾雅夫・吉田忠彦（2011）『非営利組織論』有斐閣．
高田京子（2006）「社会福祉法人会計における損益計算の意義」『人間福祉研究』第8巻，93-107頁．
田中弥生（2006）『NPOが自立する日——行政の下請け化に未来はない』日本評論社．
千葉洋（2001）「学校法人会計基準における基本金概念の再検討」『杏林社会科学研究』第16巻第4号，19-34頁．
中央教育審議会（2005）『わが国の高等養育の将来像（答申）』．

中央教育審議会（2008）『学士課程教育の構築に向けて（答申）』。
中央教育審議会（2013）『大学設置基準および短期大学設置基準の改正について（答申）』。
中央教育審議会大学分科会（2009）『中長期的な大学教育の在り方に関する第二次報告』。
中央教育審議会大学分科会（2010）『中長期的な大学教育の在り方に関する第四次報告』。
中央社会福祉審議会社会福祉構造改革分科会（1997）『社会福祉の基礎構造改革について（主な論点）』。
中央社会福祉審議会社会福祉構造改革分科会（1998）『社会福祉基礎構造改革について（中間まとめ）』。
中央社会福祉審議会社会福祉構造改革分科会（1997-8）『議事要旨』第1-9回。
塚谷文武（2011）「アメリカのNPO税制の構造と実態」『立命館經濟學』第59巻第6号，1236-1251頁。
電通総研（1996）『NPO（民間非営利組織）とは何か――社会サービスの新しいあり方』日本経済新聞社。
徳賀芳弘・大日方隆（2013）『財務会計研究の回顧と展望』中央経済社。
富沢賢治（1999）『社会的経済セクターの分析』岩波書店。
内閣府（2011）『特定非営利活動法人の会計の明確化に関する研究会 報告書』。
内閣府公益認定等委員会（2008）『公益認定等に関する運用について（公益認定等ガイドライン）』。
内閣府公益認定等委員会（2014）『「公益法人の会計に関する研究会」これまでの検討状況について』。
中嶋貴子・馬場英朗（2011）「非営利法人の成長性と安定性に関する実証分析―― NPO法人パネル・データを用いた財務分析から」『非営利法人研究学会誌』第14号，69-79頁。
永田守男（1995）「アメリカにおける税務会計と財務会計の関係」『経営情報学部論集』第8巻第1号，63-72頁。
中西旭（1958）「公会計基準の展開」『企業会計』第10巻第7号1097-1102頁。
中西旭（1958）「公会計・対・企業会計――非営利事業簿記の発達について」『會計』第73巻第6号797-808頁。
日本公認会計士協会近畿会（2000）『非営利法人統一会計基準についての報告書』。
日本公認会計士協会（2013）『非営利組織の会計枠組み構築に向けて』。
日本私立学校振興・共済事業団学校法人活性化・再生研究会（2007）『私立学校の経営革新と経営困難への対応（最終報告）』。
日本私立学校振興・共済事業団（2016）『今日の私学財政』。
日本私立学校振興・共済事業団（2017）『私立大学・短期大学等入学志願動向』。
野村秀和（2003）「公益法人会計基準等の見直し案の検討」『日本福祉大学経済論集』第26巻，107-118頁。
橋本俊也（2007）「わが国における非営利組織体会計の現状と課題」『愛知学院大学論叢 経営学研究』第16巻第2号，169-190頁。
橋本俊也（2010）「NPO法人会計基準の特徴と課題」『非営利法人』第46巻第10号4-15頁。
長谷川哲嘉（2012）「非営利組織会計の混迷」『早稲田商学』第432号，111-174頁。
羽生正宗（2007）『社会福祉マネジメント戦略』恵友社。

馬場英朗・石田祐・奥山尚子（2010）「非営利組織の収入戦略と財務持続性——事業化か，多様化か？」『ノンプロフィット・レビュー』第10巻第2号，101-110頁。

日野修造（2016）『非営利組織体財務報告論』中央経済社。

福井文威（2010）「米国高等教育財政における寄附と税制度—— 1960年代～70年代の連邦税法をめぐる大学団体の動きに着目して」『大学財務経営研究』第7号，157-172頁。

福井文威（2011）「高等教育機関における寄附者の行動要因——米国の実証研究サーベイ」『大学経営政策研究』第1号，103-127頁。

福井文威（2012）「米国の高等教育財政における個人寄附の時系列分析——資本市場と連邦寄附税制の役割に着目して」『高等教育研究』第15集，201-220頁。

福祉サービスの質に関する検討会（1999）『福祉サービスの質の向上に関する基本方針』。

福祉サービスの質に関する検討会（2001）『福祉サービスにおける第三者評価事業に関する報告書』。

藤井秀樹（1998）「非営利組織体のコントロールと会計の役割」『組織科学』第32巻第1号，16-26頁。

藤井秀樹（2004）「アメリカにおける非営利組織会計基準の構造と問題点」『近畿大学商経学集』第50巻第3号，397-414頁。

伏見節（1959）『非営利法人の複式簿記』中央経済社。

古市雄一朗（2008）「非営利組織の情報開示と資源の源泉の関係」『非営利法人研究学会誌』第10号，107-116頁。

堀田和宏（2012）『非営利組織の理論と今日的課題』公益情報サービス。

松尾貴巳（2010）「非営利組織の業績管理」谷 武幸・小林 啓孝・小倉 昇責任編集（2010）『体系現代会計学（第10巻）業績管理会計』中央経済社，351-377頁。

松岡紀雄（2005）「海外事情 アメリカのNPOの現状——法制度・税制・寄附文化」『非営利法人』第41巻第6号，48-57頁。

峯岸正教（2007）「学校法人の財務分析における財務比率に関する一考察」『埼玉学園大学紀要（経営学部篇）』第7号，129-139頁。

三菱総合研究所（2010）『新たな福祉需要に対応した社会福祉法人の公益的取組，安定的運営のあり方に関する研究（報告書）』。

向山敦夫（2003）『社会環境会計論』白桃書房。

向山敦夫・黒木淳（2013a）「社会福祉法人の経営実態の分析」『産業経理』第73巻第1号，41-51頁。

向山敦夫・黒木淳（2013b）「社会福祉法人の財務状況の分析」『會計』第184巻第5号，86-100頁。

明治安田生活福祉研究所（2013）『介護老人福祉施設等の運営及び財政状況に関する調査研究事業報告書』。

守永誠治（1979）「公益法人会計基準等の再検討」『會計』第113巻第2号，229-241頁。

守永誠治（1989）『非営利組織体会計の研究——民法34条法人・社会福祉法人・宗教法人を中心として』慶応義塾大学商学会商学研究書。

両角亜希子（2010）『私立大学の経営と拡大・再編—— 1980年代後半以降の動態』東信堂。

文部科学省（2004-12）『（平成16-23年度）財務諸表の開示状況』。

文部科学省（2012）『大学改革実行プラン』。
文部科学省（2013）『学校法人会計基準の改正について（概要）』。
山内直人・馬場英朗・石田祐（2007）「NPO法人財務データ構築から見える課題と展望」『公益法人』第36巻第4号，4-10頁。
山本清（2006a）「大学の財務分析の機能と限界」『大学論集』第37集，231-245頁。
山本清（2006b）「大学政策と経営への財務分析の活用」『大学財務経営研究』第3号，3-18頁。
山本清（2013）『アカウンタビリティを考える――どうして「説明責任」になったのか』NTT出版。
山本啓・新川達郎・雨宮孝子（2002）『NPOと法・行政（シリーズNPO）』ミネルヴァ書房。
山谷清志（2006）『政策評価の実践とその課題――アカウンタビリティのジレンマ』萌書房。
吉田浩（2007）「国立大学の運営費交付金と外部資金獲得行動に関する実証分析：運営費交付金削減の影響」『大学財務経営研究』第4号，131-150頁。
米山正樹（2008）『会計基準の整合性分析――実証研究との接点を求めて』中央経済社。
若林茂信（1983）「公益法人会計基準等への提言」『企業会計』第35巻第9号，1308-1319頁。
若林茂信（1997）『アメリカの非営利法人会計基準』高文堂出版社。
若林利明（2013）「エイジェンシー理論による独立行政法人会計基準の再検討――管理不能費用および目的積立金の会計処理を中心に」『会計検査研究』第47号，229-253頁。
渡部芳栄（2005）「大学法人の財務分析――地域別・専攻別分析を中心に」『東北大学大学院教育学研究科研究年報』第54集第1号，157-175頁。

外国語文献

Akerlof, G. A. (1970) The Market for "Lemons": Quality Uncertainty and the Market Mechanism *The Quarterly Journal of Economics* 84 (3): 488-500.

Aggarwal, R. K., M. E. Evans and D. Nanda (2012) Nonprofit boards: Size, performance and managerial incentives *Journal of Accounting and Economics* 53 (2): 466-487

American Institute of Certified Public Accountants (AICPA) (1971) *Objectives of Financial Statements: report of the study group on the objectives of financial statements.* （川口順一訳『財務諸表の目的』同文館，1976年）

Altman, E. I. (1968) Financial Ratio. Discriminant Analysis and Prediction of Corporate Bankruptcy *Journal of Finance* 23 (4): 589-610.

American Accounting Association (1966) *A Statement of Basic Accounting Theory*, Sarasota Florida: AAA. （飯野利夫訳『アメリカ会計学会 基礎的会計理論』国元書房，1969年）

American Accounting Association (1971) Report of the Committee on Accounting Practices of Not-for-Profit Organizations *The Accounting Review* 1971 Sulement 46 (4): 80-163.

American Accounting Association (1974) Report of the Committee on Not-For-Profit Organizations *The Accounting Review* 49 (4): 225-249.

American Accounting Association (1975) Report of the Committee on Nonprofit Organizations 1973-74 *The Accounting Review* 50 (4): 1-39.

Andreoni, J. (1989) Giving with Impure Altrusm: Alications to Charity and Ricardian Equivalence, *Journal of Political Economy* 97 (6): 1447-1458.

Anthony, R. N. (1978) *FASB Research Report, Financial Accounting in Nonbusiness Organizations: An Exploratory Study of Conceptual Issues, Organizations* Stamford Connecticut: FASB.

Anthony, R. N. (1989) *Should Business and Nonbusiness Accounting Be Different?* Harvard Business School Press.

Anthony, R. N., and D. W. Young. (2002) *Management Control in Nonprofit Organizations* 7th ed. NY: McGraw-Hill.

Arrow, K.J. (1963) Uncertainty and the Welfare Economics of Medical Care *The American Economic Review* 53: 941-973.

Arumi, A. M., R. Wooden, J. Johnson, S. Farkas, A. Duffett, and A. Ott. (2005) *The Charitable Impulse. Those who give to charities - and those who run them - talk about what's needed to keep the public's trust.* Public Agenda.

Anheier, H. K. and A. Ben-Ner (2003) *The Study of Nonprofit Enterprise: Theories and Approaches* Springer Science & Business Media.

Baber, W. R., P. L. Daniel, and A. A. Roberts (2002) Compensation to Managers of Charitable Organizations: An Empirical Study of the Role of Accounting Measures of Program Activities, *The Accounting Review* 77 (3): 679-693.

Bacchiega, A. and C. Borzaga (2003) The Economics of the Third Sector: Toward a More Comprehensive Approach. Anheier, H. K. and A. Ben-Ner. *The Study of Nonprofit Enterprise: Theories and Approaches* Springer Science & Business Media: 3-26.

Bagwell, S., L. de Las Casas, M. van Poortvliet, and R. Abercrombie (2013) *Money for Good UK. London: Understanding donor motivation and behaviour.* New Philanthropy Capital.

Ball, R. and P. Brown (1968) An empirical evaluation of accounting income numbers *Journal of Accounting Research* 6 (2): 159-178.

Balsam, S. and E. E. Harris (2014) The Impact of CEO Compensation on Nonprofit Donations. *The Accounting Review* 89 (2): 425-450.

Beaver, W. H. (1966) Financial Ratio as Predictors of Failure. Empirical Research in Accounting: Selected Studies *Sulement to Journal of Accounting Research* (4): 71-111.

Beaver, W. H. (1998) *Financial reporting: An accounting revolution* (3rd Edition). (伊藤邦雄訳『財務報告革命 (第3版)』白桃書房, 2010 年)

Becker, G., (1974) A Theory of Social Interactions. *Journal of Political Economy* 82: 1063-1094.

Ben-Ner, A. and B. Gui (2003) The Theory of Nonprofit Organizations Revisited. Anheier, H. K. and A. Ben-Ner. *The Study of Nonprofit Enterprise: Theories and Approaches* Springer Science & Business Media: 3-26.

Bolton, P. and H. Mehran. (2006) An introduction to the governance and taxation of not-for-profit organizations. *Journal of Accounting and Economics* 41 (3): 293-305

Borzaga, C. and Defourny, J. (2001) *The Emergence of Social Enterprise*, Routledge (内山哲朗・石塚秀雄・柳沢敏勝訳『社会的企業 雇用・福祉の EU サードセクター』日本経済評論社, 2004 年)

Callen, J. L. and H. Falk (1993) Agency and Efficiency in Nonprofit Organizations: The Case of "Specific Health Focus" Charities *The Accounting Review* 68 (1): 48-65.

Callen, J. L. (1994) Money donations, volunteering and organizational efficiency *The Journal of Productivity Analysis* (5): 215-228.

Centre for Evidence based medicine (CEBM) (2009) *Oxford Centre for Evidence-based Medicine - Levels of Evidence* (http://www.cebm.net/).

Chase, B. W. and E. N. Coffman. (1993) Choice of accounting method by not-for-profit institutions accounting for investments by colleges and universities. *Journal of Accounting and Economics* 18 (2): 233-243.

Chen, Q. (2016) Director Monitoring of Expense Misreporting in Nonprofit Organizations: The Effects of Expense Disclosure Transparency, Donor Evaluation Focus and Organization. *Contemporary Accounting Research* 33 (4): 1601-1624.

Core, J. E., W. R. Guay, and R. S. Verdi (2006) Agency problems of excess endowment holdings in not-for-profit firms *Journal of Accounting and Economics* 41 (3): 307-333.

Cutt, J. and V. Murray (2000) *Accountability and Effectiveness Evaluation in Non-Profit Organizations* Routledge.

Davies, H. T. O, S. M. Nutley and P. C. Smith. (1999) Editorial: What Works? The Role of Evidence in Public Sector Policy and Practice. *Public Money and Management* 19 (1): 3-5.

Davies, H. T. O., S. M. Nutley and N, Tilley (1999) Editorial: Getting Research into Practice. *Public Money and Management* 20 (4): 17-22.

Davies, H. T. O, S, M. Nutley and P. C Smith (2000) Editorial: What Works? The Role of Evidence in Public Sector Policy and Practice. *Public Money and Management* 19 (1): 3-5.

Diamond, D. and R. Verrecchia (1991) Disclosure, liquidity, and the cost of capital *The Journal of Finance* 46 (4): 1325-1355.

DiMaggio, P. J. and H. K. Anheier. (1990) The Sociology of Nonprofit Organizations and Sectors. *Annual Review of Sociology* 16:137-159.

Dhole, S., S. B. Khumawala, S. Mishra, and T. Ranasinghe (2015) Executive Compensation and Regulation-Imposed Governance: Evidence from the California Nonprofit Integrity Act of 2004 *The Accounting Review* 90 (2): 443-466.

Donaldson, T. and L. E. Preston. (1995) The Stakeholder Theory of the Corporation: Concepts, Evidence, and Implications, *The Academy of Management Review* 20 (1): 65-91.

Drucker, P. F. (1990) *Managing the Nonprofit Organization* HarperCollins. (上田惇生訳 (2010)『非営利組織の経営』ダイヤモンド社)

Dumay J., J. Guthrie, and P. Pina (2015) IC and public sector: a structured literature review *Journal of Intellectual Capital* 16 (2): 267-284.

Ebrahim, A. (2003) Making sense of accountability: Conceptual perspectives for northern and southern nonprofits *Nonprofit Management and Leadership* 14 (2): 191-212.

Eldenburg, L. G., K. Gunny, K. Hee and N. Soderstrom (2011) Earnings Management Using Real Activities : Evidence from Nonprofit Hospitals *The Accounting Review* 86 (5): 1605-1631.

Eldenburg, L. G., F. B. Gaertner and T. H. Goodman (2015) The Influence of Ownership and Compensation Practices on Charitable Activities *Comtenporary Accounting Research* 32 (1): 169-192.

Evers, A. and J. L. Laville (2004) *The Third Sector in Europe*, Edward Elgar. (内山哲朗・柳沢敏勝訳『欧州サードセクター 歴史・理論・政策』日本経済評論社, 2007 年)

Falk, H. (1994) Towards a framework for not-for-profit accounting *Contemporary Accounting Research* 8 (2): 468-499.

Fama, E. F. and M. C. Jensen (1983a) Separation of Ownership and Control *Journal of Law & Economics* 26 (2): 301-325.

Fama, E. F. and M. C. Jensen (1983b) Agency Problems and Residual Claims *Journal of Law & Economics* 26 (2): 327-349.

Financial Accounting Standards Board (1980-85) *Statements of Financial Concepts No. 2, No. 4, and No. 6*. (平松一夫・広瀬義州訳『FASB 財務会計の諸概念』中央経済社, 2001 年)

Financial Accounting Standards Board (1987-95) *Statements of Financial Accounting Standards No. 93, No. 95 , No. 116, No. 117, and No. 124*. (黒川保美・鷹野宏行他訳『FASB NPO 会計基準』中央経済社, 2002 年)

Financial Accounting Standards Board (FASB). (2015) *Exposure Draft of Not-for-Profit Entities (Topic 958) and Health Care Entities (Topic 954), Presentation of Financial Statements of Not-for-Profit Entities.*

Financial Accounting Standards Board (FASB). (2016) *Not-for-Profit Entities (Topic 958), Presentation of Financial Statements of Not-for-Profit Entities.*

Fisman, R. and G. Hubbard. (2003) The Role of Nonprofit Endowments, Edward, L. and L. Glaeser, *The Governance of Not-for-Profit Organizations* University of Chicago Press, 217-233.

Freeman, R. E. (1984) *Strategic Management: A Stakeholder Approach*. Pitman Press: Boston.

Freeman, R. E. and W. M. Evan. (1990) Corporate Governance: A Stakeholder Interpretation. *Journal of Behavioral Economics* 19 (4): 337–359.

Freeman, R.E., A. C. Wicks, and B. Parmar. (2004) Stakeholder Theory and "The Corporate Objective Revisited". *Organization Science* 15 (3): 364–369.

Freeman, R., and L. Reed. (1983) Stockholders and stakeholders: A new perspective on corporate governance. *California Management Review* 5 (3), 88–105.

Frumkin, P. and M. T. Kim (2001) Strategic Positioning and the Financing of Nonprofit Organizations: Is Efficiency Rewarded in the Contributions Marketplace? *Public Administration Review* 61: 266-75.

Gandía, J. L. (2011) Internet Disclosure by Nonprofit Organizations: Empirical Evidence of Nongovernmental Organizations for Development in Spain *Nonprofit and Voluntary Sector Quarterly* 40 (1): 57-78.

Garfield, E. (1964) Science Citation Index: A New Dimension in Indexing. *Science* 144

(3619): 649-654.

Garfield, E. (2006) Citation indexes for science. A new dimension in documentation through association of ideas. *International Journal of Epidemiology* 35: 1123-1127.

Giddens, A. (1998) *The Third Way* Polity Press. (佐和隆光訳『第三の道　効率と公正の新たな同盟』日本経済新聞社, 1999 年)

Gordon, T. P., J. S. Greenlee and D. Nitterhouse (1999) Tax-Exempt Organization Financial Data: Availability and Limitations *Accounting Horizons* 13 (2): 113-128.

Gore, A. K. (2009) Why Do Cities Hoard Cash? Determinants and Implications of Municipal Cash Holdings. *The Accounting Review* 84 (1): 183-207.

Graham, J. R., C. R. Harvey and S. Rajgopal (2005) The Economic Implications of Corporate Financial Reporting *Journal of Accounting and Economics* 40: 3-73.

Greenlee, J. S. and K. L. Brown (1999) The impact of Accounting Information on Contributions to Charitable Organizations *Research in Accounting Regulation* 13: 111-25.

Greenlee, J. S. and J. M. Trussel (2000) Predicting the Financial Vulnerability of Charitable Organizations *Nonprofit Management and Leadership* 11 (2): 199-210.

Hager, M. A. (2001) Financial Vulnerability among Arts Organizations: A Test of the Tuckman-Chang Measures *Nonprofit and Voluntary Sector Quarterly* 30: 376-392.

Hansmann, H. (1980) The Role of Nonprofit Enterprise *Yale Law Journal* 89 (5): 835-901.

Hansmann, H. (1987) Economic Theories of Nonprofit Organization, W. Powell ed. *The Nonprofit Sector: A Research Handbook* New Haven: Yale University Press: 27-42.

Hansmann, H. (1990) Why Do Universities Have Endowments? *The Journal of Legal Studies* 19 (1): 3-42.

Hansmann, H. (1996a) The Changing Roles of Public, Private, and Nonprofit Enterprise in Education, Health Care, and Other Human Services, V. R. Fuchs, *Individual and Social Responsibility: Child Care, Education, Medical Care, and Long-Term Care in America*: 245-276.

Hansmann, H. (1996b) *The Ownership of Enterprise* Cambridge MA: Harvard University Press.

Hansmann, H. (2003) The Role of Trust in Nonprofit Enterprise. Anheier, H. K. and A. Ben-Ner. *The Study of Nonprofit Enterprise: Theories and Approaches* Springer Science & Business Media: 3-26.

Hansmann, H. (2010) The Economics of Nonprofit Organizations, K. J. Hopt, *Comparative Corporate Governance of Non-Profit Organizations (International Corporate Law and Financial Market)* Thomas Von Hiel: 60-72.

Harbaugh, W. T. (1998) What do donations buy? A model of philanthropy based on prestige and warm glow. *Journal of Public Economics* 67: 269-284.

Harris, E. E., C. M. Petrovits, and M. H. Yetman (2015) The Effect of Nonprofit Governance on Donations: Evidence from the Revised Form 990. *The Accounting Review* 90 (2): 579-610.

Harris, E. E. and D. G. Neely (2015) Multiple Information Signals in the Market for Chari-

table Donations *Comtenporary Accounting Research* 33 (3): 989-1012.
Healy, P. M. and K. G. Palepu (2001) Information asymmetry, corporate disclosure, and the capital markets: A review of the empirical disclosure literature *Journal of Accounting and Economics*, 31: 405-440.
Hoerger, T. J. (1991) 'Profit' variability in for-profit and not-for-profit hospitals. *Journal of Health Economics* 10 (3): 259-289.
Internal Revenue Service (IRS) (1997) *Tax-Exempt Status for Your Organization* 557.
Internal Revenue Service (IRS) (1998) *Alication for Recognition of Exemption: Under Section 501 (c) (3) of the Internal Revenue Code*.
Jacobs, F. A. and N. P. Marudas (2009) The Combined Effect of Donation Price and Administrative Inefficiency on Donations to US Nonprofit Organization *Financial Accountability & Management* 25 (1): 33-53.
James, E. and S.Rose-Ackerman (1986) *The Nonprofit Enterprise in Market Economies* Academic Publishers. (田中敬文訳『非営利団体の経済学』多賀出版，1993 年)
Jegers, M. (2012) Do Nonprofit Organizations Manage Earnings? An Empirical Study *Voluntas: International Journal of Voluntary and Nonprofit Organizations* 24 (4): 953-968.
Jensen, M. C. (2001) Value Maximization, Stakeholder Theory, and the Corporate Objective Function. *Journal of Applied Corporate Finance* 14 (3): 8–21.
Jones, C. L. and A. A. Roberts (2006) Management of Financial Information in Charitable Organizations: The Case of Joint-Cost Allocations *The Accounting Review* 81 (1): 135-58.
Kato, K., D. J. Skinner, and M. Kunimura. (2009) Management Forecasts in Japan: An Empirical Study of Forecasts that Are Effectively Mandated. *The Accounting Review* 84 (5): 1575-1606.
Keating, E. K., L. M. Parsons, A. A. Roberts (2008) Misreporting Fundraising: How Do Nonprofit Organizations Account for Telemarketing Campaigns? *The Accounting Review* 83 (2): 417-446.
Khanna, J., J. Posnett and T. Sandler (1995) Charity Donations in the UK: New Evidence Based on Panel Data *Journal of Public Economics* 56: 257-272.
Khanna, J. and Sandler T. (2000) Partners in giving: the crowding-in effects of UK government grants, *European Economic Review* 44: 1543-56.
Kim, O. and R. Verrecchia (1994) Market liquidity and volume around earnings announcements, *Journal of Accounting and Economics* 17 (1-2) : 41-68.
Kingma, B. R. (2003) Public Good Theories of the Nonprofit Sector: Wisbrod Revisited. Anheier, H. K. and A. Ben-Ner. *The Study of Nonprofit Enterprise: Theories and Approaches* Springer Science & Business Media: 3-26.
Krashinsky, M. (2003) Stakeholder Theories of the Nonprofit Sector: One Cut at the Economic Literature. Anheier, H. K. and A. Ben-Ner. *The Study of Nonprofit Enterprise: Theories and Approaches* Springer Science & Business Media: 3-26.
Krishnan, R., M. H. Yetman and R. J. Yetman (2006) Expense Misreporting in Nonprofit Organizations, *The Accounting Review* 81: 399-420.

Krishnan, R. and M. H. Yetman (2011) Institutional Drivers of Reporting Decisions in Nonprofit Hospitals *Journal of Accounting Research* 49 (4): 1001-1039.

Kuroki, M., Y. Hirose, and K. Motokawa (2016) Trends and Challenges of Public Accountability in Local Government Accounting Researches: Literature Analysis using Text Mining. YCU Discussion Paper Series M16-03.

Lasby, D. (2004) *The Philanthropic Spirit in Canada: Motivations and Barriers.* Toronto: Canadian Centre for Philanthropy.

Leone, A. J., and R. L. Van Horn. (2005) How do nonprofit hospitals manage earnings? *Journal of Health Economics* 24 (4): 815-837.

Li, W., E. McDowell, and M. Hu (2012) Effects of Financial Efficiency and Choice to Restrict Contributions on Individual Donations *Accounting Horizons* 26 (1): 111-123.

Littleton, A. C. (1933) *Accounting evolution to 1900.* University of Alabama Press.

Liu, Y. (2007) *Institutional Characteristics and Environmental Factors that Influence Private Giving to Public Colleges and Universities: A Longitudinal Analysis* VDM Verlag Dr. Mueller.

Madden, K. (2006) Giving and Identity: why affluent Australians give—or don't—to community causes. *Australian Journal of Social Issues* 41: 453-476.

Marudas, N. P. (2004) Effects of Nonprofit Organization Wealth and Efficiency on Private Donations to Large Nonprofit Organizations *Research in Governmental and Nonprofit Accounting* 11: 71-92.

Marudas, N. P. and F. A. Jacobs (2004) Determinants of Charitable Donations to Large US Higher Education, Hospital and Scientific Research NPOs: New Evidence from Panel Data *Voluntas: International Journal of Voluntary and Nonprofit Organizations* 15: 157-80.

Massaro, M., J. Dumay and J. Guthrie (2016) On the shoulders of giants: undertaking a structured literature review in accounting. *Accounting, Auditing & Accountability Journal* 29 (5): 767-801.

Milgrom, P. and J. Roberts (1992) *Economics, Organization and Management* Prentice Hall.（奥野正寛・伊藤秀史・今井晴雄・西村理・八木甫訳『組織の経済学』NTT 出版, 1997 年）

Nelson, R. and M. Krashinsky (1973) Two Major Issues of Public Policy: Public Policy and Organization of Suly, Nelson, R. and D. Young ed. *Public Subsidy for Day Care of Young Children* Lexington, Mass.: D. C. Health and Co.

Neuman, S. S., T. C. Omer and A. M. Thompson (2015) Determinants and Consequences of Tax Service Provider Choice in the Not-for-Profit Sector *Comtenporary Accounting Research* 32 (2): 703-735.

Okten, C and B. A. Weisbrod (2000) Determinants of Donations in Private Nonprofit Markets, *Journal of Public Economics* 75: 255-72.

Ortmann, A. and M. Schlesinger (2003) Trust, Repute, and the Role of Nonprofit Enterprise. Anheier, H. K. and A. Ben-Ner. *The Study of Nonprofit Enterprise: Theories and Approaches* Springer Science & Business Media: 3-26.

Palepu, K. G., P. M. Healy, and V. L. Bernard (2007) *Business Analysis and Valuation: Using Financial Statements 4th ed.* South-Western.

Parsons, L. M. (2003) Is Accounting Information from nonprofit Organizations useful to doners? A review of charitable giving and value-relevance *Journal of Accounting Literature* 22: 104-129.

Parsons, L. M. (2007) The impact of Financial Information and Voluntary Disclosures on Contributions to Not-For-Profit Organizations *Behavioral research in Accounting* 19: 176-196.

Parsons, L. M. and J. M. Trussel (2008) Fundamental Analysis of Not-for-profit Financial Statements: An examination of Financial Vulnerability Measure *Research in Governmental and Nonprofit Accounting* 12: 35-56.

Paton, W. A. and A. C. Littleton (1940) *An Introduction to Corporate Accounting Standards*, American Accounting Association. (中島省吾訳『会社会計基準序説』森山書店, 1958年)

Pestoff, V. (1992) Third Sector and Co-Operative Services - An Alternative to Privatization *Journal of Consumer Policy* 15: 21-45. (岩田正美訳「ソーシャル・サービスの第三部門――社会福祉の民営化に対するもう一つの選択肢」『生協総研レポート』No.5, 6-63頁, 1993年)

Pestoff, V. (1998) *Beyond the Market and State-social Enterprises and civil democracy in a welfare society-* Ashgate. (藤田暁男・石塚秀雄・的場信樹・川口清史・北島健一訳『福祉社会と市民民主主義 協同組合と社会的企業の役割』日本経済評論, 2000年)

Petticrew, M and H. Roberts (2008) *Systematic Reviews in the Social Sciences: A Practical Guide* Wiley-Blackwell, Oxford.

Petrovits, C., C. Shakespeare and A. Shih (2011) The Causes and Consequences of Internal Control Problems in Nonprofit Organizations *The Accounting Review* 86(1): 325-357.

Poister, T. M. (2003) *Measuring Performance in Public and Nonprofit Organizations* CA: Jossey-Bass.

Posnett, J. and T. Sandler (1989) Demand for charity donations in private non-profit markets *Journal or Public Economics* 40: 187-200.

Ramirez, A. (2010) Nonprofit Cash Holdings: Determinants and Implications. *Public Finance Review* 39(5): 653-681.

Ritchie, W. J. and R. W. Kolodinsky (2003) Nonprofit Organization Financial Performance Measurement: An Evaluation of New and Existing Financial Performance Measures, *Nonprofit Management and Leadership* 13(4): 367-381.

Sackett, D. L. (1989) Rules of Evidence and Clinical Recommendations on the Use of Antithrombotic Agents. *CHEST Journal.* 95(2): 2S-4S.

Sackett, D. L., W. M. Rosenberg, J. A. Gray, R. B. Haynes, W. S. Richardson. (1996) Evidence based medicine: what it is and what it isn't. *British Medical Journal* 13;312 (7023): 71-72.

Salamon, L. M. (1992) *America's Nonprofit Sector* The Foundation Center. (入山映訳『米国の「非営利セクター」入門』ダイヤモンド社, 1996年)

Salamon, L. M. and H. K. Anheier (1994) *The Emerging Sector* The Johns Hopkins University. (今田忠訳『台頭する非営利セクター』ダイヤモンド社, 1996 年)

Saxton, G. D. and C. Guo (2011) Accountability Online: Understanding the Web-Based Accountability Practices of Nonprofit Organizations *Nonprofit and Voluntary Sector Quarterly* 40 (2): 270-295.

Saxton, G. D., J. S. Kuo and Y. C. Ho (2012) The Determinants of Voluntary Financial Disclosure by Nonprofit Organizations, *Nonprofit and Voluntary Sector Quarterly* 41 (6): 1-21.

Saxton, G. D., D. G. Neely, and C Guo. (2014) Web disclosure and the market for charitable contributions. *Journal of Accounting and Public Policy* 33 (2): 127-144.

Scott, W. R. (2006) *Financial Accounting Theory* (4th edition), Pearson Education Canada, Inc., Toronto, Ontario. (太田康広・椎葉淳・西谷順平訳『財務会計の理論と実証』中央経済社, 2008 年)

Sorensen, J. E., and Grove, H. D. (1977) Cost-Outcome and Cost-Effectiveness Analysis: Emerging Nonprofit Performance Evaluation Techniques *The Accounting Review* 52 (3): 658-675.

Spence, M. (1973) Job Market Signaling, *Quarterly Journal of Economics* 87 (3): 355-374.

Steinberg, R. (2010) Principal-agent Theory and Nonprofit Accountability, K. J. Hopt, *Comparative Corporate Governance of Non-Profit Organizations (International Corporate Law and Financial Market)*, Thomas Von Hiel: 74-116.

Stiglitz, J. and C. Walsh (2002) *Micro Economics*, W.W. Norton & Company, Inc. (藪下監訳『スティグリッツ ミクロ経済学』東洋経済新報社, 2006 年)

Suchman, M. C. (1995) Managing Legitimacy: Strategic and Institutional Aroaches *Academy of Management Review* 20 (3): 571-610.

Swanson, G. A. and J. C. Gardner (1988) Not-for-Profit Accounting and Auditing in the Early Eighteenth Century: Some Archival Evidence *The Accounting Review* 63 (3): 436-447.

Tinkelman, D. (1998) Differences in Sensitivity of Financial Statement Users to Joint Cost Allocations: The Case of Nonprofit Organizations *Journal of Accounting, Auditing and Finance* 13: 377-94.

Tinkelman, D. (1999) Factors Affecting the Relation between Donations to Not-for-Profit Organizations and an Efficiency Ratio *Research in Governmental and Nonprofit Accounting* 10: 135-161.

Tinkelman, D. and K. Mankaney (2007) When is Administrative Efficiency Associated with Charitable Donations? *Nonprofit and Voluntary Sector Quarterly* 36: 41-64.

Tinkelman, D. and B. Donabedian (2009) Decomposing the Elements of Nonprofit Organizational Performance, *Research in Governmental and Nonprofit Accounting* 12: 75-98.

Tranfield, D., D. Denyer and P. Smart (2003) Towards a methodology for developing evidence-informed management knowledge by means of systematic review. *British Journal of Management* 14 (3): 207-222.

Trussel, J. (2002) Revisiting the Prediction of Financial Vulnerability *Nonprofit Management & Leadership* 13 (1): 17-30.

Trussel, J. (2003) Assessing Potential Accounting Manipulation: The Financial Characteristics of Charitable Organizations with Higher than Expected Program-Spending Ratios *Nonprofit and Voluntary Sector Quarterly* 32: 616-34.

Trussel, J. M. and J. S. Greenlee (2004) A Financial Rating System for Charitable Nonprofit Organizations *Reserch in Governmental and Nonprofit Accounting* 11: 93-116.

Trussel, J. M. and L. M. Parsons (2008) Financial Reporting Factors Affection Donations to Charitable Organizations *Advances in Accounting* 23: 263-85.

Tuckman, H. P. and C. F. Chang (1991) A Methodology for Measuring the Financial Vulnerability of Charitable Nonprofit Organizations *Nonprofit and Voluntary Sector Quarterly* 20 (4): 445-60.

Vansant, B. (2016) Institutional Pressures to Provide Social Benefits and the Earnings Management Behavior of Nonprofits: Evidence from the U.S. Hospital Industry Comtenporary Accounting Research 33 (4): 1576-1600.

Vermeer, T. E., C. T. Edmonds, and S. C. Asthana (2014) Organizational Form and Accounting Choice: Are Nonprofit or For-Profit Managers More Aggressive? *The Accounting Review* 89 (5): 1867-1893.

Verrecchia, R. E. (2001) Essays on disclosure *Journal of Accounting and Economics* 32: 97-180.

Vesterlund, L. (2006) Why do people give? In R. Steinberg & W. W. Powell (Eds.), *The nonprofit sector* (2nd ed.). New Jersey: Yale Press.

Watts, R. L. and J. L. Zimmerman (1986) *Positive Accounting Theory* Prentice-Hall, Inc. (須田一幸訳『実証理論としての会計学』白桃書房, 1991年)

Wong, J. and A. Ortmann (2016) Do Donors Care About the Price of Giving? A Review of the Evidence, with Some Theory to Organise It *VOLUNTAS: International Journal of Voluntary and Nonprofit Organizations* 27 (2): 958-978.

Weinstein, E. A. (1980) Forging Nonprofit Accounting Principles-An Update *The Accounting Review* Vol. 55 (4): 685-691.

Weisbrod, B. A. (1975) Toward a Theory of the Voluntary Non-Profit Sector in a Three-Sector Economy, Phelps, E. *Altruism, Morality, and Economic Theory*: 171-195., New York: Russell Sage.

Weisbrod, B. A. and N. D. Dominguez (1986) Demand for collective goods in private nonprofit markets: can fundraising expenditures help overcome free-rider behavior? *Journal of Public Economics* 30 (1): 83-95.

Weisbrod, B. A. (1998) *To Profit or Not to Profit: The Commercial Transformation of the Nonprofit Sector*. Cambridge University Press.

Yetman, R. J. (2001) Tax-Motivated Expense Allocations by Nonprofit Organizations *The Accounting Review* 76 (3): 297-311.

Yetman, M. H. and R. J. Yetman (2012) The Effects of Governance on the Accuracy of

Charitable Expenses Reported by Nonprofit Organizations *Contemporary Accounting Research* 29 (3): 738-767.

Yetman, M. H. and R. J. Yetman (2013a) How Does the Incentive Effect of the Charitable Deduction Vary across Charities? *The Accounting Review* 88 (3): 1069-1094.

Yetman, M. H. and R. J. Yetman (2013b) Do Donors Discount Low-Quality Accounting Information? *The Accounting Review* 88 (3): 1041-1067.

Zeff, S. A. (1978) The Rise of 'Economic Consequences' *Journal of Accountancy* 146 (6): 56-63.

索　引

あ

意思決定有用性アプローチ ……………… 27
一時拘束純資産 …………………………… 30
一般公衆 …………………………………… 74
ウォーム・グロー ………………………… 22
永久拘束純資産 …………………………… 30
エージェンシー理論 ……………… 24, 193, 230

か

介護保険法 ……………………………… 194
課税消極論 ……………………………… 31
学校法人 ……………………………… 84, 85
学校法人会計基準 ………………… 141, 142
ガバナンス ……………………………… 57
基本財産 ………………………… 195, 196
逆選択 …………………………………… 11
共通のエージェンシー問題 ………… 26, 43
クラウディング・アウト効果 ………… 45
経済的帰結 …………………………… 172
公益認定 ………………………… 177, 179
公益法人 ……………………………… 83, 84
公益法人会計基準 ……………………… 98
公益目的事業比率 ………………… 86, 177
公共セクター …………………………… 69
構造的文献レビュー …………………… 63
効率性 ……………………………… 33, 82
効率性仮説 ……………………………… 6, 82
コスト情報 ……………………………… 6

さ

サービス提供努力 ………………… 29, 206
サイバー・アカウンタビリティ ……… 32
財務健全性 ………………………… 34, 82, 205
財務健全性仮説 ………………………… 82
財務脆弱性 ………………… 34, 205, 208
財務脆弱的状況 ……………………… 207
財務報告の基本目的 ………………… 72, 90
事業活動計算書 ……………………… 118

事業活動収支計算書 ………………… 142
シグナリング仮説 ………… 4, 82, 222, 224
シグナリング・モデル ………… 81, 222
システマティック・レビュー ………… 48
実在内部留保 ………………… 87, 195, 196
実質的な強制開示 ………………… 77, 90
社会的経済 …………………………… 42
社会福祉基礎構造改革 ……………… 194
社会福祉経理規程準則 ……………… 116
社会福祉事業 ………………………… 115
社会福祉法人 ……………………… 83, 84
社会福祉法人会計基準 …… 116, 117, 118
純粋でない (impure) 利他主義者 …… 22
消費収支計算書 ……………………… 142
情報の非対称性 ………………………… 2
正味財産増減計算書 ………………… 99
信頼理論 ……………………………… 17
ステイクホルダー理論 ……………… 25
正統性仮説 ………………………… 230
政府の失敗 …………………………… 20
洗練された寄附者 …………………… 57

た

対価説（公益説）……………………… 31
特例民法法人 ………………………… 96

な

内部留保 ………………………… 113, 192
ナラティヴ・レビュー ……………… 48

は

発生源内部留保 ………………… 87, 195, 196
非営利組織 ………………… 1, 8, 11, 19, 223
非営利組織の経営者 ………………… 72, 89
非営利を装った営利組織 ……………… 21
非拘束純資産 ………………………… 30
非分配制約 …………………………… 17
プリンシパル ………………………… 74
報酬仮説 ……………………………… 56

法人形態……………………12, 70

ま

民間……………………………20
メタ・アナリシス………………48

モラル・ハザード………………11, 27

ら

連鎖したエージェンシー問題………26, 44

[著者紹介]

黒木　淳（くろき　まこと）

2009年3月　大阪市立大学商学部卒業
2014年3月　大阪市立大学大学院経営学研究科後期博士課程修了　博士（経営学）
2014年4月　大阪市立大学大学院経営学研究科　特任講師
2015年4月　横浜市立大学学術院国際総合科学群　専任講師
2017年4月　横浜市立大学大学院国際マネジメント研究科　准教授（現在に至る）

＜主要業績＞

「社会福祉法人に関する情報開示制度の有効性」『社会関連会計研究』第24号，2012年（日本社会関連会計学会奨励賞：2013年度）。

「私立大学における会計情報開示の経済的帰結：シグナリング仮説の検証」『会計プログレス』第16号，2015年。

「私立大学における教育研究経費削減の予測：収支差額情報の有用性」『会計プログレス』第17号，2016年。

非営利組織会計の実証分析

2018年3月15日　第1版第1刷発行

著　者	黒　木　　　淳
発行者	山　本　　　継
発行所	㈱中央経済社
発売元	㈱中央経済グループ パブリッシング

〒101-0051　東京都千代田区神田神保町1-31-2
　　　　　電　話　03 (3293) 3371 (編集代表)
　　　　　　　　　03 (3293) 3381 (営業代表)
　　　　　　　　　http://www.chuokeizai.co.jp/
　　　　　製版／三英グラフィック・アーツ㈱
　　　　　印刷／三英印刷㈱
　　　　　製本／誠　製　本㈱

Ⓒ 2018
Printed in Japan

＊頁の「欠落」や「順序違い」などがありましたらお取り替えいたしますので発売元までご送付ください。（送料小社負担）

ISBN978-4-502-25651-6　C3034

JCOPY〈出版者著作権管理機構委託出版物〉本書を無断で複写複製（コピー）することは，著作権法上の例外を除き，禁じられています。本書をコピーされる場合は事前に出版者著作権管理機構（JCOPY）の許諾を受けてください。
JCOPY〈http://www.jcopy.or.jp　eメール：info@jcopy.or.jp　電話：03-3513-6969〉

会計と会計学の到達点を理論的に総括し、
現時点での成果を将来に引き継ぐ

体系現代会計学 全12巻

■総編集者■

斎藤静樹(主幹)・安藤英義・伊藤邦雄・大塚宗春

北村敬子・谷　武幸・平松一夫

■各巻書名および責任編集者■

第1巻	企業会計の基礎概念	斎藤静樹・德賀芳弘
第2巻	企業会計の計算構造	北村敬子・新田忠誓・柴　健次
第3巻	会計情報の有用性	伊藤邦雄・桜井久勝
第4巻	会計基準のコンバージェンス	平松一夫・辻山栄子
第5巻	企業会計と法制度	安藤英義・古賀智敏・田中建二
第6巻	財務報告のフロンティア	広瀬義州・藤井秀樹
第7巻	会計監査と企業統治	千代田邦夫・鳥羽至英
第8巻	会計と会計学の歴史	千葉準一・中野常男
第9巻	政府と非営利組織の会計	大塚宗春・黒川行治
第10巻	業績管理会計	谷　武幸・小林啓孝・小倉　昇
第11巻	戦略管理会計	淺田孝幸・伊藤嘉博
第12巻	日本企業の管理会計システム	廣本敏郎・加登　豊・岡野　浩

中央経済社